# 元号

全247総覧

東京大学史料編纂所教授
山本博文 編著

悟空出版

# 発刊にあたって

いよいよ新元号の時代が訪れる。１９８９年1月8日に始まった「平成」も三十年末をもって終わり、２０１９年元日からは新元号になる（この案が最有力）。それに先立ち、２０１８年の夏には新元号が発表される。

そして２０１８年12月下旬には今上《きんじょう》陛下が退位され、徳仁《なるひと》親王が即位なさる。その際、宮中で「剣璽《けんじ》等承継《とうしょうけい》の儀」（三種の神器等引き継ぎ）や「即位《そくい》後《ご》朝見《ちょうけん》の儀」（三権の長への初謁見）などの儀式が厳かに行われる。

こうして２０１９年元日から新元号の時代が始まるのだが、このような皇位継承と改元の時期が前もって決められたことは、日本の歴史上初めてのことだ。つまり、いま日本人は先祖の誰もが経験しなかった時間を過ごしていることになる。

この改元のそもそものきっかけは、平成二十八年（２０１６年）八月八日の、今上天皇の次のような「おことば」だった。

**【象徴としてのお務めについての天皇陛下のおことば】**

**戦後70年という大きな節目を過ぎ、２年後には、平成30年を迎えます。**

私も80を越え、体力の面などから様々な制約を覚えることもあり、ここ数年、天皇としての自らの歩みを振り返るとともに、この先の自分の在り方や務めにつき、思いを致すようになりました。

本日は、社会の高齢化が進む中、天皇もまた高齢となった場合、どのような在り方が望ましいか、天皇という立場上、現行の皇室制度に具体的に触れることは控えながら、私が個人として、これまでに考えて来たことを話したいと思います。

即位以来、私は国事行為を行うと共に、日本国憲法下で象徴と位置づけられた天皇の望ましい在り方を、日々模索しつつ過ごして来ました。伝統の継承者として、これを守り続ける責任に深く思いを致し、更に日々新たになる日本と世界の中にあって、日本の皇室が、いかに伝統を現代に生かし、いきいきとして社会に内在し、人々の期待に応えていくかを考えつつ、今日に至っています。

そのような中、何年か前のことになりますが、2度の外科手術を受け、加えて高齢による体力の低下を覚えるようになった頃から、これから先、従来のように重い務めを果たすことが困難になった場合、どのように身を処していくことが、国にとり、国民にとり、また、私のあとを歩む皇族にとり良いことであるかにつき、考えるようになりました。既に80を越え、幸いに健康であるとは申せ、次第に進む身体の衰えを考慮する時、これまでのように、全身全霊をもって象徴の務めを果たしていくことが、難しくなるのではないかと案じています。


（宮内庁ホームページより）

この「おことば」を受け、政府は有識者会議（座長・今井敬経団連名誉会長）を立ち上げ、検討を続けていたが、平成二十九年（２０１７年）六月九日には、「天皇の退位等に関する皇室典範特例法」を成立させた。

皇室典範特例法は、「天皇は、この法律の施行の日限り、退位し、皇嗣が、直ちに即位するものとする」（第二条）、「退位した天皇は、上皇とするものとする」（第三条）、「上皇の后は、上皇后とするものとする」（第四条）などとした上で、改元については、昭和五十四年（１９７９年）六月六日に成立、同月十二日に施行された「元号法」（第一項：元号は、政令で定める。第二項：元号は、皇位の継承があった場合に限り改める（一世一元の制））に則って行われることとしている。つまり、昭和から平成への改元と同様の手続きを踏んで新元号が決定されるというわけである。

わが国で初めての元号「大化《たいか》」が使われるようになったのは、孝徳《こうとく》天皇（第三十六代）が即位した皇極《こうぎょく》天皇四年六月十九日のこととされる。現在使用されているグレゴリオ暦で６４５年7月20日にあたる（以下、本書では西暦年は基本的にグレゴリオ暦で表記する）。それはまさに、日本が「大化の改新」を経て、律令国家への道を歩み始めたときのことである。

その後、「白雉《はくち》」と「朱鳥《しゅちょう》」の直後の二回、元号が途絶えたことがあった。しかし、文武《もんむ》天皇五年三月二十一日（７０１年５月７日）に「大宝《たいほう》」と改元して以来、脈々と続いている。その結果、これまで日本で使われた元号の数は、全部で二百四十七（南北朝双方で使われた元号も含める）にも上るが、平成から新元号への改元で二百四十八個目の元号の時代を迎えることになる。

日本の歴史は、その元号の変遷とともに刻まれてきたといっていいだろう。

飛鳥時代、奈良時代、平安時代、鎌倉時代、南北朝時代、室町・安土桃山時代、江戸時代を経て、明治維新で近代国家への道を歩き始めた。そして大正、昭和と国際的な戦争を体験したが、敗戦の中から再び立ち上がり、平成の時代へとたどり着いた。

元号は、頻繁《ひんぱん》に改元されることもあり、庶民には不便なものだった。そのため江戸時代の庶民は、元号よりも干支《えと》を使うことも多かった。明治になり、一世一元《いっせいいちげん》制となって、元号は日本人に定着した。もっとも、皇国史観が支配的となった昭和の一時期には、神話の世界の神武天皇の即位の年を元年とする皇紀が採用されたこともある。

戦後、「元号不要論」が盛んに主張された時期もあった。「西暦に比べ、元号は連続性がなくてわかりにくい」という実用本位の意見とともに、元号がもともと時間を君主が支配するという観念で成立したものであることから、国民主権を明記した日本国憲法と齟齬があるという反対論もあった。だが日本人は、元号を捨てることなく、使い続けることを選択した。それは、歴史教育の中で元号がなじみ深いものであることによるのかもしれない。

たとえば「大化の改新」「文永・弘安の役」「応仁の乱」「寛政の改革」「明治維新」などの歴史上の大事件や大転換期の多くを元号で認識している。それだけではない。日本人は個人的な人生を振り返るにあたっても、「明治時代は、大正時代は、昭和の時代は……」などと元号を口にする。元号はそれほどわれわれ日本人の文化、歴史観に深く結びついており、〝日本固有の文化〟ともいえるものとなっている。

本書は、大化から平成に至るすべての元号について、改元年月日、元号の出典、改元理由、元号使用期間、その時代の在位天皇などの基礎データに加え、その時代に起きた主なできごとを解説していく。元号を追うことで、日本がたどってきた歴史を振り返り、さらにこれからの日本の在り方を考える一助になれば幸いである。

世界は今、情報化が進みこれまでになかったほど一体化し、目まぐるしいほどのスピードで変化しつつある。そんな中、われわれ現代人は、日々の生活に追われ、つい目の前のこと、あるいはごく近い将来のことにのみ気をとられがちだ。そのため、歴史とはまったく無縁の人生を送っていると思ってしまう。だが、本書に触れ、元号を遡《さかのぼ》ってみることで、実は歴史の連続性の中で生きていることに気づくのではないだろうか。そして、その中からわれわれ日本人が目指すべき道も見えてくるのではないだろうか。本書の狙いは、実はそんなところにもある。

２０１７年９月吉日

東京大学史料編纂所教授　山本博文

**【本書の読み方】**

①元号の読み方、改元年月日、勘申者名、改元理由については、『日本大百科全書（ニッポニカ）』（小学館）と『日本年号史大事典［普及版］』（雄山閣）を底本とした。

②本文中の西暦年月日は、但し書きがない場合、基本的にグレゴリオ暦を使用している。和暦から西暦への換算には、まえちゃんねっとが運営するウェブツール『換暦』を使用した。
(http://maechan.net/kanreki/ )

③本文中の年齢表記については、但し書きがない場合は、基本的に満年齢表記としている。満年齢換算には、カシオが運営するウェブツール『keisan サービス』の「日数計算」を使用した。
(http://keisan.casio.jp/exec/system/1177658154)

# 元号全２４７総覧——目　次



## 序章　元号とは何か



## 第一章　飛鳥時代編

## 第二章　奈良時代編

## 第三章　平安時代編

## 第四章　鎌倉時代編

## 第五章　南北朝時代編

## 第六章 室町・安土桃山時代編

## 第七章　江戸時代編

## 第八章　近・現代編

**図版・写真協力**

談山神社

奈良女子大学学術情報センター

東大寺

延暦寺

北野天満宮

安楽寿院

共同通信社


編集協力・本文 DTP ／ザ・ライトスタッフオフィス

校　　正／細山田正人

販　　売／小島則夫

宣　　伝／安田征克

統括マネージャー／岡布由子

# 序章 元号とは何か

## 改元は、国の繁栄と人々の平安を願って続けられてきた

元号とは何か。『世界大百科事典』（平凡社）には、〈一般には年号と呼ばれる。中国を中心とする東洋の漢字文化圏に広まった紀年法で、前漢の武帝《ぶてい》のときに始まる。日本では６４５年（皇極《こうぎょく》４）蘇我氏の討滅を機に孝徳天皇が即位して間もなく、この年を大化元年と定めたのが最初である〉とあるが、古来より、時の為政者は、人心を一新するために元号（年号）を変えてきた。

天皇が即位したりするなど慶事があった際の代初《だいはじめ》の改元はもちろん、大地震や大火が起きたり、天変地異によって飢饉《ききん》になったり、あるいは疫病が大流行したりしたときも、そのつど災異《さいい》の改元に踏み切った。改元することでそれまでの災いを断ち切り、踏み出すべき新たな方向を人民に示そうとしたのである。また古来、中国で干支《えと》が辛酉《しんゆう（かのととり）》の年を「革命」、甲子《かっし（きのえね）》の年を「革令」といい、いずれも大きな社会変革や政治上の革命が起きるとされることから、その厄災を避けるために改元が行われた。そのため、一人の天皇が何度も改元を繰り返すことは決して珍しいことではなかった。

たとえば、正長《しょうちょう》元年七月二十八日（１４２８年9月16日）から寛正《かんせい》五年七月十九日（１４６４年8月30日）まで在位した後花園《ごはなぞの》天皇［第百二代］は、「永享《えいきょう》」「嘉吉《かきつ》」「文安《ぶんあん》」「宝徳《ほうとく》」「享徳《きょうとく》」「康正《こうしょう》」「長禄《ちょうろく》」「寛正《かんしょう》」と、およそ三十六年間の在位期間のうちに八回も改元している。

明治になってから新しい天皇が即位したときに改元する「一世一元《いっせいいちげん》の制」に変わったが、それ以

前の改元のサイクルを調べてみると、「大化」以来、江戸時代最後の「慶応《けいおう》」が改元される慶応四年九月八日（１８６８年10月23日）までの千二百二十三年の間に、二百四十三もの元号が誕生している。その間隔は、南北朝時代のだぶりがあるとはいうものの、単純に平均するとわずか五年ほどだ。

ちなみに最も短いのは、四条《しじょう》天皇第八十七代時代の「暦仁《りゃくにん》」の二か月と十四日間、それに次ぐのが聖《しょう》武《む》天皇第四十五代時代の「天平感宝《てんぴょうかんぽう》」の三か月と十五日間だが、そこまで短くなくても、一～三年足らずで変わった元号は数多い。逆に二十年以上続いた元号は、「延暦《えんりゃく》」の二十三年八か月と八日間、「正《しょう》平《へい》」の二十三年六か月と二十七日間、「応永《おうえい》」の三十三年十か月と八日間、「天文《てんぶん》」の二十三年二か月と九日間、「寛永《かんえい》」の二十年八か月と二十七日間などに限られる。それほど頻繁に元号を変えてきたのだ。

だが、だからといって人々が改元を軽んじていたというわけでは決してない。むしろ人々は、改元することで、「来るべき時代こそ国が穏やかに治まって繁栄する時代であって欲しい」と心から願っていた。それだけ、非常に重要かつ精神的な儀式だったのだ。

## 庶民にとって縁遠かった元号と、はっきりしない元号の読み方

日本で、公式の記録に元号が使われるようになったのは、「大宝律令」で定められてからのことだが、実は庶民の生活で元号が使われることはなかったし、飛鳥時代に元号の存在を知っている人は、

朝廷周辺の限られた人々にすぎなかった。

日本の律令制度が完成する奈良時代になると、さすがに郡司《ぐんじ》（地方を治める役人）あたりまでは文書で伝わった。その郡司から里長《さとおさ》あたりまでは、口伝てされたかもしれないが、それが庶民の間にまで広がることはなかったと考えられている。なにしろ、当時は文字を読み書きできるのはごくわずかな人に限られていたし、人々の暮らしに元号はまったく関係のないものだった。

そうした時代は長く続いた。元号が一般庶民まで伝わるようになったのは、江戸時代になってからのことである。幕府や諸藩は、庶民に御触書《おふれがき》や日常用務を通達するために廻状《かいじょう》を出すシステムをつくり上げた。廻状を見たものは、それを帳簿に写し取って押印した上で次へ回し、最後は再び、廻状を出した役所に戻る仕組みになっていた。

改元の際も、江戸幕府はすぐに下部組織に改元の旨を伝え、それが「代官（領主）」より廻状として各村々へ順達され、各村では「御用留」にその内容を写し取って記録。村の名主は、その内容を村人たちに読み聞かせるようになったとされる。

ちなみに、幕府から元号の読み方が明示されることはなかった。読み方が示されるようになったのは明治以降のことである。そのため、明治以前の元号の読み方には複数の読み方が併存している。

## 前漢の武帝によって始められた元号制

そもそも元号の始まりは、紀元前115年頃、前漢の武帝が、「建元」という元号を定めたのが最初だとされている。その際、武帝が統治を始めた初年に遡《さかのぼ》って使用するとしたため、「建元」は紀元前140年から紀元前135年までとなっている。

以来、中国では吉兆とされる漢字を組み合わせた元号で年を表すようになったのだが、それが中国の影響下にあった地域に広がり、それぞれの王朝が独自の元号を用いるようにもなっていった。日本もそんな国の一つだった。

日本では有力豪族が相争う時代が長く続いていたが、その中から頭角を現した一族が勢力を拡大していった。大王《おおきみ》の誕生である。その子孫とされる崇峻《すしゅん》天皇〔第三十二代〕（587年9月11日～592年12月14日）、推古《すいこ》天皇〔第三十三代〕（593年1月17日～628年4月18日）の時代になると、遣隋使《けんずいし》を派遣して中国文化の吸収を図りつつ、中国の律令制度を取り入れた本格的な国家建設を目指すようになっていった。元号制度もその過程で取り入れられていった制度の一つだった。

## 日本の元号の出典は中国の古典である

前述したように元号の起源が前漢だったこともあり、日本で使われてきた元号はすべて中国の古典（漢籍）を出典としている。引文回数の上位から挙げると、ベストテンは『尚書《しょうしょ》＝書経《しょきょう》』の三十五回、『周易《しゅうえき》＝易経《えききょう》』の二十七回、『文選《もんぜん》』の二十五回、『後漢書《ごかんじょ》』の二十四回、『漢書《かんじょ》』の二十一回、

『晋書《しんじょ》』の十六回、『旧唐書《くとうじょ》』の十六回、『詩経《しきょう》』の十五回、『史記《しき》』の十二回、『藝文類聚《げいもんるいじゅう》』の九回となる。ちなみに平成は『史記』と『書経』からとっている。

そして、「大化」以来、平成までの二百四十七の元号には、全部で五百四個の漢字が使われているが、そのうち重複して使われている漢字も多く、その重複を除くと実際に使われている漢字の数はわずか七十二文字であり、そのうち二十一文字は十回以上使われている。

【日本の元号に使われた漢字と使用回数】

永：29回、元：27回、天：27回、治：21回、応：20回、正：19回、長：19回、文：19回、

和：19回、安：17回、延：16回、暦：16回、寛：15回、徳：15回、保：15回、承：14回、

仁：13回、嘉：12回、平：12回、康：10回、宝：10回、久：9回、建：9回、慶：8回、

享：8回、弘：8回、貞：8回、明：7回、禄：7回、大：6回、亀：5回、寿：4回、

万：4回、化：3回、観：3回、喜：3回、神：3回、政：3回、中：3回、養：3回、

雲：2回、護：2回

以下、使用回数1回＝乾、感、吉、亨、興、景、衡、国、斉、至、字、朱、授、勝、昌、昭、祥、成、泰、鳥、禎、同、銅、白、武、福、霊、老、祚、雉

（出典『日本年号史大事典』雄山閣）

## 元号候補の考案者は「文章博士」

改元で重要な役割を果たしたのが、「勘申者《かんじんしゃ》」である。明治以前の改元においては、勘申が行われるのが常だった。勘申とは、朝廷から諮問を依頼された学者などが、由来や先例などを調べあげて報告することで、その報告文書は勘文《かんもん》と呼ばれる。つまり、勘申者は、過去の文献などを調べ、吉兆の漢字を組み合わせ、その時代にあった元号の候補を考案するという重大な使命を帯びていたのである。その勘申者には菅原《すがわら》姓の人物が非常に多い。

勘申者としてはっきりした名前が記録として残っているのは、弘仁《こうにん》十五年一月五日（824年2月12日）に「弘仁」から「天長《てんちょう》」へ改元された際に登場する都腹赤《みやこのはらか》、南淵弘貞《みなみぶちのひろさだ》、菅原清公《すがわらのきよとも》の三人が最初である。都腹赤は文章博士《もんじょうはかせ》兼大内記《だいないき》であり、南淵弘貞は若くして才能を認められ文章生《もんじょうしょう》となって宮内卿・刑部卿《ぎょうぶきょう》などを歴任した人物、そして菅原清公（孫は菅原道真《みちざね》）は文章博士から大学頭《かみ》、式部大輔《たいふ》、左中弁《さちゅうべん》、弾正大弼《だんじょうだいひつ》などを歴任し、その後は従三位《じゅうさんみ》に叙せられて、牛車による参内を勅許《ちょっきょ》された人物である。

つまり〝文章〟がキーワードである。中でも「文章博士」は、日本律令制の大学寮において儒学を研究・教授するための学科「明経道《みょうぎょうどう》」を補助するために、神亀《じんき》五年七月二十一日（728年9月3日）に設置された役職で、儒学以外の漢文の解釈などを行うことを目的として設置された。そしてその職に就いた者は、天皇や摂関、公卿《くぎょう》などの身近にいて、侍読《じどく》を務めたり、依頼されて漢詩をつくったり、あるいは紀伝勘文や中文《もうしぶみ》などの文章を執筆することが多かった。そのため、それまで朝廷で権力を握っていた藤原氏の隙をつくように、権力の中枢者とのつながりも強くなっていったとされる。

その中でも菅原清公は優秀だったようだ。延暦二十三年（804年）には遣唐使判官として空海や最澄らとともに唐へ渡り、帰国後には、自らの建議で朝廷における儀式や風俗を唐風に改めさせるほどの影響力を発揮したとされる。そして九世紀中頃には文章院を創設、清公、是善《これよし》、道真と三代にわたって文章博士から公卿へと取り立てられていった。その後、その地位に食い込んできたのが、大江維時《おおえのこれとき》や朝綱《あさつな》らの大江氏一族だったが、定員二名の文書博士のポジションは、その子孫たちが江戸時代末期に至るまで、世襲していくことになったのである。

ちなみに、『日本年号史大事典』（雄山閣）によると、記録がはっきりと残っている平安中期以降に登場する採用元号勘申者の延べ人数は二百二十九名で、そのうち藤原姓は八十人だが、室町時代を最後にそれ以降は姿を消しているし、大江姓は十七人で鎌倉時代には姿を消している。それに対して、菅原姓の勘申者は、平安時代は十人と少数派だったが、鎌倉時代以降数多くの採用元号の勘申者を輩出するようになり、「明治」を勘申した菅原在光《ありてる》（権大納言《ごんだいなごん》）まで数えると合計百二十一人となったとしている。学問の神・菅原道真の子孫の面目躍如たるものがある。

## 日本だけになった「元号使用国」

前述したように、日本以外の国や地域でも独自の元号が使われた時期があった。

たとえばベトナム（越南、大越、大南とも呼ばれた）では、９８０年から「太平《たいへい》」という元号を使い始めている。その後、十五世紀に明《みん》に併合されたが、独立を回復した１４２８年には「順天《じゅんてん》」という元号を建て、１８８４年にフランスの保護国になって以降も、独自の元号を維持し、ベトナム元号の歴史は「保大《ほだい》」（１９２６年改元）まで続いた。しかし、１９４５年にホー・チ・ミンによる革命で、王朝が滅びるとともに元号は消失、西暦が使われるようになった。

一方、朝鮮半島では、高句麗《こうくり》の広開土王《こうかいどおう》の時代（在位：３９１～４１２年）に「永楽」という元号を使っていたとされる。また、新羅《しらぎ》では法興王《ほうこう》の時代（在位：５１４～５４０年）に「建元《けんげん》」、真興王《しんこう》の時代（在位：５４０～５７６年）に「開国《かいこく》」「大昌《だいしょう》」「鴻済《こうさい》」という元号を、善徳《そんどく》女王の時代（在位：６３２～６４７年）には「仁平《にんぺい》」という元号を、さらに真徳《しんとく》女王の時代（在位：６４７～６５４年）には「太《たい》和《わ》」という独自の元号が使われた。

また、６９８年に建国した渤海《ぼっかい》でも、「仁安《じんあん》」（元号使用年：７２０～７３８年）、「大興《たいこう》」（同７３８～７９４年）、「宝暦《ほうれき》」（大興の一時期。同７７４～?年）、「中興《ちゅうこう》」（同７９４年）、「正暦《しょうれき》」（同７９５～８０９年）、「永徳《えいとく》」（同８０９～８１３年）、「朱雀《すざく》」（８１３～８１７年）、「太始《たいし》」（同８１８年）、「建興《けんこう》」（同８１９～８３１年）、「咸和《かんわ》」（同８３１～８５７年）が使われた。

ちなみに元号の本家である中国は、さまざまな国が起きては消える歴史をたどったが、元号は前漢以降、それぞれの国で使われていった。しかし、清《しん》朝最後の皇帝・愛新覚羅《あいしんかくら》溥儀《ふぎ》の時代に使われた「宣統《せんとう》」（元号使用年：１９０９〜１９１１年）を最後に、元号が使用されることがなくなった。その結果、現在、世界の中で元号を使用している国は日本だけとなっている。

序章の最後に、日本でも、他の国や地域でも使われた元号をまとめて紹介しておこう。

**【日本でも他国でも使われた主な元号 一覧】**

| 元号名 | （日本使用年：西暦） | 他国例　（　）に国名表記がない国は現在の中国 |
|---|---|---|
| 大宝 | ７０１〜７０４年 | 梁：５５０〜５５１年　南漢：９５８〜９７１年 |
| 神亀 | ７２４〜７２９年 | 北魏：５１８〜５２０年 |
| 天平 | ７２９〜７４９年 | 東魏：５３４〜５３７年 |
| 仁寿 | ８５１〜８５４年 | 隋：６０１〜６０４年　大理：?〜１２３８年 |
| 天安 | ８５７〜８５９年 | 北魏：４６６〜４６７年 |
| 貞観 | ８５９〜８７７年 | 唐：６２７〜６４９年　西夏：１１０１〜１１１４年 |
| 承平 | ９３１〜９３８年 | 北涼：４４３〜４６０年　高昌：５０２〜５１０年 |
| 天慶 | ９３８〜９４７年 | 興遼：１０２９〜１０３０年　遼：１１１１〜１１２０年　西夏：１１９４〜１２０６年　陳朝（ベトナム）：１４２６〜１４２８年 |
| 天暦 | ９４７〜９５７年 | 元：１３２８〜１３３０年 |
| 天徳 | ９５７〜９６１年 | 閩：９４３〜９４５年 |

| | | |
|---|---|---|
| 天禄 | 970～973年 | 遼：947～951年 |
| 正暦 | 990～995年 | 渤海：795～809年 |
| 永治 | 1141～1142年 | 後黎朝（ベトナム）：1676～1680年 |
| 仁平 | 1151～1154年 | 新羅（朝鮮）：634～647年 |
| 永暦 | 1160～1161年 | 南明：1647～1662年（台湾の鄭氏政権が1683年まで使用） |
| 承安 | 1171～1174年 | 金：1196～1200年 |
| 正治 | 1199～1201年 | 大理：1027～1041年　黎朝（ベトナム）：1558～1571年 |
| 正元 | 1259～1260年 | 魏：254～256年 |
| 正安 | 1299～1302年 | 大理：1053～?年 |
| 元亨 | 1321～1323年 | 後理：1185～?年 |
| 元徳〔北・南朝〕 | 1329～1331年 | 西夏：1119～1127年 |
| 正平〔南朝〕 | 1347～1370年 | 北魏：451～452年 |
| 建徳〔南朝〕 | 1370～1372年 | 北周：573～578年　大理：1165?～1171年 |
| 天授〔南朝〕 | 1375～1381年 | 武周：690～691年　高麗（朝鮮）：918～933年 |
| 永徳〔北朝〕 | 1381～1383年 | 渤海：810～812年 |
| 明徳〔南朝〕 | 1390～1393年 | 後蜀：934～937年　大理：952年～?年／1005年頃　莫朝（ベトナム）：1527～1529年 |
| 文安 | 1444～1449年 | 大理：1105～1108年 |
| 明応 | 1492～1501年 | 大理：990年頃 |
| 弘治 | 1555～1558年 | 明：1488～1505年 |

| | | |
|---|---|---|
| 天正 | １５７３～１５９３年 | 梁：５５１年　後大理：１１０３～１１０４年（天政とも表記） |
| 天和 | １６８１～１６８４年 | 北周：５６６～５７２年 |
| 正徳 | １７１１～１７１６年 | 大理：１０５３～？年　西夏：１１２７～１１３４年<br>明：１５０６～１５２１年 |
| 宝暦 | １７５１～１７６４年 | 唐：８２５～８２７年 |
| 天明 | １７８１～１７８９年 | 大理：？～１０４４年 |
| 天保 | １８３１～１８４５年 | 北斉：５５０～５５９年　後梁：５６２～５８５年 |
| 明治 | １８６８～１９１２年 | 大理：９９０年頃 |
| 大正 | １９１２～１９２６年 | 莫朝（ベトナム）：１５３０～１５４０年 |

第一章

# 飛鳥時代編

大化
白雉
朱鳥
大宝
慶雲

# 飛鳥時代

## ——部族国家から文明国に！　天皇を中心とした律令国家への脱却を果たした

飛鳥時代は、推古《すいこ》天皇〔第三十三代〕が豊浦宮《とゆらのみや》で即位した崇峻《すしゅん》天皇五年（５９２年）から、元明《げんめい》天皇〔第四十三代〕の世となって平城京に遷都する和銅三年（７１０年）までの百十八年間を指すとされている。その間、孝徳《こうとく》天皇〔第三十六代〕の時代に難波宮《なにわのみや》へ、天智《てんじ》天皇〔第三十八代〕と弘文《こうぶん》天皇〔第三十九代〕時代に近江大津宮《おうみおおつのみや》へと都が遷《うつ》った時期もあった。だがそれは短期間にすぎず、推古天皇時代の豊浦宮・小墾田宮《おはりだのみや》、舒明《じょめい》天皇〔第三十四代〕時代の飛鳥岡本宮《あすかのおかもとのみや》・田中宮《たなかのみや》、皇極《こうぎょく》天皇〔第三十五代〕時代の百済《くだら》宮・飛鳥板蓋《いたぶき》宮、斉明《さいめい》天皇〔第三十七代〕時代の飛鳥板蓋宮・飛鳥川原宮《かわらのみや》・後飛鳥《ごあすか》岡本宮、天武《てんむ》天皇〔第四十代〕時代の飛鳥浄御原《きよみはら》宮、持統《じとう》天皇〔第四十一代〕・文《もん》武《む》天皇〔第四十二代〕時代の藤原京と、宮都《きゅうと》のほとんどは飛鳥の地に置かれていた。

そして、皇極天皇四年六月十二日（６４５年7月13日）の「乙巳《いっし》の変」で即位した孝徳天皇は、同年六月十九日（7月20日）に、日本初の元号「大化《たいか》」を定め、翌年の大化二年一月一日（６４６年1月25日）には、新たな施政方針として「改新の詔《みことのり》」を発した。

【改新の詔　其の一】

其の一に曰く、昔在《むかし》の天皇等《ら》の立てたまへる子代《こしろ》の民、処々の屯倉《みやけ》、及び別《こと》には臣《おみ》・連《むらじ》・伴造《とものみやつこ》・国造《くにのみやつこ》・村首《むらのおびと》の所有《たもて》る部曲《かきべ》の民、処々の田荘《たどころ》を罷《や》めよ。（『日本書紀』より）

【現代語訳】従前の天皇等が立てた子代の民と各地の屯倉、そして臣・連・伴造・国造・村首の所有する部曲の民と各地の田荘を廃止する。

それまでは、土地や人民は豪族が私的に所有し、支配するものだった。ヤマト政権も、「大王《おおきみ》」を中心とする複数の豪族（部族や氏族）の連合体にすぎなかった。それに対して、孝徳天皇は、「すべての土地と人民は、天皇に帰属する」と宣言し、中大兄皇子《なかのおおえのおうじ》（のちの天智天皇）を中心に、唐《とう》の律令制を手本にした律令国家を目指していった。

その後、元号は、「白雉《はくち》」のあとの三十二年間と、「朱鳥《しゅちょう》」のあとの約十五年間の二度にわたって中断した。しかし、文武天皇五年三月二十一日（701年5月7日）に、「大宝《たいほう》」が定められて以降、一度も途切れることなく脈々と続いていくこととなる。

この元号の復活は、天武天皇が、天武天皇十年（681年）に命じて以来、国家的なプロジェクトとされていた〝本格的な律令〟の制定作業が「大宝律令」としてついに完成し、その施行を前提としたものだった。その中で、国号として「日本」を使用することや、国の公式記録に元号（年号）を使用することも定められていた。

こうして、「大王」が「天皇」となり、豪族の連合体であるヤマト政権を中心としていた「倭国《わこく》」が、「律令国家・日本」へと変貌していった。飛鳥時代は、まさに「部族国家」から「文明国」への脱却を果たした時代だったのである。

クーデター勃発！　人心一新のための〝日本初〟の元号

645~650

# 大化

たいか

改元年月日　皇極天皇四年六月十九日

使用期間　4年8か月と5日

在位天皇　孝徳《こうとく》天皇 第三十六代

グレゴリオ暦：645年7月20日
ユリウス暦：645年7月17日

元号の出典は不詳ながら、『尚書《しょうしょ》』（大誥《たいこう》）の「肆予大化誘我友邦君」を出典とする説が有力とされる。その他、『漢書《かんじょ》』に「古者修教訓之官務以徳善化民、已大化之後天下常亡一人之獄矣」、『宋書《そうしょ》』に「神武鷹揚、大化咸熙」などとある。『日本書紀』は「天豊財重日足姫天皇《あめとよたからいかしひたらしひめのすめらみこと》の四年を改めて大化元年とす」と記している。天豊財重日足姫天皇とは推古《すいこ》天皇 第三十三代 に続く二人目の女帝となった皇極《こうぎょく》天皇 第三十五代 のことだ。皇極四年 乙卯《きのとのうのひ》〔六月十九日〕（645年7月20日）に皇極天皇から孝徳天皇 第三十六代 への譲位に行われたのに伴い、日本で初めて元号が定められたのである。

## ■人心一新のための元号制定

「大化」以前の日本には、初代の神武《じんむ》以降、三十五代の天皇が存在したとされる。神武→綏靖《すいぜい》→安《あん》寧《ねい》→懿徳《いとく》→孝昭《こうしょう》→孝安《こうあん》→孝霊《こうれい》→孝元《こうげん》→開化《かいか》→崇神《すじん》→垂仁《すいにん》→景行《けいこう》→成務《せいむ》→仲哀《ちゅうあい》→応神《おうじん》→仁徳《にんとく》→履《り》中《ちゅう》→反正《はんぜい》→允恭《いんぎょう》→安康《あんこう》→雄略《ゆうりゃく》→清寧《せいねい》→顕宗《けんぞう》→仁賢《にんけん》→武烈《ぶれつ》→継体《けいたい》→安閑《あんかん》→宣化《せんか》→欽明《きんめい》→敏達《びたつ》→用《よう》明《めい》→崇峻《すしゅん》→推古→舒明《じょめい》→皇極である。その中で確実に存在したと考えられるのは仁徳天皇 第十六代 からとされているが、その後、二十代におよぶ天皇の時代にも元号は存在していなかった。たとえば仁徳天皇の即位について、『日本書紀』は仁徳天皇の条に「元年春正月丁丑朔己卯、大鷦鷯尊《おおさざきのみこと》即天皇位」（元年の春一月三日、大鷦鷯尊〔仁徳天皇〕は天皇位に就いた）と記述されている。

ところが、皇極天皇から孝徳天皇への譲位にあたっていきなり「大化」という元号が定められることとなった。それは、「大化の改新」を推し進めるにあたって、人心を一新する必要があったからだった。

そもそもヤマト朝廷は、神功《じんぐう》皇后（仲哀天皇〔第十四代〕の皇后）の三韓征伐の物語に登場する武内宿禰《たけのうちのすくね》を祖とする蘇我《そが》氏、邇邇藝命《ににぎのみこと》を先導した天忍日命《あめのおしひのみこと》の子孫とされる物部《もののべ》氏、その他、大伴《おおとも》氏などの有力豪族たちにより支えられていたが、欽明天皇〔第二十九代〕の時代に、中国から伝わってきた仏教を巡って、蘇我氏と物部氏の激しい対立が始まった。

用明天皇二年八月二日（587年9月11日）、崇峻天皇〔第三十二代〕が蘇我馬子《うまこ》の推薦で天皇の座に就いたが、崇峻天皇が自分を嫌っていると考えた馬子は、崇峻天皇五年十一月三日（592年12月14日）、東漢直《やまとのあやのあたい》駒《こま》に命じて崇峻天皇を暗殺。その崇峻天皇の後を継

**乙巳の変**　出典『絹本 多武峯縁起絵巻』上巻之二（談山神社所蔵）

いだ推古天皇（第三十三代）の時代には、蘇我氏と厩戸皇子《うまやどのみこ》（聖徳太子）の協力で比較的安定した政治が行われたが、厩戸皇子が推古天皇三十年二月二十二日（622年4月11日）に死去したのに続き、推古天皇三十六年三月七日（628年4月18日）に推古天皇が崩御すると、蘇我入鹿《いるか》（蘇我馬子の孫）は古人《ふるひとの》大兄皇子《おおえのみこ》（舒明天皇の第一皇子。母は馬子の娘・法提郎媛《ほてのいらつめ》）を天皇の座に就けようと、厩戸皇子の子である山背大兄王《やましろのおおえのおう》を一族もろとも滅ぼし、厩戸皇子の血筋は途絶えることとなった。皇極二年十月六日（643年11月25日）のことである。

そんな蘇我入鹿を討つべく立ち上がったのが、舒明天皇の第二皇子で皇極天皇を母とする中大兄《なかのおおえの》皇子《おうじ》だった（のちの天智天皇《てんじ》（第三十八代））。彼は三韓（新羅《しらぎ》、百済《くだら》、高句麗《こうくり》）から進貢の使者が来日することになったのを絶好の機会ととらえ、皇極四年六月十二日（645年7月13日）、飛鳥板蓋宮《あすかいたぶきのみや》で入鹿を殺害した（乙巳《いっし》の変）。あまりにも強大になった蘇我氏を排除するためのクーデターだった。そしてその後、唐の律令制を手本として「大化の改新」が強力に推し進められていくこととなる。「改新の詔《みことのり》」が発せられたのは、大化二年一月一日（646年1月25日）のことだった。

650～654

## 白雉

はくち

**白い雉はめでたいしるし！**

改元年月日　大化六年二月十五日

使用期間　4年8か月と2日

在位天皇　孝徳天皇（第三十六代）

グレゴリオ暦：650年3月25日
ユリウス暦：650年3月22日

元号の出典は不詳ながら、『漢書』（平帝紀）に「元始元年正月越裳氏、重訳献白雉」、『後漢書』（明帝紀）に「永平十一年、時麒麟・白雉・醴泉・嘉禾所在出焉」、『孝経援神契《こうきょうえんしんけい》』（説郛巻第五）に「周成王時越裳献白雉」などとある。

孝徳天皇が大化の改新に着手し、冠位十九階を制定した翌年、穴戸国《あなとのくに》（現在の山口県西部）の国造《くにのみやつこ》だった草壁連醜経《くさかべのむらじしこぶ》が、同族の者が正月九日に麻山《おのやま》で捕らえた白雉《しろきぎす》（白いキジ）を孝徳天皇に献上した。これを「祥瑞《しょうずい》」（めでたいことにあるしるし）として、白い雉は空に放たれ、大化六年二月十五日（650年3月25日）に、元号を大化から白雉に変更する「祥瑞の改元」が行われたとされる。

孝徳天皇は、白雉二年十二月三十日（652年2月17日）、倭飛鳥河辺行宮《やまとのあすかのかわらのかりみや》（現在の奈良県明日香《あすか》村）から難波長柄豊碕宮《なにわのながらのとよさきのみや》（現在の大阪市中央区あたり）に都を遷《うつ》した。ところが、皇太子の中大兄皇子は皇祖母の皇極天皇、皇后の間人皇女《はしひとのひめみこ》、皇弟の大海人皇子《おおあまのおうじ》を連れて倭飛鳥河辺行宮に戻ってしまう。孝徳天皇が目指す天皇像に不満があったとも、次期皇位継承者が自分から有間皇子《ありまのみこ》（母は、左大臣・阿倍内麻呂の娘・小足媛《おたらしひめ》）に移ることを懸念したからだともいわれている。

いずれにしても気落ちした孝徳天皇は白雉五年十月十日（654年11月27日）に崩御し、「白雉」は使われなくなった。孝徳天皇の遺児である有間皇子はまだ幼かったため、斉明《さいめい》天皇元年一月三日（655年2月17日）には皇極天皇が重祚《ちょうそ》する形で斉明天皇【第三十七代】として即位した。だが改元はされなかった。孝徳天皇と対立した中大兄皇子があえて元号を定めなかったともいわれている。そしてその後、元号は三十二年間にわたって途絶えることとなった。

## ■大化以来、元号が途絶えた三十二年間

ここで、元号が存在しなかった白雉と朱鳥の間、つまり斉明天皇年間から天武天皇年間の主なできごとを列挙しておこう。

●蝦夷征討▼斉明天皇四～六年（658～660年）：阿倍比羅夫《あべのひらふ》が蝦夷《えぞ》に遠征。

●有間皇子の死▼斉明天皇四年十一月十一日（658年12月14日）：孝徳天皇の皇子・有間皇子《ありまのみこ》が、紀伊国藤白坂（現在の和歌山県海南市）で絞首刑に処せられた。

●斉明天皇崩御▼斉明天皇七年七月二十四日（661年8月27日）：斉明天皇が筑紫《つくし》の朝倉橘広庭宮《あさくらのたちばなのひろにわのみや》（現在の福岡県福岡市）で崩御。中大兄皇子による称制《しょうせい》が開始された。

●白村江の戦い▼天智天皇二年八月二十七日～二十八日（663年10月7～8日）：白村江《はくすきのえ》（朝鮮半島の錦江《きんこう》河口近郊）で、倭国《わこく》・百済遺臣の連合軍と唐・新羅連合軍が戦い、倭国軍が大敗を喫した。その後、ヤマト朝廷は、対馬《つしま》、壱岐、筑紫などに防人《さきもり》や烽《すすみ》（のろし）を配置したり、筑紫に水城《みずき》を築くなどして防衛強化を急ピッチで進めた。

●近江大津宮への遷都▼天智天皇六年三月十九日（667年4月20日）：近江《おうみ》大津宮（現在の滋賀県大津市）への遷都が行われた。唐・新羅軍の来襲に備え、国内の動揺を鎮めるためだったとされる。

●天智天皇の即位▼天智天皇七年一月三日（668年2月23日）：中大兄皇子が天智《てんち》天皇【第三十八代】として即位、中臣鎌足《なかとみのかまたり》（のちの藤原鎌足）に律令を選定させた。鎌足は大化の改新の中心人物として活躍、天智天皇の腹心として権力を握り、日本史上最大の氏族とされる藤原氏の繁栄の礎を築いた。

●大海人皇子が皇太弟となる▼天智天皇七年二月二十三日（668年4月13日）：天智天皇が弟の大《おお》海人皇子《あまのおうじ》（のちの天武《てんむ》天皇）を皇太弟とした。

●大友皇子が皇太子に▼天智天皇十年十月十七日（671年11月26日）：大海人皇子が皇太弟を辞退したのを受け、天智天皇が息子の大友皇子《おおとものみこ》を皇太子とした。

●天智天皇崩御と弘文天皇の即位▼天智天皇十年十二月三日（672年1月10日）：天智天皇が近江大津宮で崩御、二日後の十二月五日（1月12日）には大友皇子が弘文《こうぶん》天皇［第三十九代］として即位した。

●壬申の乱▼天武天皇元年六月二十四日～七月二十三日（672年7月27日～8月24日）：吉野に引退していた大海人皇子が弘文天皇に対して兵を挙げ、弘文天皇は敗北して自殺、大海人皇子が称制することとなった。天武天皇元年が干支で壬申《じんしん》にあたることから「壬申の乱」と呼ばれる。

●天武天皇の即位▼天武天皇二年二月二十七日（673年3月23日）：大海人皇子が飛鳥浄御原宮《あすかのきよみはらのみや》（奈良県明日香村）を造営、天武天皇［第四十代］として即位、天智天皇の娘・鸕野讃良皇女《うらのさららのひめみこ》が皇后となった。のちの持統《じとう》天皇［第四十一代］である。

**天智天皇**　出典『古今偉傑全身肖像』国立国会図書館デジタルコレクション

686

## 赤い雉が献上されたのをきっかけに改元

# 朱鳥

しゅちょう
あかみとり

**使用期間**
6か月と3日

**在位天皇**
天武《てんむ》天皇 第四十代

**改元年月日** 天武天皇十五年七月二十日

グレゴリオ暦：686年8月17日
ユリウス暦：686年8月14日

元号の出典不詳ながら、『礼記《らいき》』（曲礼）に「行前朱鳥而後玄武、左青龍而右白虎」とある他、『淮南子』（鴻烈解巻三、天文訓）に「南方、火也、其帝炎帝、其佐朱明、執衡而治夏。其神為熒惑、其獣朱鳥、其音徴、其日丙丁」、『文選』（西京賦）には「若夫長年神仙宣室玉堂麒麟朱鳥龍興含章、譬衆星之環極、叛赫戯以煇煌」などとある。

『日本書紀』の朱鳥元年七月戊午条に「改元して、朱鳥元年と曰《のたま》ふ〔朱鳥、此を阿訶美苔利《あかみとり》と云ふ〕仍《よ》りて宮を名づけて飛鳥浄御原宮と曰ふ」と記されている。「天武天皇十五年七月二十日（686年8月17日）に改元して、朱鳥元年七月二十日とする。合わせて〔朱鳥はアカミトリと読む〕ので宮の名を飛鳥浄御原宮とした」というわけだ。

これによって、天武十五年は一月一日に遡《さかのぼ》って朱鳥年号で記されることとなった。この改元は大倭国から赤雉《あかきじ》の献上があったことがきっかけとされるが、天武天皇（第四十代）が同年五月二十四日（6月23日）に病に倒れていたことから天皇の快癒を祈る意味をこめて改元したと考えるほうが自然であろう。しかしその甲斐《かい》もなく、同年九月九日（10月4日）に天武天皇は病死し、急遽、鸕野讃良皇后が称制、息子の草壁皇子《くさかべ》と政治を司ることとなった。

ところがその直後の十月三日（10月28日）、天武天皇の第三子で政治的にも力を発揮しつつあった大津皇子《おおつ》が自害に追い込まれるという事件が起きる。大津皇子の母は天智天皇皇女の大田皇女《おおたのひめみこ》で鸕野讃良皇后の姉にあたる。つまり大津皇子と草壁皇子は異母兄弟であると同時に母親は姉妹だったのだが、その大津皇子が「謀反の意有り」という密告で捕らえられ、翌日には訳語田《おさだ》（現在の奈良県桜井市）の自邸で自害させられたのである。その背景には、実子である草壁皇子を天皇の座に就けたいと願う鵜野讃良皇后の意向があったともいわれている。しかしその願いが叶えられることはなかった。草壁皇子は、持統天皇三年四月十三日（689年5月10日）に天皇の座に就くことはなく亡くなった。

## ■再び中断された元号と持統天皇の即位

ところで『日本書紀』は、天武天皇が崩御した翌年の一月一日（687年2月21日）を持統天皇元年一月一日としている。そこで本書では朱鳥元年閏十二月三十日（687年2月20日）までを「朱鳥」の使用期間として換算する。

その後、文武《もんむ》天皇五年三月二十一日（701年5月7日）に大宝という元号が決まるまで、およそ十五年にわたって元号は中断されることとなった。この時代はまだまだ改元が単なる政治イベントの域を出ていなかったのだ。

天武天皇の崩御後、鸕野讃良皇后は草壁皇子の子で孫にあたる軽皇子《かるのみこ》（珂瑠皇子）への皇位継承を望んだが、まだ幼かったため、持統天皇四年一月一日（690年2月17日）に自ら持統天皇（第四十一代）の座に就き、文武天皇元年八月一日（697年8月25日）になって軽皇子に譲位、文武天皇（第四十二代）が誕生した。持統上皇が崩御したのは大宝二年十二月十三日（703年1月8日）のことである。

**701～704**

**日本初の金産出で十五年ぶりの新元号。でもそれは捏造だった**

# 大宝

たいほう
だいほう

**使用期間**
**3年1か月と13日**

**在位天皇**
**文武《もんむ》天皇** 第四十二代

**改元年月日** **文武天皇五年三月二十一日**

グレゴリオ暦：701年5月7日
ユリウス暦：701年5月3日

元号の出典は不詳ながら、『易経』（繋辞《けいじ》下伝）に「天地之大徳曰生、聖人之大寶曰位」とある。その他、『周礼』（春官）に「天府、掌祖廟之守蔵。凡国之玉鎮、大寶器蔵焉」などとある。

『続日本紀《しょくにほんぎ》』の大宝元年三月二十一日条（701年5月7日）に「対馬嶋、金を貢ぐ。元を建てて大宝元年としたまう」とある。その日、対馬から金が献上されたことを瑞祥として、「朱鳥」以来十五年ぶりの新しい元号「大宝」が定められたのである。

なぜ、対馬から金が献上されたことがそれほどめでたいことだったのか。実はそれまで日本での金の産出例はなく、中国や朝鮮半島からの輸入に頼っていた。その金が国内で産出したというのだから、国を挙げて祝うにふさわしいできごとだったのである。ただしこの話にはオチがある。『続日本紀』に、「後に五瀬の詐欺発露《あらわ》れぬ。贈右大臣、五瀬（三田首五瀬：金の精錬技術者）の為に誤たれしことを知る」とある。

実は、このときの金は対馬で採れたものではなく、五瀬が対馬の住民らと共謀して対馬産だと偽って献上したものだったというのである。おそらく朝鮮半島産の金だったと推測されている。ただしこの捏造《ねつぞう》が発覚したのち、五瀬らにどういう処分が下されたのか記録はまったく残っていない。また、大宝という元号も変更されなかった。「大宝律令《たいほうりつりょう》」の施行という重要な国家事業が進められていたからである。

## ■国家的大事業だった大宝律令の成立

大宝律令制定の作業は、そもそも天武天皇十年（681年）に、天武天皇が本格的な律令の制定を命ずる詔を発したことから始まっていた。持統天皇三年（689年）には飛鳥浄御原令が定められていたが、まだまだ完成されたものではなかった。そのためさらなる編纂作業が続けられ、それがようやく大宝律令として結実しようとしていたのである。この大宝律令制定の過程で、国号としての「日本」の表記が決められていたし、公式の記録に元号（年号）を使用することも定められていた。そのため、対馬産の金が捏造だったことが発覚したからといって、いまさら大宝をやめて別の元号にする余裕もなかったのであろう。

大宝律令が完成したのは大宝元年八月三日（701年9月13日）、そして翌年の十月十四日（702年11月12日）に全国に頒布され、施行された。

704～708

## 慶雲

飢饉が続く中、雲を見て改元

きょううん
けいうん

改元年月日　大宝四年五月十日

使用期間　3年7か月と22日

在位天皇
文武天皇　第四十二代
元明《げんめい》天皇　第四十三代

グレゴリオ暦：７０４年６月20日
ユリウス暦：７０４年６月16日

元号の出典は不詳ながら、『文選《もんぜん》』（巻六）に「朝想慶雲興、夕遅白日移」、『晋書《しんじょ》』（巻五十四陸雲伝）に「天網広羅、慶雲興以招龍」などとある。

『続日本紀』（慶雲元年五月十日条）に「備前国、神馬を献る。西楼の上に慶雲見る。詔して天下に大赦し、元を改めて慶雲元年としたまう」とある。慶雲とは、夕空に現れる瑞兆《ずいちょう》とされる雲のことだ。大宝四年五月十日（７０４年６月20日）に、その慶雲が現れたから恩赦を与え、その日のうちに改元したというわけだ。

この時期、日本は飢饉《ききん》に見舞われていたが改元後も飢饉が続いた。『続日本紀』に「天下疫し飢えぬ。詔して賑恤《しんじゅつ》を加えしむ」（慶雲四年四月／７０７年５月の記述）とある。賑恤とは貧困者や罹災者などを救うために金品を施すことだ。朝廷は民を救うためにあらゆる手を打とうとしていたのだろう。

その一方で、慶雲二年（７０５年）から三年（７０６年）にかけて、大宝律令の不備を修正するべく、「慶雲の改革」が進められた。また、高松塚古墳（現在の奈良県明日香村）が築造されたのもこの頃のことである。

# 第二章

# 奈良時代編

和銅
霊亀
養老
神亀
天平
天平感宝
天平勝宝
天平宝字
天平神護
神護景雲
宝亀
天応

# 奈良時代

## ――仏教による護国を目指すと同時に、軍事国家としての顔を併せ持っていた

奈良時代は、和銅《わどう》三年（710年）に元明《げんめい》天皇〔第四十三代〕が平城京（奈良）に遷都してから、延暦《えんりゃく》三年（784年）に桓武《かんむ》天皇〔第五十代〕が長岡京に遷都するまでの七十四年間、あるいは延暦十三年（794年）に桓武天皇が平安京（京都）に遷都するまでの八十四年間を指す。飛鳥時代の天武《てんむ》天皇〔第四十代〕と持統《じとう》天皇〔第四十一代〕によって確立された政治体制のもとで、奈良の地に壮大な都がつくられた。

この時代の元号で特徴的なのは、中国の則天武后《そくてんぶこう》の例に倣《なら》った四文字元号「天平感宝《てんぴょうかんぽう》」「天平勝《しょう》宝《ほう》」「天平宝字《ほうじ》」「天平神護《じんご》」「神護景雲《けいうん》」が使われたことである。仏教による鎮護国家を目指す一方で、非常に国際色豊かな天平文化が花開いた時代だった。

たとえば、正倉院《しょうそういん》の宝物を見ても、平螺鈿背円鏡《へいらでんはいのえんきょう》に使われている夜光貝《やこうがい》・鼈甲《べっこう》は東南アジア産、琥珀《こはく》はミャンマーあるいは中国産、トルコ石はイラン産、ラピスラズリはアフガニスタン産だとされているし、象木臈纈屏風《ぞうきろうけちのびょうぶ》・羊木臈纈屏風《ひつじきろうけちのびょうぶ》のデザインは、サーサーン朝ペルシアの影響を受けているとされている。また、この頃、キリスト教の一派である景教《けいきょう》も、シルクロード経由で入ってきたとされている。

一方、奈良時代は軍事国家的な側面も見られた。きっかけは、天智《てんじ》天皇二年八月（663年10月）

の朝鮮半島における、唐《とう》・新羅《しらぎ》連合軍との「白村江《はくすきのえ》の戦い」の敗北だった。この敗戦を機に、朝廷は国防力の増強の必要性を痛感する。白村江の戦いに繰り出された兵士は、中央や地方の豪族が従者や自らが支配する民を武装させて編成していた「国造《くにのみやっこ》軍」にすぎず、唐・新羅連合軍に歯が立たなかったからだ。

そこで、国家として兵士を徴兵して軍団を組織するために戸籍の整備を進め、武官の人事や軍事に関する諸事を司る兵部省《ひょうぶしょう》を設置した。たとえば、天平宝字元年（757年）に施行された「養老律令」の軍防令には、正丁《せいてい》（二十一〜六十歳の健康な男）三人につき一人を兵士として徴発すると定めている。そうして集められた軍団兵士の数は二十万人を数えたともいわれており、全国の軍団に配置されたほか、衛士府《えじふ》や衛門府《えもんふ》に勤務する衛士となって都で諸役に動員された。また防人《さきもり》として九州に派遣されたり、陸奥国《むつ》に置かれた鎮守府《ちんじゅふ》に鎮兵として派遣される者も多かった。

ところで、奈良時代を象徴する東大寺《とうだいじ》の盧舎那仏《るしゃなぶつ》は、聖武《しょうむ》天皇（第四十五代）により天平十五年（743年）に造像が発願され、天平勝宝四年（752年）に開眼《かいげん》供養会が行われたが、建造に必要な資材は全国から調達され、延べ二百六十万人が工事に関わったとされる。また、関西大学の宮本勝浩《かつひろ》教授らは、大仏と大仏殿の建造費は、現在の価格にすると約四千六百五十七億円と算出している。それだけの国力が備わっていたのだ。

708〜715

## 改元とともに、日本初の流通通貨「和同開珎」を鋳造

# 和銅

わどう

改元年月日　慶雲五年一月十一日

使用期間　7年7か月と26日

在位天皇　元明《げんめい》天皇　第四十三代

グレゴリオ暦：708年2月11日
ユリウス暦：708年2月7日

元号の出典不詳ながら、『呂氏春秋《りょししゅんじゅう》』（孟春）に「天地和同、草木繁動」、『淮南子《えなんじ》』（俶眞《しゅくしん》）に「含影吐陽、而萬物和同者徳也」などとある。この改元は武蔵国秩父郡（現在の埼玉県秩父市黒谷）から和《ニギ》銅《アカガネ》と呼ばれる純度の高い銅の塊が発見され、朝廷に献上されたことを慶事として行われた。また、それと同時に日本初の流通貨幣となる和同開珎《わどうかいちん》が鋳造された。

### ■藤原京から平城京への遷都

改元前年の慶雲四年六月十五日（707年7月22日）には文武天皇が病に倒れて崩御、母親の阿閇《あへいの》皇女《ひめみこ》（天智《てんじ》天皇の第四皇女）が元明天皇第四十三代として即位していた。文武天皇の第一皇子・首皇子《おびとのみこ》（のちの聖武《しょうむ》天皇）が幼かったため中継ぎとしての即位だったが、その代始改元の意味もあった。

和銅元年二月十五日（708年3月15日）には平城遷都の詔《みことのり》が出され、二年後の和銅三年三月十日（710年4月17日）には藤原京から平城京（現在の奈良県奈良市および大和郡山《やまとこおりやま》市近辺）への遷都が行われた。また、和銅五年一月二十八日（712年3月13日）には太安万侶《おおのやすまろ》による『古事記』が完成したとされ、和銅六年五月二日（713年6月3日）には諸国に対して『風土記《ふどき》』の編纂《へんさん》が命じられた。こ

うして、古来よりの歴史を書き残すことで、天皇統治体制が着々と整えられていったのである。

和銅八年九月二日（715年10月7日）、元明天皇の娘である氷高皇女《ひたかのひめみこ》（父は草壁《くさかべ》皇子）が、母からの譲位を受けて元正《げんしょう》天皇（第四十四代）の座に就き、和銅から霊亀への改元が行われることとなった。甥《おい》の首皇子がまだ若かったからだが、母から娘への皇位継承は歴代天皇の中で唯一のことである。

715~717

## 歴代天皇の中で〝唯一の母から娘への譲位〟を祝う改元

# 霊亀

れいき

改元年月日　和銅八年九月二日

使用期間　2年2か月と21日

グレゴリオ暦：715年10月7日
ユリウス暦：715年10月3日

在位天皇　元正《げんしょう》天皇　第四十四代

元号の出典は不詳ながら、『周易《しゅうえき》』（頤卦《いか》）に「初九、舎爾霊亀、観我朶頤」、『宋書《そうしょ》』（符瑞志《ふずいし》）に「呉孫権時、霊亀出会稽章安」などとある。

『続日本紀』には、和銅八年八月二十五日（715年10月1日）に「左京の人大初位下高田首《たかだのおびと》久比麻《くいま》呂《ろ》、霊亀を献る。長さ七寸、闊《ひろ》さ六寸。左眼白く、右眼赤し。頸に三公（北極星を囲む三つの星）を著し、背に七星（北斗七星）を負う。前の脚に並びに離の卦有り、後の脚に並びに一爻有り。腹の下に赤・白の両点ありて、八の字を相次ぎつ」とある。その不思議な亀が献上されたのを受けての改元だった。この改元には、前述した元明天皇から元正天皇への譲位を広く世に示すという目的もあったことはいうまでもない。

## 717〜724

## 養老

ようろう

**お肌スベスベ！ 養老伝説に則り改元**

改元年月日 霊亀三年十一月十七日

使用期間 6年2か月と8日

在位天皇 元正天皇 第四十四代

グレゴリオ暦：717年12月28日
ユリウス暦：717年12月24日

元号の出典は不詳ながら、『礼記《らいき》』（王制）に「有虞氏皇而祭、深衣而養老」、同（文王世子）に「凡大合楽必遂養老」とある。元正天皇は霊亀三年（717年）に近江《おうみ》・美濃《みの》国に行幸、その途中、不破《ふわ》行宮《かりみや》（現在の岐阜県関ケ原町）に滞在していたとき、当耆《たき》郡《ぐん》多度《たど》山の美泉（同・岐阜県養老町）を訪れ、帰京後、「手面は皮膚が滑らかになった。痛い箇所につけると痛みがとれた」などとして、霊亀三年十一月十七日（717年12月28日）にこの瑞祥《ずいしょう》の改元を実施したとされる。

## 724〜729

## 神亀

じんき

**白亀献上で、「天地の霊貺、国家大瑞なり」**

改元年月日 養老八年二月四日

使用期間 5年5か月と30日

在位天皇 聖《しょう》武《む》天皇 第四十五代

グレゴリオ暦：724年3月7日
ユリウス暦：724年3月3日

元号の出典は不詳ながら、『大戴礼記《だたいらいき》』（巻十三）に「有甲之蟲三百六十、而神亀為之長」とある他、『爾雅《じが》』（釈魚）に「一曰、神亀」などとある。養老八年二月四日（724年3月7日）に、文武天皇の第一皇子・首皇子《おびとのみこ》が、伯母の元正天皇からの譲位を受けて聖武天皇〔第四十五代〕の座に就いたが、その前年の養老七年九月七日（723年10月14日）に、左京人紀朝臣《きのあそみ》家から白亀が朝廷に献上されたところ豊年となったことから、「天地の霊貺《れいきょう》、国家大瑞《だいずい》なり」ということで、この日、聖武天皇の代始の改元が行われ、養老八年二月四日を神亀元年二月四日とすることとなった。

## ■長屋王の祟りで藤原四兄弟が次々と死亡

神亀六年二月十二日（729年3月20日）には「長屋王《ながやのおう》の変」が起きた。長屋王は天武天皇の孫で、壬申《じんしん》の乱で活躍した高市皇子《かけちのみこ》の子だったが、左大臣となり、聖武天皇の親政を支えていた。

それをおもしろく思わない藤原四兄弟（藤原不比等《ふひと》の子＝武智麻呂《むちまろ》・房前《ふささき》・宇合《うまかい》・麻呂《まろ》）が「長屋王はひそかに左道《さどう》（呪術）を学びて国家《みかど》を傾けんと欲す」と密告。長屋王は自殺に追い込まれた。

実は、四兄弟の妹で聖武天皇の夫人となっていた安宿《あすかべ》媛《ひめ》（光明子《こうみょうし》）が、神亀四年閏《うるう》九月二十九日（727年11月20日）に基皇子《もといのみこ》を生み、生後三十二日で皇太子の座に就けていた。それで藤原氏の将来は安泰となるはずだった。

ところが基皇子は翌年九月十日（728年10月21日）に死亡してしまう。そこで四兄弟は「皇子の死は長屋王の呪詛《じゅそ》によるものだ」と言い立てて無実の長屋王を死に追い

**聖武天皇肖像画**
出典『四聖御影図《ししょうおんえい》』（東大寺所蔵）

やったのだった。この事件には聖武天皇の積極的な関与もあったかもしれない。

長屋王の薨去《こうきょ》後、藤原四兄弟は光明子を皇后（光明皇后）に据えて藤原氏主導の政権を樹立した。しかし天平九年（７３７年）には、四人とも天然痘で死亡する。人々は、それを長屋王の祟《たた》りだと噂しておおいに恐れたという。

729〜749

## 亀の背にあった「天」と「平」の文字

# 天平

てんぴょう
てんびょう

改元年月日　神亀六年八月五日

元号使用期間　19年8か月と2日

在位天皇　聖武天皇　第四十五代

グレゴリオ暦：７２９年９月６日
ユリウス暦：７２９年９月２日

元号の出典は不詳ながら、『周易』（篆下伝《たんげ》）に「聖人感人心而天下和平」、『礼記』（大学）に「身修而家。家斉而国治、国治而天下平」などとある。神亀六年六月二十日（７２９年7月24日）に、長さ五寸三分、広さ四寸五分で、背に「天王貴平知百年」の文がある亀が、京職大夫《きょうしき》の藤原麻呂により献じられたことを瑞祥として、同年八月五日（９月６日）に神亀から天平へと改元された。

### ■聖武天皇のたび重なる遷都

天平年間は二十年近く続くことになったが、この時代の大事件としては天平十二年九月三日（７４０年10月2日）に起きた「藤原広嗣《ひろつぐ》の乱」が挙げられる。

藤原四兄弟が天平九年（７３７年）に天然痘で死亡したのち、政治の中枢は敏達《びだつ》天皇（第三十代）の末裔《まつえい》とされる橘諸兄《たちばなのもろえ》や遣唐使として渡唐したことのある吉備真備《きびのまきび》らにとって代わられ、藤原家の勢力は衰退していった。そんな中、藤原宇合《うまかい》の長男・広嗣は大宰少弐《だざいのしょうに》（大宰府長官に次ぐ地位）を命じられたことを不満として挙兵したが、天平十二年十月二十三日（740年11月20日）、値嘉島《ちかのしま》（五島列島）に潜伏していたところを捕らえられ、肥前国の唐津《からつ》（現在の佐賀県唐津市）で斬殺された。

この事件後、聖武天皇は平城京を出て、恭仁京《くにきょう》（同・京都府木津川市）、紫香楽宮《しがらきのみや》（同・滋賀県甲賀市）、難波京《なにわきょう》（同・大阪府大阪市）と遷都を繰り返した。それは、藤原広嗣の乱に恐れを抱いたからだとも、うるさい藤原一族がいなくなって、天皇としての力を誇示したかったからだともいわれている。

一方、この時代には、天平文化が大きく花開くこととなった。正倉院《しょうそういん》の財宝や唐招提寺《とうしょうだいじ》金堂、薬師寺東塔、東大寺法華堂、法隆寺東院夢殿《ゆめどの》など、今も残る貴重な仏教建築群はこの時代のものだ。聖武天皇が、まさに天平文化を象徴することになる大仏（盧舎那仏《るしゃなぶつ》坐像）建立の詔を発したのは天平十五年十月十五日（743年11月9日）のことだった。

749

則天武后に倣ってつけた初の「四文字元号」

# 天平感宝

てんぴょうかんぽう
てんびょうかんぽう

改元年月日 天平二十一年四月十四日

グレゴリオ暦：749年5月8日
ユリウス暦：749年5月4日

使用期間 3か月と15日

在位天皇 聖武天皇 第四十五代

元号の出典は不詳。ちなみに『日本年号史大事典』（雄山閣）によると、四字年号としたのは光明皇后が、690年に武周《ぶしゅう》朝を打ち建てた中国の則天武后の例（天冊万歳《てんさくばんざい》、万歳登封《ばんざいとうふう》、万歳通天《ばんざいつうてん》）に倣《なら》ったもので、「感宝」とは、三宝・神祇・天皇霊に感応して宝（黄金）が出現したという意味とされる。

この改元は、天平二十一年二月二十三日（749年3月30日）に陸奥守《むつのかみ》である百済王《くだらのこにきし》敬福《きょうふく》から黄金九百両が献上されたことを受け、同年四月十四日（5月8日）に実施された。この時期、大仏建造はまさに佳境を迎えていたが金が大幅に不足していた。そんなときに金がもたらされたことはまさに慶事だったのであろう。

749~757

## 史上六人目の女帝誕生で行われた代始の改元

# 天平勝宝

てんぴょうしょうほう
てんびょうしょうほう

**使用期間**
8年と18日

**在位天皇**
孝謙《こうけん》天皇 第四十六代

**改元年月日** 天平感宝元年七月二日

グレゴリオ暦：749年8月23日
ユリウス暦：749年8月19日

元号の出典は不詳。天平感宝の改元から約三か月後の天平感宝元年七月二日（749年8月23日）に、聖武天皇と光明皇后の娘である阿倍内親王《あべのないしんのう》が父からの譲位を受けて孝謙《こうけん》天皇第四十六代として即位（史上六人目の女帝）、代始《だいはじめ》の改元として天平感宝から天平勝宝への改元が行われた。

上皇となった聖武は、天平勝宝四年四月九日（752年5月30日）には悲願だった東大寺大仏の開眼法要を行ったが、天平勝宝八年五月二日（756年6月8日）に、「道祖王《ふなどおう》（天武《てんむ》天皇の孫）を孝謙天皇の皇太子にするように」と遺言を残して崩御した。

しかし道祖王が天皇になることはなかった。翌年の天平勝宝九年三月（757年4月）、孝謙天皇は群臣を集めて「道祖王は、喪中であるにもかかわらず侍童と姦淫《かんいん》をなした」などと激しく非難して、道祖王の皇太子を廃し、天武天皇の皇子である舎人《とねり》親王の七男・大炊王《おおいおう》（のちの淳仁《じゅんにん》天皇第四十七代）を立太子させた。この大炊王の妃となっていたのは、藤原仲麻呂の早世した長男・藤原真従《まより》の未亡人（粟田諸姉《あわたのもろあね》）だった。

さらに天平勝宝九年七月二日（757年7月26日）、「橘奈良麻呂《たちばなのならまろ》の乱」が起きた。奈良麻呂は、藤原仲麻呂の讒言《ざんげん》によって失脚させられ、同年一月六日（757年2月3日）に失意のうちに亡くなっていた橘諸兄の息子だった。

奈良麻呂は、藤原仲麻呂を殺害し、皇太子の大炊王を廃した上で、天武天皇の孫である塩焼王《しおやきおう》、長屋王の息子である安宿王《あすかべおう》か黄文王《きぶみおう》、道祖王のいずれかを天皇の座に就けようとした。

だが、それを知った山背王《やましろおう》（安宿王・黄文王の同母弟）が孝謙天皇に密告。奈良麻呂は捕縛され、黄文王、道祖王らとともに拷問を受けて獄死する。また安宿王は妻子と共に佐渡に流罪となり、塩焼王は謀議の場に参加していなかったとして不問に付されたものの、のちに「藤原仲麻呂の乱」（天平宝字八年／764年）に巻き込まれて命を落とすこととなる。

ちなみに山背王は、兄たちが謀反に参加していたことを知らないまま、密告したのではないかとされている。

757~765

## 蚕が産みつけた卵で決められた改元

# 天平宝字

てんぴょうほうじ
てんびょうほうじ

改元年月日　天平勝宝九年八月十八日

使用期間　7年4か月と26日

在位天皇　孝謙天皇 第四十六代
淳仁《じゅんにん》天皇 第四十七代

グレゴリオ暦：757年9月10日
ユリウス暦：757年9月6日

元号の出典は不詳。『続日本紀』に、益頭郡《ましず》（現在の藤枝市と焼津市の一部）に住む金刺麻自《かなさしまじ》という舎人が、蚕の産みつけた卵が「五月八日開下帝釈標知天皇命百年息」の字になっているのを見つけて献上したとある。その日はまさに聖武天皇の一周忌法要の最終日だったため、国家安泰を示す「霊字」だとして改元が行われた。

天平宝字二年八月一日（758年9月11日）、孝謙天皇は病気になった光明皇太后に仕えるためとして大炊王に譲位、淳仁天皇第四十七代が誕生した。それに伴い、光明皇太后には「天平応真仁正皇太后」、孝謙天皇には「宝字称徳孝謙皇帝」の尊号が贈られ、孝謙天皇は上皇の座に就いた。

しかし天平宝字四年七月十六日（760年9月3日）に光明皇太后が崩御すると、孝謙上皇と藤原仲麻呂が対立。孝謙上皇と淳仁天皇は平城京を離れ、小墾田宮《おはりだのみや》（現在の奈良県高市郡明日香村周辺）、保《ほ》良宮《らのみや》（現在の滋賀県大津市南部）へと移ったが、そこで孝謙上皇が病に倒れる。そのとき孝謙上皇を看病し、寵愛を受けるようになったのが法相宗《ほっそうしゅう》の僧・弓削道鏡《ゆげのどうきょう》である。淳仁天皇と藤原仲麻呂は急速に政治力を増す道鏡をなんとか排除しようとするが、孝謙上皇は淳仁天皇の不孝をなじって別居、仏門に入って重要な政務は自分が執ると宣言した。

## ■藤原仲麻呂の乱と淳仁天皇の廃位

こうして「孝謙上皇・道鏡」vs「淳仁天皇・藤原仲麻呂」の勢力争いが始まった。仲麻呂は兵士を集め、一挙に政権を奪取しようとする。しかし天平宝字八年九月十一日（764年10月14日）に、密告でそれを知った孝謙上皇はすぐさま兵を差し向け、九月十八日（10月21日）には、仲麻呂と彼の一族を近江国高島郡勝野鬼江《かちののおにえ》（現在の滋賀県高島市の乙女ヶ池）に追い詰めて滅ぼした。このとき、仲麻呂と行動を共にしていた塩焼王も殺害されている。また孝謙上皇は、十月十四日（11月15日）には淳仁天皇の廃位を宣言して淡路《あわじ》国に流刑とし、自ら重祚《ちょうそ》して称徳《しょうとく》天皇〔第四十八代〕の座に就いた。

その後、淳仁天皇は翌年の天平神護元年十月二十三日（765年11月14日）に死亡するが、病死したとも殺害されたともいわれ、葬儀の記録も一切残されていない。

**765~767**

**「藤原仲麻呂の乱」を平定した神霊の護りを称えて改元**

# 天平神護

てんぴょうじんご
てんびょうじんご

**改元年月日** 天平宝字九年一月七日

**使用期間** 2年7か月と12日

**在位天皇** 称徳《しょうとく》天皇〔第四十八代〕（孝謙天皇〔第四十六代〕が重祚）

グレゴリオ暦：765年2月5日
ユリウス暦：765年2月1日

元号の出典は不詳。この改元は、称徳天皇即位に伴う代始改元として行われた。ちなみに「天平神護」は〝藤原仲麻呂の乱が神霊の護りによって平定された〟として付けられた元号だとされる。

767〜770

瑞雲発現で行われた最後の四文字元号への改元

# 神護景雲《じんごけいうん》

改元年月日 天平神護三年八月十六日

使用期間 3年1か月と10日

在位天皇 称徳天皇 第四十八代

グレゴリオ暦：767年9月17日
ユリウス暦：767年9月13日

元号の出典は不詳。この改元は瑞雲《ずいうん》の発現をきっかけに行われた。

この頃から、生涯独身を通し、後を継ぐべき子供もいなかった称徳天皇の後を誰が継ぐかという皇位継承問題がクローズアップされるようになっていった。一方、道鏡は天平神護二年十月二十日（766年11月30日）には法王となり、宗教の世界でも頂点に立ち絶頂期を迎えていたが、神護景雲三年（769年）に「宇佐八幡宮《うさはちまんぐう》神託事件」が起きる。

## ■自ら天皇になろうとした道鏡の失脚

大宰帥《だざいのそち》（大宰府長官）だった弓削浄人《ゆげのきよひと》（道鏡の弟）が、道鏡に「道鏡が皇位に就くべし」という神託があったと吹き込んだのが発端だった。それに対し、朝廷は神託の真贋を確認するために和気清麻呂《わけのきよまろ》を宇佐神宮に派遣。清麻呂は、「天の日継は必ず帝の氏を継がしめむ。無道の人は宜しく早く掃い除くべし」という神託を持ち帰った。

つまり、無道の人（道鏡）を皇位に就けてはならないというわけだ。その報告を聞いた称徳天皇はひどく怒り、清麻呂を大隅国《おおすみ》（現在の鹿児島県東部）に流罪としてしまった。神護景雲三年九月二十五日（769年11月1日）のことである。

だが、称徳天皇が神護景雲四年八月四日（770年9月1日）に崩御すると道鏡は失脚。下野国《しもつけ》（現在の栃木県）に下向。宝亀《ほうき》三年四月七日（772年5月17日）にその地で没することとなる。

一方、称徳天皇の崩御後の神護景雲四年十月一日（770年10月27日）に、天皇の座に就いたのは白壁王《しらかべおう》＝光仁《こうにん》天皇【第四十九代】だった。彼は、天智天皇の第七皇子・施基皇子《しきのみこ》の第六子だったが、即位したときには満六十歳十一か月だった。

幾多の政変で皇位継承者にふさわしい者が殺害されてしまっていたからだ。白壁王は、粛清の嵐が吹き荒れる中、政争に巻き込まれることを恐れてひたすら酒をあおり、暗愚を装うことでなんとか難を逃れていたのである。

**770～781**

## 白亀献上で再び二文字元号に

# 宝亀

ほうき

**改元年月日** 神護景雲四年十月一日

グレゴリオ暦：770年10月27日
ユリウス暦：770年10月23日

**使用期間** 10年3か月と7日

**在位天皇** 光仁《こうにん》天皇【第四十九代】

元号の出典は不詳ながら、『礼記』（楽記）に「青黒緑者、天子之寶亀也」とある他、『爾雅《じが》』（釈魚）に「四曰寶亀」などとある。宝亀としたのは、光仁天皇の即位にあたり、肥後国（現在の熊本県）より白亀が相次いで献上されたことが大瑞に叶うものだったからだとされている。

## ■激化した藤原一族による権力闘争

この頃、朝廷内では藤原一族による激しい権力闘争が続いていた。光仁天皇には聖武天皇の娘・井上《いのうえ》内親王との間にもうけた他戸《おさべ》親王がいた。他戸親王は女系ではあるものの聖武天皇の血筋を引く最後の男性皇族だった。そこで、右大臣となっていた藤原永手《ながて》（藤原北家）は、宝亀元年十一月六日（770年12月1日）に井上内親王を皇后の座に据え、翌年一月二十三日（771年2月16日）には他戸親王を立太子させた。

しかし、同年二月二十二日（3月16日）に永手は急死してしまう。すると、藤原式家の藤原良継《よしつぐ》と百川《ももかわ》の兄弟が、光仁天皇と高野新笠《たかののにいがさ》（父の和乙継《やまとのおとつぐ》は百済武寧王《くだらぶねいおう》の子孫を称する渡来系氏族の和氏《やまとうじ》の出、母の土師真妹《はじのまいも》は土師氏の出）との間に生まれていた山部王《やまべおう》（のちの桓武《かんむ》天皇第五十代）を即位させるべく画策し始めた。いうまでもなく、自分たちでコントロールできる天皇を誕生させ、藤原一族内での勢力を拡大するためだった。

そして宝亀三年三月二日（772年4月13日）には、井上皇后が突然、光仁天皇を呪詛したとして皇后を廃され、五月二十七日（7月6日）には他戸王も皇太子を廃され、宝亀四年一月二日（773年2月2日）には山部王が立太子された。

さらに井上皇后と他戸王は、同年10月14日（773年11月7日）に薨去した難波《なにわ》内親王（光仁天皇の同母姉）を呪詛《じゅそ》し殺害したという嫌疑を掛けられ、宝亀六年四月二十七日（775年6月3日）に、幽閉されていた大和国宇智郡（現在の奈良県五條市）で死亡し、聖武天皇の皇統は完全に絶えることとなった。この事件は、実は藤原百川が仕組んだもので、井上皇后と他戸王は暗殺されたのだとする説も根強い。

それで藤原式家の将来は安泰となるはずだった。だがその後、藤原式家では、宝亀六年七月一日（775年8月5日）の藤原蔵下麻呂《くらじまろ》の死に始まり、宝亀八年（777年）の藤原良継と藤原清成の死、宝亀十年（779年）の藤原百川の死と、不幸が立て続けに続いた。また、同時期には黒鼠《くろねずみ》の大群・雹《ひょう》・風水害・蝗害《こうがい》などの天変地異も続き、人々を不安のどん底へと陥れた。人々は、それを井上内親王と他戸王の祟りだと恐れた。

また宝亀五年（774年）には、大友駿河麻呂《おおとものするがまろ》が陸奥按察使《むつあぜち》に命じられて蝦夷討伐が始まった。この蝦夷との戦いは弘仁二年（811年）まで続き、「三十八年戦争」とも呼ばれる。

## 781〜782

### 美雲の出現をきっかけに行われた史上唯一の〝元旦の改元〟

# 天応

てんおう
てんのう

改元年月日 宝亀十二年一月一日

使用期間 1年8か月と1日

在位天皇 光仁天皇 第四十九代
桓武《かんむ》天皇 第五十代

グレゴリオ暦…781年2月3日
ユリウス暦…781年1月30日

元号の出典は不詳ながら、『周易』（彖下伝）に「湯武革命順乎天、而應乎人、革之時大矣哉」とある他、『礼緯《れいい》』（含文嘉）に「伏羲徳洽上下、天應以鳥獣文章、地応以河図洛書、乃象而作易、始畫八卦」、『端應図《ずいおうず》』に「勤労歴年救民之害、天應其徳則至」などとある。

伊勢斎宮《いせのいつきのみや》（現在の三重県多気郡明和町）に「美雲」が現れたことを祥瑞として、宝亀十二年一月一日（781年2月3日）に、宝亀から天応に改元され、天応元年一月一日が始まった。元日に行われた改元は、この一回だけである。ちなみに、伊勢斎宮とは、伊勢神宮の斎王（祭祀に奉仕した未婚の内親王、または女王）の御所のことである。

天応元年四月三日（781年5月4日）、光仁天皇の第一皇子・山部王《やまべおう》が、父からの譲位を受けて天皇に即位した。桓武天皇（第五十代）の誕生である。翌日には弟の早良《さわら》親王を皇太子と定め、十一日後の四月十五日（5月16日）には即位の詔を宣した。

第三章

# 平安時代編

延暦
大同
弘仁
天長
承和
嘉祥
仁寿
斉衡
天安
貞観
元慶
仁和
寛平
昌泰
延喜
延長
承平
天慶
天暦
天徳
応和
康保
安和

天禄
天延
貞元
天元
永観
寛和
永延
永祚
正暦
長徳
長保
寛弘
長和
寛仁
治安
万寿
長元
長暦
長久
寛徳
永承
天喜
康平

治暦
延久
承保
承暦
永保
応徳
寛治
嘉保
永長
承徳
康和
長治
嘉承
天仁
天永
永久
元永
保安
天治
大治
天承
長承
保延

永治
康治
天養
久安
仁平
久寿
保元
平治
永暦
応保
長寛
永万
仁安
嘉応
承安
安元
治承
養和
寿永
元暦
文治

# 平安時代

## ——軍事的国家統一の時代から、摂関政治の時代、そして院政の時代に

平安時代は、延暦《えんりゃく》十三年（７９４年）に桓武《かんむ》天皇が平安京（京都）に都を遷《うつ》してから、建久《けんきゅう》三年（１１９２年）に鎌倉幕府が成立するまでの約三百九十八年間を指す。その間、平安京が政治上の中心であったことから、平安時代と称されるが、大きく三つの時代に分けられる。

まず前期は、軍事的に日本国の統一を進めた時代だった。奈良時代の宝亀《ほうき》五年（７７４年）に大伴《おおとも》駿河麻呂《するがまろ》が命じられて始まった蝦夷《えみし》討伐は、弘仁《こうにん》二年（８１１年）まで続いた。その後、大同《だいどう》五年（８１０年）の「薬子《くすこ》の変」、承和《じょうわ》九年（８４２年）の「承和の変」などの政変が頻繁に起きたが、それを武力で抑えていった。

その中で特に力を伸ばしていったのが、藤原不比等《ふひと》の子・房前《ふささき》を祖とする藤原北家《ほっけ》だった。藤原北家の当主が、天皇の外戚となって、摂政や関白、あるいは内覧などの要職を独占し、天皇の政治を代行する、いわゆる「摂関政治」の時代となった。

摂関政治の始まりは、平安中期の清和《せいわ》天皇[第五十六代]の時代である。天安《てんあん》二年（８５８年）に文徳《もんとく》天皇[第五十五代]が崩御すると、藤原良房《よしふさ》が満八歳と七か月の惟仁《これひと》親王を後見して清和天皇として即位させ、自らは摂政となって政治の実権を握った。清和天皇の母は良房の娘（明子《めいし》）だった。それまで、天皇は

成人でなければならないという観念があった。だが、この幼少天皇の誕生で、摂関が支えるから天皇は幼少でもいいという形になっていった。

　摂関政治の頂点に立ったのが、長徳《ちょうとく》元年（９９５年）に甥《おい》の藤原伊周《これちか》との権力闘争に勝ち、文書などを天皇より先に見る内覧に就任した藤原道長《みちなが》だった。道長は、長和《ちょうわ》五年（１０１６年）に外孫の後《ご》一条《いちじょう》天皇第六十八代（母は道長の長女・彰子《しょうし》）が即位すると摂政に就任。一年ほどで息子の藤原頼通《よりみち》に摂政の座を譲り、頼通は摂関の地位に約五十年間就いていた。

　しかし、平安後期になると次第に摂関家の力が弱体化する。頼通が皇室に嫁がせた娘から男児が生まれず、治暦《じりゃく》四年（１０６８年）には、百七十年ぶりに藤原北家の祖父を持たない天皇である後三《ごさん》条《じょう》天皇第七十一代が誕生。さらに次代の白河《しらかわ》天皇第七十二代は善仁《たるひと》親王（のちの堀河《ほりかわ》天皇）に皇位を継がせ、自らは上皇、法皇として政治力を発揮するようになった。天皇の父なり祖父なりが政治を行う院政時代の始まりだった。自分自身が政治権力を保ち続けるためにもそのほうが都合がいいし、多くの皇族の中で自分の子供に皇統を継がせるためにも、自分が上皇、法皇となって睨《にら》みをきかせたほうがいいということだ。

　その結果、元号も、天皇、上皇、法皇の一存ですぐに決められるようになった。そのため、何か事が起きると救いを求める民のためにすぐに改元するようになり、治暦五年（１０６９年）の延久《えんきゅう》への改元から、元暦《げんりゃく》二年（１１８５年）の文治《ぶんじ》への改元までの百十六年四か月の間に四十三もの元号が誕生することとなった。この時期は平均するとおよそ二年半ごとに改元が行われていたことになる。

782~806

桓武天皇即位で改元するも、怨霊を恐れて平安京に遷都

# 延暦

えんりゃく

改元年月日 天応二年八月十九日

使用期間 23年8か月と8日

在位天皇 桓武《かんむ》天皇 第五十代

グレゴリオ暦：782年10月4日
ユリウス暦：782年9月30日

元号の出典は不詳ながら、『群書治要《ぐんしょちよう》』（魏志下高堂隆伝）に「民詠徳政、則延期過歴」とある他、『崔《さい》氏《し》政論』に「夫熊経鳥伸雖延歴之術、非傷寒之理」などとある。この天応《てんのう》から延暦への改元は、桓武天皇の代始の儀式の一つとして行われた。勘申《かんじん》者は不詳だが、公卿《くぎょう》の石上宅嗣《いそのかみのやかつぐ》と、大友《おおとも》皇子（弘《こう》文《ぶん》天皇）の曾孫にあたる淡海三船《おうみのみふね》だったのではないかともされる。

改元後、桓武天皇は藤原式家の藤原種継《たねつぐ》（藤原宇合《うまかい》の孫）に山背国《やましろのくに》乙訓《おとくに》郡（現在の京都府向日市、長岡京市、京都市西京区）への遷都を命じ、延暦三年十一月十一日（784年12月31日）には長岡京に遷って朝廷の改革に着手した。

だが、翌年九月二十三日（785年11月3日）の夜、その種継が矢を射掛けられて翌日に死去するという事件が起き、大伴竹良《おおとものちくら》、大伴継人《つぐひと》、佐伯高成《さえきのたかなり》ら十数名が捕縛されて斬首された他、多くの者が流罪となった。またこの事件に連座して、皇太弟であった早良《さわら》親王も廃嫡の上、乙訓寺《おとくにでら》（現在の京都市長岡京市）に幽閉され、その後、淡路国へ配流される途中に河内国（現在の大阪府守口市）で憤死した。延暦四年九月二十八日（785年11月8日）のことである。

## ■早良親王の怨霊を恐れて行われた平安京への遷都

それから約二か月後の同年十一月二十五日（786年1月4日）、桓武天皇は息子の安殿《あて》親王を皇太子とした。しかし日照りによる飢饉《ききん》や疫病の大流行、さらには皇后や皇太子の発病、都の中を流れる川の氾濫などが立て続けに起こり、人々は早良親王の怨霊に因《よ》るものだと噂した。

年が明けた延暦五年（786年）には、皇后の藤原乙牟漏《ふじわらのおとむろ》との間に神野《かみの》親王が、藤原旅子《たびこ》（藤原百《もも》川《かわ》の長女）との間に大伴《おおとも》親王が誕生したが、桓武天皇の心が休まることはなかったとされる。

その桓武天皇は和気清麻呂《わけのきよまろ》の建議で平安京（現在の京都市街）への遷都を決意、延暦十三年十月二十二日（794年11月22日）に遷都して平安時代が始まった。弟・早良親王に対する桓武天皇の贖罪《しょくざい》意識が平安時代をスタートさせたのだ。そして平安時代は、源頼朝が鎌倉幕府を開くまでの約四百年間にわたって続いていった。

**桓武天皇像**（延暦寺所蔵）

806～810

## 即位するも叔父・早良親王の祟りを恐れた平城天皇

# 大同

だいどう

**改元年月日** 延暦二十五年五月十八日

**使用期間** 4年4か月と12日

**在位天皇** 平城《へいぜい》天皇 第五十一代
嵯峨《さが》天皇 第五十二代

グレゴリオ暦：806年6月12日
ユリウス暦：806年6月8日

出典は不詳ながら『書経《しょきょう》』（洪範《こうはん》）に「汝則従、亀従筮従、卿士従、庶民従、是之謂大同」、『礼記《らいき》』（礼運）に「是故謀閉而不興、盗竊乱賊而不作、故外戸而不閉、是謂大同」とある。

延暦二十五年三月十七日（806年4月13日）の桓武天皇崩御に伴って第一皇子である安殿親王が践祚《せんそ》。五月十八日（6月12日）に平城天皇（第五十一代）として即位、同時に改元も行われた。その平城天皇は大同四年四月一日（809年5月22日）に、風病（風の気にあたって起こると考えられていた病気）を理由に、皇太弟の神野親王に譲位して嵯峨天皇（第五十二代）としたのち、自らは上皇となり、旧都の平城京に移り住んだ。無念の死を遂げた叔父の早良親王の祟《たた》りを恐れたためともいわれている。

810～824

## 大スキャンダルで遅れた!? 大同から弘仁への改元

# 弘仁

こうにん

**改元年月日** 大同五年九月十九日

**使用期間** 13年3か月と19日

**在位天皇** 嵯峨天皇 第五十二代
淳和《じゅんな》天皇 第五十三代

グレゴリオ暦：810年10月24日
ユリウス暦：810年10月20日

元号の出典は不詳ながら、『礼記《らいき》』（孔子間居）に「行寛弘仁静之化」、『晋書《しんじょ》』（周嵩伝）に「濟弘仁之功、崇謙謙之美」、『藝文類聚《げいぶんるいじゅう》』（帝王部）に「……非至弘仁、豈濟斯勳」などとある。この大同から弘仁への改元は嵯峨天皇の即位に伴う代始改元として行われた。

## ■改元を遅らせた藤原薬子は稀代の悪女？

平城天皇が嵯峨天皇に譲位したのは大同四年四月一日（809年5月22日）のことだったが、なぜか一年以上も代始の改元が行われなかった。それは嵯峨天皇が即位した後も政権基盤が安定していなかったことに加え、藤原薬子《くすこ》（藤原種継の娘）のせいでもあったとされる。

薬子は藤原式家の藤原縄主《ただぬし》の妻となり三男三女の母となったが、長女が桓武天皇の皇太子・安殿親王の宮女になると安殿親王と深い仲になる。まさに「皇太子が妃の母を寵愛《ちょうあい》する」という大スキャンダルだった（そればかりか、藤原北家の藤原葛野麻呂《かどのまろ》とも通じていたともされる）。それを知った桓武天皇は当然のごとく激怒して薬子を宮廷から追放した。

だが桓武上皇が崩御して安殿親王が平城天皇として即位すると、薬子は再び宮廷に舞い戻り、平城天皇の寵愛をいいことに専横の限りを尽くすようになっていった。

それは平城天皇が病気を理由に退位して平城京に移ってもなお続き、平城京と平安京の二つの朝廷が存在する状況となった。

さらに薬子は、兄の仲成《なかなり》とともに平城上皇の復権を画策。ついには上皇に旧平城京への遷都を命じさせて挙兵の動きに出た。しかし事前にそれを察知した嵯峨天皇は、坂上田村麻呂《さかのうえのたむらまろ》を差し向けて仲成を討たせた。そこで、もはや勝機のないことを悟った薬子は、毒を飲んで自殺した。

その後、平城上皇は出家。上皇の第三皇子・高丘《たかおか》親王は皇太子を廃され、桓武天皇の第七皇子・大伴《おおとも》親王（第三皇子ともされる）が皇太弟となり、平城上皇の系統は皇位継承から完全にはずされることとなった。この「薬子の乱」が起きたのは大同五年九月十日（８１０年10月15日）のことで、それまではとても改元どころではなかったということだ。なお皇太子を廃された高丘親王は出家して真《しん》如《にょ》と名乗り、空海のもとで修行して、十大弟子の一人に数えられるようになっていった。また、この頃から平安時代前期を象徴する華やかな文化が生まれ、弘仁・貞観《じょうがん》文化と呼ばれるようになった。

**824~834**

## 淳和天皇の即位に伴う代始の改元

# 天長
てんちょう

**改元年月日** 弘仁十五年一月五日

**使用期間** 10年と6日

**在位天皇** 淳和天皇 第五十三代
仁明《にんみょう》天皇 第五十四代

グレゴリオ暦：８２４年２月12日
ユリウス暦：８２４年２月８日

元号の出典は、『老子』（第七章）の「天長地久、天地所以能長且久者、以其不自生、故能長生」からで、勘申したのは都腹赤《みやこのはらか》（文章博士《もんじょうはかせ》）、南淵弘貞《みなぶちのひろさだ》（右近衛《うこのえの》少将）、菅原清公《きよとも》（弾正大弼《だんじょうだいひつ》）とされる。

弘仁十四年四月二十七日（８２３年６月13日）に、大伴親王が異母兄の嵯峨天皇からの譲位を受けて淳和天皇第五十三代の座に就いたことを受け、この代始改元が行われた。

834~848

## 仁明天皇の即位に伴い改元するも、「承和の変」勃発

# 承和

じょうわ
しょうわ

改元年月日 天長十一年一月三日

使用期間 14年5か月と2日

在位天皇 仁明天皇 第五十四代

グレゴリオ暦：834年2月18日
ユリウス暦：834年2月14日

元号の出典は不詳ながら、『白虎通《びゃっこつう》』（巻三）に「王者承統理、調和陰陽」とある他、『藝文類聚』（帝王部）に「魏陳王曹植文帝誄曰、在位七載、九功仍擧、將承太和」などとある。

天長十年三月六日（833年4月3日）に嵯峨上皇の第一皇子・正良《まさら》親王が叔父の淳和天皇からの譲位を受けて仁明天皇（第五十四代）となったことを受けて、この改元が行われた。仁明天皇は即位後、嵯峨上皇の意向を受けて、淳和上皇の第二皇子である恒貞《つねさだ》親王を皇太子に立てた。それを快く思わなかったのが藤原良房《よしふさ》（嵯峨天皇時代に左大臣まで昇った藤原冬嗣《ふゆつぐ》の次男）だった。実は天長四年（827年）には良房の妹である順子《じゅんし》と仁明天皇の間に道康《みちやす》親王が誕生していた。そこで良房は、恒貞皇太子を排し、甥《おい》の道康親王を皇太子の座に据えることで自らの権力をさらに大きくしようと画策し始めた。

### ■でっち上げで起きた「承和の変」

承和七年五月八日（840年6月15日）に淳和上皇が崩御したのに続き、嵯峨上皇が病で倒れると、恒貞親王に仕えていた伴健岑《とものこわみね》と橘逸勢《たちばなのはやなり》は危機感を抱き、恒貞親王を東国に移すことを計画する。だが藤原良房ら道康親王派は、承和九年七月十五日（842年8月28日）に嵯峨上皇が崩御すると、そ

の二日後には「恒貞親王を奉じて東国へ赴こうとする謀反を企てた」として、健岑、逸勢らを逮捕し、恒貞親王も皇太子から廃してしまった。

しかし、それは藤原良房らのでっち上げだったとされる。そもそも恒貞親王はたびたび皇太子の辞退を申し入れては慰留されていた。その恒貞親王が謀反を計画することなど考えられないからだ。いずれにしても、思惑通り恒貞親王の排除に成功した良房は、道康親王を皇太子の座に就けた上で娘の明子《めいし》を入内させた。明子は藤原良房が嵯峨天皇皇女の源潔姫《みなもとのきよひめ》との間にもうけた娘だったが、嘉《か》祥《しょう》三年三月二十五日（850年5月14日）には、良房の思惑通り、明子と道康親王との間に惟仁《これひと》親王が誕生する。

**848~851**

## “白亀”の献上で改元も、仁明天皇は祝賀を嫌がった!?

# 嘉祥

かしょう
かじょう

**改元年月日** 承和十五年六月十三日

グレゴリオ暦：848年7月20日
ユリウス暦：848年7月16日

**使用期間** 2年10か月と16日

**在位天皇** 仁明天皇 第五十四代
文徳《もんとく》天皇 第五十五代

元号の出典は不詳ながら、『漢書《かんじょ》』（匡衡《きょうこう》伝）に「百姓安、陰陽和、神霊応而嘉祥見」、『漢書』（宣帝紀）に「朕之不逮、寡于徳厚、屢獲嘉祥、非朕之任」、『文選《もんぜん》』（東京賦）に「総集瑞命、備致嘉祥」などとある。『続日本紀《しょくにほんぎ》』によると、承和から嘉祥への改元は、豊後国大分郡の寒川（現在の大分川）で捕獲された白亀が献上されたことを大瑞として行われたとされる。しかしこの改元について、仁明天皇自身は乗り気ではなかった。そもそも、天皇に即位することすら本意ではなかった仁明天皇は、改元の祝賀についても、自らを「不徳である」としていったんは断ったとされているほどである。

851~854

## 文徳天皇の即位に伴う代始の改元

# 仁寿

にんじゅ

改元年月日　嘉祥四年四月二十八日

使用期間　3年6か月と22日

在位天皇　文徳天皇　第五十五代

グレゴリオ暦：851年6月5日
ユリウス暦：851年6月1日

元号の出典は不詳ながら、『論語』（雍也《ようや》第六）に「子曰、知者楽水、仁者楽山、知者動、仁者静、知者楽、仁者壽」、『漢書』（董仲舒《とうちゅうじょ》伝）に「故堯舜行徳則民仁壽、桀紂行暴民鄙夭」などとある。

嘉祥三年三月十九日（850年5月8日）、仁明天皇の皇子・道康《みちやす》親王が仁明天皇からの譲位を受けて文徳天皇（第五十五代）の座に就いた。仁明天皇はその二日後の三月二十一日（5月10日）に崩御した。

854~857

## 泉の水に瑞祥を見て改元

# 斉衡

さいこう

改元年月日　仁寿四年十一月三十日

使用期間　2年2か月と25日

在位天皇　文徳天皇　第五十五代

グレゴリオ暦：854年12月27日
ユリウス暦：854年12月23日

元号の出典は不詳ながら、『周礼《しゅらい》』（冬官考工記の注）に「豊礼執君器斉衡」とある他、『晋書』（楽志）に「大化洽、地平天成、七政斉、玉衡惟平」などとある。石見国《いわみのくに》（現在の島根県西部・石見地方）から醴泉《れいせん》（美味な泉）が献じられたことをきっかけにした、瑞祥《ずいしょう》による改元だった。

斉衡四年二月十九日（857年3月22日）、それまで出世を続けていた藤原良房は、ついに太政大《だいじょう》臣にまで上り詰めた。一方文徳天皇は、良房をひどく嫌っていたようだ。良房の圧力を嫌い、一度も内裏正殿で暮らすことはなかったという。

**857~859**

**瑞祥の「白鹿」「連理木」の献上をきっかけに改元**

# 天安

てんあん
てんなん

**改元年月日** 斉衡四年二月二十一日

**使用期間** 2年2か月

**在位天皇** 文徳天皇 第五十五代
清和《せいわ》天皇 第五十六代

グレゴリオ暦：857年3月24日
ユリウス暦：857年3月20日

元号の出典は不詳ながら、『礼記』（郷飲酒義）に「此五行者足以正身安国矣、彼国安而天下安」、『史記』（巻四）に「天下安寧」、『史記』（陸賈伝）に「陸生曰、天下安注意相、天下危注意蔣」などとある。瑞祥出現による改元とされる。

『日本文徳天皇実録』によると、常陸国《ひたちのくに》（現在の茨城県）から連理木《れんりぎ》（二本の樹木の枝が自然に癒着したもの）、美作国《みまさかのくに》（現在の岡山県東北部）から白鹿が献上されたことを瑞祥として改元したとある。

天安二年八月二十七日（858年10月11日）、もともと病弱だった文徳天皇が突然崩御する。それに伴い、同年十一月七日（12月19日）に、文徳天皇の第四皇子・惟仁《これひと》親王が清和天皇第五十六代となった。

まだ満八歳と七か月だった。

## 改元の遅れの裏でささやかれる文徳天皇暗殺説

859~877

# 貞観

じょうがん

改元年月日　天安三年四月十五日

使用期間　18年と12日

在位天皇　清和天皇　第五十六代
陽成《ようぜい》天皇　第五十七代

グレゴリオ暦：859年5月24日
ユリウス暦：859年5月20日

元号の出典は不詳ながら、『周易』（繫辞伝）に「天地之道、貞観者也」とある他、『文選』（宣徳皇后令）に「公實天性生徳、齊聖廣淵。不改参辰而九星抑止、不易日月而二儀貞観」などとある。この天安から貞観への改元は、清和天皇（第五十六代）の即位に伴う代始の改元として行われた。

それにしても、文徳天皇が崩御してからこの貞観の改元が行われるまで七か月以上かかったのはなぜだったのか？

そもそも惟仁親王の上には、惟喬《これたか》・惟条《これえだ》・惟彦《これひこ》親王という三人の異母兄がいた。そのうち第一皇子・惟喬親王（母は紀名虎《きのなとら》の娘・静子《せいし》）も有力な皇位継承者だった。ところが、嘉祥三年三月二十五日（850年5月14日）に惟仁親王が誕生すると、藤原良房は強引に孫の惟仁親王を皇太子に据えてしまった。その際、文徳天皇は惟仁親王の立太子を認める代わりに惟喬親王への譲位を図ったが、惟喬親王の身に危機が及ぶことを恐れた左大臣・源信《みなもとのまこと》の諫言《かんげん》で取り止めになったとされる。

そうした背景もあり、文徳天皇の突然死は、「実は良房らによる暗殺だったのではないか」ともされており、崩御後、なかなか改元されなかったのも、そのためだったという説もある。

いずれにせよ清和天皇誕生で実権を握った藤原良房は、貞観八年閏《うるう》三月十日（866年5月2日）に応天門が放火される事件が起きたのを機に、左大臣・源信が犯人であると告発した大納言の伴善男《とものよしお》を失脚させ、事件に連座した大伴氏、紀氏の勢力を宮中から駆逐した。そして清和天皇は、それを功績として良房に摂政宣下の詔《みことのり》を与えた。良房の摂政就任は人臣初の摂政誕生であり、良房はついに朝廷の全権を掌握することになった。同年八月十九日（10月5日）のことである。

## ■隕石、富士山噴火、地震と相次いだ天変地異

ところで、貞観年間には天変地異が相次いだ。貞観三年四月七日（861年5月24日）には武徳神社（福岡県直方《のおがた》市にある須賀神社）に隕石《いんせき》が落下した。落下の目撃記録のある世界最古の隕石ともいわれ、その隕石は今でも須賀神社に保管されている。

貞観六～八年（864～866年）にかけては、富士山が噴火。噴出物は十四億立方メートルにも及び、富士山の北麓にあった剗《せ》の海の大半を埋め尽くした。現在の西湖《さいこ》と精進湖《しょうじこ》は剗の海の一部が残ったものだ（貞観大噴火）。さらに貞観十年七月八日（868年8月3日）に播磨国《はりまのくに》（現在の兵庫県南西部）で地震があったのに続き、貞観十一年五月二十六日（869年7月13日）には、陸奥国《むつのくに》（現在の青森県、岩手県、宮城県、福島県、秋田県北東部）の東方沖海底を震源域とした巨大地震が起き、津波で大きな被害が生じた。「貞観地震」である。その規模はマグニチュード八・三～八・四以上と推定される。平成二十三年三月十一日（2011年3月11日）に発生した東北地方太平洋沖地震のマグニチュードが

九だったが、それに匹敵する大被害に襲われたのだった。

## ■清和天皇の退位と陽成天皇の即位

貞観十八年十一月二十九日（876年12月22日）、清和天皇は二十六歳と七か月いう若さで、七歳と十一か月だった第一皇子・貞明《さだあきら》親王に天皇の座を譲った。陽成天皇（第五十七代）の誕生だった。その後、清和天皇は元慶三年（879年）には出家して、丹波国水尾《みずお》（現在の京都市左京区）で仏教修行の生活に入り、元慶四年十二月四日（881年1月11日）に円覚寺《えんかくじ》で崩御した。

ちなみに清和天皇は非常に多くの女性を愛したことで知られるが、彼の皇胤《こういん》（男系子孫）は源姓を賜り、その後、清和源氏として栄えていく。そのうち最も栄えたのが清和天皇の第六皇子・貞純《さだずみ》親王の子である源経基《つねもと》の子孫の系統で、経基の子・源満仲《みつなか》は藤原北家による摂関政治を確立して、武門としての地位を築いていくこととなる。

877~885

**白雉、連理木、白鹿をきっかけに改元**

# 元慶

がんぎょう

改元年月日　貞観十九年四月十六日

グレゴリオ暦：877年6月5日
ユリウス暦：877年6月1日

使用期間　7年9か月と10日

在位天皇　陽成天皇（第五十七代）　光孝《こうこう》天皇（第五十八代）

元号の出典は不詳ながら、『周易』（象上伝）に「元吉在上、大有慶也」、『文選』（弁亡論）に「是以其安也、則黎元与之同慶、及其危也」などとある。この改元は、陽成天皇の即位に伴う代始の改元として行われたが、『日本三大実録』の元慶元年四月十六日条には、但馬国《たじま》（現在の兵庫県北部）で白雉が、尾張国（現在の愛知県西部）で連理木が見つかり、備後国（現在の広島県東部）からは白鹿が献上されるなど、瑞祥が続いたことをきっかけにしたと書かれている。

しかし改元はしたものの、干魃《かんばつ》による飢饉に見舞われ、元慶二年（878年）には出羽国《でわ》で俘囚《ふしゅう》（朝廷に帰属した蝦夷）による大規模な反乱が発生した。また同年九月二十九日（11月1日）には、マグニチュード七・四と推定される「相模《さがみ》・武蔵《むさし》地震」も発生して関東地方南部に大きな被害が出た。

ところで、即位した陽成天皇は、父の清和上皇と母の高子《こうし》（藤原長良《ながら》の娘で藤原基経の妹）、そして伯父にあたる摂政の藤原基経を後ろ盾として政務にあたることとなったが、その関係は絶対的な信頼に裏付けられたものではなかった。

そもそも高子はまだ十代だった頃、歌人の在原《ありわらの》業平《なりひら》（平城天皇の孫）と恋仲になり駆け落ちまでしていたのだが、藤原家としてはなにがなんでも高子を入内させ、外戚となって勢力拡大に利用したかった。そこで高子を軟禁、清和天皇が元服した二年後の貞観八年（866年）に、高子より六歳年下の清和天皇のもとにむりやり入内させていた（この悲恋物語は『伊勢物語』でよく知られている）。そして

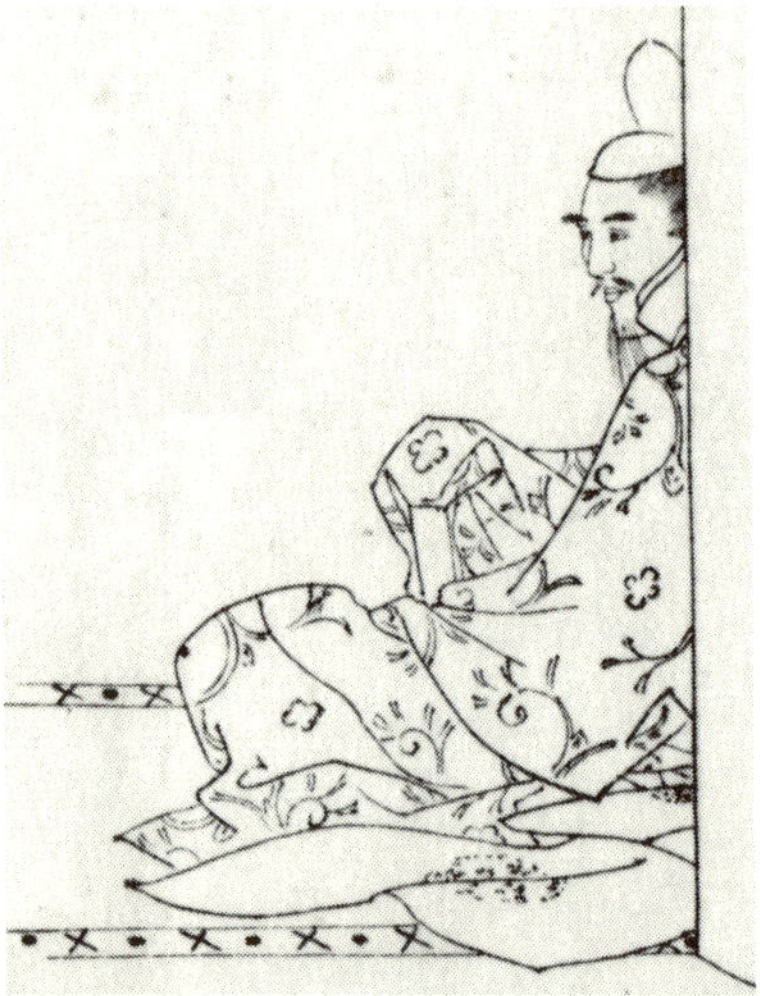

**藤原基経**　出典『前賢故実』国立国会図書館デジタルコレクション

藤原良房は、貞観十年十二月十六日（869年1月6日）に貞明親王が誕生すると、生後三か月足らずで立太子させ、前述したように貞観十八年（876年）には陽成天皇の座に据えたのである。
一見、藤原氏の思い通りにことが運んだように見えた。だが元慶四年十二月四日（881年1月11日）に清和上皇が崩御した頃からその協力体制に亀裂が入り始める。「高子皇太后・陽成天皇」vs「藤原基経」という構図だ。

## ■奇矯な行動を理由に廃位されてしまった陽成天皇

藤原基経（藤原良房の養嗣子）が問題としたのは陽成天皇の乱行ぶりだった。陽成天皇は幼少の頃から、乳母を手打ちにしたり、宮中で馬を乗り回したりするなど奇矯な行動が多かったと伝えられているが、元慶七年十一月十日（883年12月17日）に、宮中で源益《まさる》（陽成天皇の乳母であった紀全子《きのぜんし》の子）が何者かに殴殺されるという事件が起きると、基経は陽成天皇に退位を迫り、元慶八年二月四日（884年3月8日）には陽成天皇を廃位に追い込み、その後、従順で自分の意向に沿う光孝天皇〔第五十八代〕と宇多天皇〔第五十九代〕を擁立していったのである。

しかし、この陽成天皇乱行説については、基経側が流したデマだとする説も根強い。ちなみに、高子皇太后は寛平八年（896年）に、自らが建立した東光寺の座主《ざす》・善祐と密通したという疑いをかけられて皇太后を廃されたが、没後の天慶六年（943年）に復位された。

また陽成天皇は上皇として、天暦三年九月二十九日（949年10月28日）まで生きた。陽成天皇の上皇歴（六十五年七か月）は歴代一位、二位の冷泉《れいぜい》上皇の四十二年よりはるかに長期にわたった。

885~889

## 改元後に五畿七道諸国を揺るがす巨大地震が発生

# 仁和

にんな
にんわ

改元年月日 元慶九年二月二十一日

使用期間 4年2か月と19日

在位天皇 光孝天皇 第五十八代
宇多《うだ》天皇 第五十九代

グレゴリオ暦：885年3月15日
ユリウス暦：885年3月11日

元号の出典は不詳ながら、『礼記』（儒行）に「歌楽者仁之和也」、『藝文類聚』（帝王部）に「聖徳宣仁以和衆」などとある他、『魏書《ぎしょ》』（游明根伝）に「明根歴官内外五十余年、処身以仁和、接物以礼譲、時論貴之」などとある。

陽成天皇が藤原基経によって廃位された後、元慶八年二月二十三日（884年3月27日）に仁明天皇〔第五十四代〕の第三皇子である時康《ときやす》親王が光孝天皇〔第五十八代〕として即位した。

それからほぼ一年後の元慶九年二月二十一日（885年3月15日）の改元は光孝天皇の代始として行われたが、仁和三年七月三十日（887年8月26日）には、五畿七道諸国（五畿＝大和、山城、摂津、河内、和泉。七道＝東海道、東山道、北陸道、山陽道、山陰道、南海道、西海道）を揺るがす巨大地震が発生した。南海トラフを震源とするマグニチュード八・五を超える巨大地震だったと推定されている。

また、その翌年の仁和四年（888年）には、世界遺産となっている仁和寺（京都府京都市）が建立された。

889~898

## 即位後、藤原基経と対立した宇多天皇

# 寛平

かんぴょう
かんぺい
かんへい

改元年月日　仁和五年四月二十七日

使用期間　8年11か月と21日

在位天皇　宇多《うだ》天皇　第五十九代
醍醐《だいご》天皇　第六十代

グレゴリオ暦：889年6月3日
ユリウス暦：889年5月30日

元号の出典は不詳ながら、『漢書』（王尊伝）に「寛大之政行、和平之氣通」、『後漢書』（郭躬伝）に「躬家世掌封、務在寛平」、『新唐書』（刑法志）に「蓋自高祖太宗除隋虐乱、治以寛平」などとある。

仁和三年（887年）、病に伏していた光孝天皇が後継指名をしないまま重篤に陥ると、藤原基経は「光孝天皇の内意は第七皇子の定省《さだみ》親王にある」として、同年八月二十六日（887年9月21日）には定省の立太子を行い、その日、光孝天皇が崩御すると、定省を宇多天皇（第五十九代）の座に就けた。即位式が行われたのは十一月十七日（12月9日）のことだ。その代始として改元が行われたのは、仁和五年四月二十七日（889年6月3日）のこと。つまり、宇多天皇が即位して一年八か月と二十三日も過ぎてからのことだったが、これは仁和三年（887年）から仁和四年（888年）にかけて、宇多天皇と藤原基経の激しい対立があって、改元どころではなかったからだとされている。

### ■勃発した「阿衡の紛議」

そもそも定省は、仲野《なかの》親王（桓武天皇の皇子）の娘である班子《はんし》女王の子として貞観九年五月五日（867年6月14日）に誕生、元慶八年（884年）に二十六人の皇子皇女とともに臣籍降下して源定省と

名乗っていた。この臣籍降下は、陽成天皇廃位後に即位した光孝天皇が、基経の外孫であり、清和天皇（第五十六代）の第四皇子であり、陽成天皇の弟である貞保親王に気を使って行ったものだとされる。しかし光孝天皇が後継を指名しないまま重体に陥ると、基経は「天皇の内意である」として、前述したように仁和三年八月二十五日（887年9月20日）に定省を皇族に復帰させ、翌日には立太子させ、同日に光孝天皇が崩御すると践祚させてしまった。

こうして基経のおかげで天皇になれた宇多天皇は、「万機はすべて太政大臣に関白し、しかるのちに奏上すべし」との詔を発した。ここで初めて日本に「関白」という官職が生まれることとなった。それに対し、左少弁兼式部少輔・藤原佐世《すけよ》は「阿衡《あこう》（関白の異称）という身分は実務には関与しない名誉職」だとした。基経はそれを不満として一切の政務を放棄。国政が滞って混乱する中、朝廷では「阿衡に職掌があるやなしや」の論争（阿衡の紛議）が、寛平三年一月十九日（891年3月6日）に基経が没するまで続くことになる。しかし、情勢は次第に「阿衡に職掌なし」に傾いていった。朝廷内に、あまりに基経に権力が集中することに危機感を抱く者が多かったということだ。

**898~901**

**父の訓示「寛平御遺誡」を受けた醍醐天皇**

## 昌泰《しょうたい》

改元年月日　寛平十年四月二十六日（同年四月十六日、八月十六日の説もある）

グレゴリオ暦：898年5月24日
ユリウス暦：898年5月20日

使用期間　3年3か月と12日

在位天皇　醍醐天皇　第六十代

元号の出典は不詳ながら、『旧唐書《くとうしょ》』（音楽志）に「営営聖祖興、赫赫昌基泰」とある他、『詩経』（魯頌閟宮篇）に「黄髪台背、壽與胥試俾爾昌而大」などとある。寛平九年七月三日（897年8月8日）、満三十歳になっていた宇多天皇は突然、皇太子の敦仁《あつぎみ》親王を元服させ、譲位した。この醍醐天皇〔第六十代〕への代始として行われたのが、この改元である。即位時に満十二歳と五か月だった醍醐天皇は、父・宇多天皇の訓示「寛平御遺誡《ごゆいかい》」を受けて、藤原時平《ときひら》・菅原道真《みちざね》を左右大臣に就けて親政を行ったが、その治世は三十四年の長きにわたり、後世「延喜《えんぎ》の治」と崇《あが》められることとなる。

901〜923

## 日本初の「辛酉革命説」による改元と菅原道真の呪い

# 延喜

えんぎ

**改元年月日** 昌泰四年七月十五日

**使用期間** 21年8か月と29日

**在位天皇** 醍醐天皇 第六十代

グレゴリオ暦：901年9月5日
ユリウス暦：901年8月31日

元号出典は不詳ながら、『尚書璇璣鈴《せんきれい》』に「禹開竜門、導積石、玄圭出、刻曰、延喜王受徳、天賜佩」などとある。また、『元秘別録』には「或書曰、禹錫玄桂、文云延喜」とある。

昌泰から延喜への改元は、日本で初めて「辛酉《しんゆう》革命」を理由として行われたとされる。古来、中国では干支《えと》が辛酉にあたる年には革命が起こるとされていたが、それを理由に醍醐天皇に改元を進言したのは、漢文学や歴史学の専門家である文章博士の三善清行《みよしのきよゆき》だった。

また、菅原道真の『菅家後集《かんけこうしゅう》』（読開元詔書　五言）には、「一つは老人星の為なり」とある。老人星とは、古くから戦乱の際には隠れ、天下泰平のときにしか姿を見せないとされている星（りゅうこつ座α星カノープス）のことだが、その老人星が現れたことも改元の理由とされたようである。しかし実は、この改元の裏には「昌泰《しょうたい》の変」がからんでいたとされている。

## ■「昌泰の変」と、人々を震撼させた「道真の呪い」

「昌泰の変」とは、醍醐天皇が宇多上皇に重用されていた右大臣・菅原道真を大宰府《だざいふ》へ左遷させた事件である。そもそも宇多上皇は、譲位後も自分の側近である菅原道真、源希《みなもとのまれ》、平季長《たいらのすえなが》、藤原忠平《ただひら》らを新天皇の周囲に配して大きな影響力を及ぼしていた。また、光孝天皇の皇女で自分の同母妹である為子《いし》内親王を醍醐天皇の妃として男子の誕生を願ったが為子は早世してしまった。

一方、醍醐天皇は即位したものの、仁明天皇（第五十四代）の嫡流子孫である元良《もとよし》親王（陽成天皇の第一皇子）を皇位継承者にしようする朝廷内の動きに対して、藤原時平の妹である穏子《おんし》の入内を進めたが、それに対して宇多上皇は、時平が外戚の地位を狙っているとして強く反対した。

さらに宇多上皇が自らの第三皇子で菅原道真の娘婿でもあった斉世《ときよ》親王を皇太弟に立てようとしているという噂が流れた。そこで、醍醐天皇は藤原時平らと主導権を取り戻そうとした。それを後押ししたのが、宇多上皇のやり方に不満を抱いていた三善清行や左大臣の藤原時平らであり、「道真は醍醐天皇を廃して娘婿の斉世親王を皇位に就けようと謀った」と讒訴《ざんそ》し、道真を大宰権帥に降格して大宰府に左遷させたのも藤原時平だった。

道真が都をたつときに詠んだ「東風《こち》吹かば　匂ひをこせよ　梅の花　主なしとて　春な忘れそ」

という歌は有名だが、大宰府の浄妙院で謹慎していた道真は延喜三年二月二十五日（903年3月31日）に死去して安楽寺に葬られた。満五十七歳だった。道真の子供らも左遷または流罪にされた。

道真の死後、京の都では異変が続いた。『北野天神縁起絵巻』などによると、道真が死んで幾月も経《た》たないある夏の夜、道真の霊魂が比叡山《ひえいざん》の僧坊に現れて「怨みを晴らす」と告げたという。

その後、延喜八年十月七日（908年11月8日）には藤原菅根《すがね》が雷に打たれて死んだのに続き、翌年の延喜九年四月四日（909年5月1日）には藤原時平が病死、延喜十三年三月十二日（913年4月26日）にはやはり道真左遷の首謀者だった源《みなもとのひかる》光が鷹狩の途中に泥沼の中に転落して溺死《できし》。さらに延喜二十三年三月二十一日（923年4月14日）には時平の妹・穏子と醍醐天皇の間に生まれた皇太子・保明《やすあきら》親王が満十九歳という若さで死去した。人々は、それを道真の祟りだと考えた。

醍醐天皇自身もまた、道真の左遷を悔いてその霊を慰めようと、道真を右大臣に戻す詔を出したりした。しかし怪異が収まる気配はなかったという。

923～931

## まだまだ続いた道真の祟り

# 延長

えんちょう

改元年月日　延喜二十三年閏四月十一日

元号使用期間　7年11か月と18日

在位天皇　醍醐天皇　第六十代　朱雀《すざく》天皇　第六十一代

グレゴリオ暦：923年6月3日
ユリウス暦：923年5月29日

元号の出典は、『文選』（白雉詩）の「彰皇徳兮周成、永延長兮膺天慶」。醍醐天皇の勅勘により決定された。『日本紀略』の延長元年閏四月十一日条に「詔して、延喜廿三年を改め、延長元年と為す。水潦・疾病に依りて也。赦令有り」、また『一代要記』に「旱潦疾病に依る也」とある。日照りと水害、それに疫病を鎮めるための改元だったことがわかる。

人々が菅原道真の祟りは続いていると感じている中でこの改元は行われたが、延長三年六月十八日（925年7月16日）には保明親王と時平の娘との間に生まれていた慶頼王《やすよりおう》が満三歳七か月で亡くなった。さらに延長八年六月二十六日（930年7月29日）には「清涼殿《せいりょうでん》落雷事件」が発生する。

## ■朝廷を震撼させた清涼殿落雷事件

その日、雨乞の実施の是非について清涼殿で太政官の会議が開かれることとなっていたが、昼過ぎになるとにわかに愛宕山《あたごやま》上空から黒雲が垂れ込め、雷雨が降り注ぎ、ついには清涼殿の南西部を落雷が直撃したのだ。周辺にいた大納言民部卿の藤原清貫《きよつら》、右中弁内蔵頭の平希世《まれよ》が死亡した。さらに落雷は隣の紫宸殿《ししんでん》にも落ち、右兵衛佐の美努忠包《みぬのただかね》、紀蔭連《きのかげつら》、安曇宗仁《あずみのむねひと》の他、警備の近衛二名が死亡した。

そして、その直後から醍醐天皇は体調を崩してしまった。恐れおの

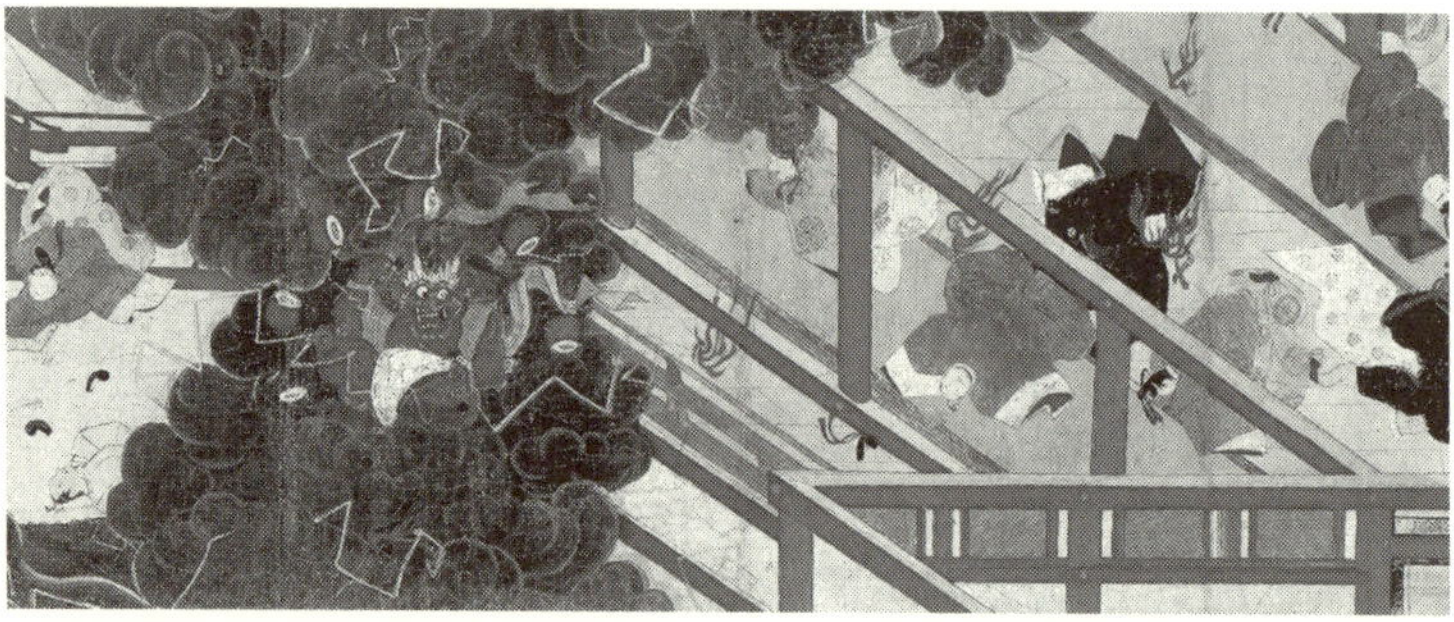

**清涼殿落雷の場面**　出典：『北野天神縁起絵巻　承久本』（北野天満宮所蔵）

のいた朝廷は、道真を右大臣に戻す詔を出したり、道真の子供たちの流罪を解いて都に呼び戻すなどしたが、醍醐天皇は癒《い》えることはなかった。

同年九月二十二日（10月21日）、醍醐天皇は皇太子・寛明《ゆたあきら》親王（保明親王の同母弟）に譲位し、朱雀天皇（第六十一代）が誕生した。寛明親王は、三歳になるまで何重にも張られた几帳《きちょう》の中で育てられたと伝えられる。母である隠子皇后が、兄の保明親王、その子供である慶頼王と次々と夭逝《ようせい》したのは菅原道真の怨霊《おんりょう》によるものと恐れたからだった。

譲位後の同年九月二十六日（10月25日）、醍醐上皇は朱雀天皇に「左大臣藤原忠平の訓を聞くこと」と遺言。三日後の九月二十九日（10月28日）、醍醐天皇は出家して、その日のうちに崩御した。ちなみに、菅原道真が死んで二十年後の天暦《てんりゃく》元年六月九日（947年7月4日）、京都の地に道真を祀《まつ》る北野天満宮が造営された。道真の祟りを解くためだったことはいうまでもない。

**931〜938**

## 満七歳で即位した朱雀天皇の代始の改元

# 承平

じょうへい
しょうへい

**改元年月日** 延長九年四月二十六日

**使用期間** 7年1か月と6日

**在位天皇** 朱雀天皇（第六十一代）

グレゴリオ暦：931年5月21日
ユリウス暦：931年5月16日

元号の出典は、『漢書』（食貨志）の「今累世承平、豪富吏民、貲數鉅萬」。勘申者は、大江朝綱《あさつな》（大《だい》内記《ないき》）と大江維時《これとき》（文章博士）だった。

延長八年九月二十九日（930年10月28日）の醍醐天皇の崩御を受け、第十一皇子の寛明親王が同年十一月二十二日（12月19日）に朱雀天皇（第六十一代）の座に就いた。そのとき、はまだ満七歳だった。その朱雀天皇に代わって政治を取り仕切ることとなったのは、摂政に命じられた伯父の藤原忠平（藤原基経の四男）だった。延長から承平への改元はこの代始として行われたものである。

承平元年七月十九日（931年9月8日）には宇多法皇が逝去し、大内山陵《おおうちやまのみささぎ》（京都府京都市右京区）に葬られた。それから四年後の承平五年（935年）には紀貫之による『土佐日記』が完成するが、その頃、関東では平将門《まさかど》が一族間で抗争し、世の中は騒然としていた。平将門は桓武天皇の曾孫で平の姓を授かって上総国《かずさのくに》（現在の千葉県中央部）に下った高望王《たかもちおう》の子・平良将《よしもち》（＝良持）の子であった。

**938~947**

**「平将門の乱」「藤原純友の乱」をきっかけに改元**

# 天慶

てんぎょう
てんきょう

**改元年月日** 承平八年五月二十二日

**使用期間** 8年10か月と23日

**在位天皇** 朱雀天皇 第六十一代 村上《むらかみ》天皇 第六十二代

グレゴリオ暦：938年6月27日
ユリウス暦：938年6月22日

元号の出典は、『漢書』（兒寛《げいかん》伝）の「唯天子、建中和之極、兼總条貫、金聲而玉振之。以順成天慶、垂萬世之基」。勘申者は、大江朝綱（左少弁兼文章博士）と大江維時（文章博士）。

『日本紀略』の天慶元年四月十五日条に「地大いに震ふ。……東西兵乱あり」、同年五月廿二日条に「天慶元年と改元す。厄運・地震・兵革の慎也」とあることからもわかるように、この改元は、「平将門の乱」とそれに続く「藤原純友《すみとも》の乱」をきっかけに行われた。

## ■東国と西国で呼応するように起きた「承平の乱」と「天慶の乱」

平将門は下総国《しもうさのくに》（現在の千葉県北部・茨城県南西部・埼玉県東辺・東京都東辺）を領地としていたが、平一族の領地を巡る抗争を制して勢力を拡大し、天慶二年十一月二十一日（９４０年1月8日）には常陸《ひたち》国府を攻略。その後、下野《しもつけ》、上野《こうずけ》も攻め落として、自ら「新皇《しんのう》」と名乗って朝廷から独立した政治体制を打ち立てようとした。それに対し朝廷は、天慶三年一月九日（９４０年2月24日）に参議・藤原忠文《ただぶみ》を征東大将軍とする追討軍を差し向けてなんとか将門を討伐する。同年二月十四日（3月30日）のことだ。将門の首は平安京に運ばれ、都大路に晒《さら》された。日本で初めての獄門を目にした人々は、「その首が三日目には夜空に舞い上がり、故郷に向かって飛んでいき、数か所に落ちた」と噂して将門の祟りを恐れた。

また、この「平将門の乱」と呼応するように、瀬戸内海では「藤原純友の乱」が起きた。藤原純友は藤原北家の出身で、藤原基経を大叔父に持つ人物だ。その純友は瀬戸内海を荒らす海賊を鎮圧する掾《じょう》（役人）として伊予国《いよのくに》に赴いた。だが彼は任期が終わっても京に帰ろうとはしなかった。そのまま伊予に住み着き、日振《ひぶり》島を拠点に千艘《そう》以上の海賊船を引き連れて海賊行為を働くようになっていた。その軍勢は天慶二年には、摂津国《せっつのくに》（現在の大阪府北中部と兵庫県南東部）に侵攻し、京に攻め上らんばかりの勢いだった。

そこで朝廷は小野好古《よしふる》を山陽道追捕使《ついぶし》に任じる一方で、純友に従五位の官位を与えた。しかしそんなことで純友は懐柔されなかった。淡路、讃岐《さぬき》、伊予、備前、備後、阿波、備中と次々と侵攻していく。もし、将門と純友が手を結ぶようなことになれば、たいへんなことになる。そんなギリギリの状況が続いていた天慶三年に、朝廷はなんとか将門を討伐すると、兵力を西国に集中させ、天慶四年五月（941年6月）の博多湾の戦いで純友の船団を打ち破り、同年六月二十日（7月22日）に、息子の藤原重太丸《しげたまろ》と伊予国へ逃れていた純友を討伐した。

だが、人々は純友の死を信じなかった。「実は純友は海賊の大船団を率いて南海の彼方に消えた」と噂した。純友は庶民に支持されていたからなのかもしれない。この二つの乱はのちに総称して「承平・天慶の乱」と呼ばれることとなった。

947~957

## 「兄から弟への譲位」から一年後に行われた改元

# 天暦
てんりゃく

改元年月日 天慶十年四月二十二日

使用期間 10年6か月と6日

在位天皇 村上天皇 第六十二代

グレゴリオ暦：947年5月20日
ユリウス暦：947年5月15日

元号の出典は、『論語』（堯曰）の「堯曰、咨爾舜、天之暦數在爾躬」。大江維時（式部大輔）が勘申したものを村上天皇が勅定したとされる。

天慶九年四月二十八日（946年6月5日）に、朱雀天皇が皇太弟（醍醐天皇の第十四皇子）の成明《なりあきら》親王に譲位して村上天皇 第六十二代 が誕生した。天慶から天暦への改元は、それからほぼ一年後の天慶十年四月二十二日（947年5月20日）に行われた。この改元は、一般的には代始の改元とされるが、『皇代略記』は「厄運地震」によるとしている。

天暦三年九月二十九日（949年10月28日）には、六十五年間にわたって上皇の座にいた陽成上皇が崩御した。満八十歳と九か月だった。また、天暦六年八月十五日（952年9月11日）には朱雀上皇が満二十八歳と十一か月で崩御、母の穏子は天暦八年一月四日（954年2月14日）に亡くなった。

ちなみに朱雀天皇も村上天皇も中宮は置いたものの皇后を立てなかったため、穏子は生涯を通じて唯一の后《きさき》であり続けた

957~961

## 天徳 てんとく

水旱災がやむことを祈っての改元

改元年月日　天暦十一年十月二十七日

使用期間　3年3か月と12日

在位天皇　村上天皇　第六十二代

グレゴリオ暦：957年11月26日
ユリウス暦：957年11月21日

元号の出典は、『周易』（文言伝）の「飛竜在天、乃位乎天徳」。秦具瞻《はたのともみ》（陰陽寮官人）によって勘申されたとされる。

『日本紀略』の天徳元年十月二十七日条に「詔して天暦十一年を改め天徳元年と為す。水旱災に依りて也」とあるように、しばしば旱魃《かんばつ》に襲われたことから、天暦十一年十月二十七日（西暦九五七年十一月二十六日）に、天暦から天徳への改元が実施された。

## 菅原道真の孫が勘申した元号

961～964

# 応和

おうわ

改元年月日　天徳五年二月十六日

使用期間　3年5か月と14日

在位天皇　村上天皇　第六十二代

グレゴリオ暦：961年3月10日
ユリウス暦：961年3月5日

元号の出典は、『晋書』（律暦志）の「人曰、作樂。鳥獣萬物莫不應和」。勘申者は、菅原文時《ふみとき》（右中弁・大学頭・文章博士。菅原道真の孫）。『日本紀略』の応和元年二月十六日条に「詔して天徳五年を改め、応和元年と為す。皇居火灾《かさい》幷《なら》びに辛酉革命の御慎也。天下に大赦す」とあるように改元が行われる前年の秋に内裏が火災で焼失その後も変異が続いた。

また、この年は辛酉革命の年にもあたっていたことも改元に踏み切る大きな理由となった。

## 甲子革令にあたっての改元

964～968

# 康保

こうほう

改元年月日　応和四年七月十日

使用期間　4年と20日

在位天皇　村上天皇　第六十二代
冷泉《れいぜい》天皇　第六十三代

グレゴリオ暦：964年8月24日
ユリウス暦：964年8月19日

元号の出典は、『尚書』（康誥）の「汝丕遠惟商耇成人、宅心知訓読。別求聞由古先哲王、用康保民弘于天」。村上天皇による勅定とも、大江維時（中納言）あるいは藤原後生《のちおう》（文章博士）による勘申ともされる。この改元は甲子革令《かっし》（六十年に一度の甲子《きのえね》の年は政治上の変革が起こる運にあたる）を理由として行われた。康保四年五月二十五日（967年7月10日）、村上天皇が在位のまま、満四十歳で崩御すると、第二皇子の憲平《のりひら》親王が満十七歳で冷泉天皇第六十三代として即位した。

## 即位しても一年二か月行われなかった冷泉天皇の代始改元

968~970

# 安和

あんな
あんわ

改元年月日 康保五年八月十三日

使用期間 1年7か月と25日

在位天皇 冷泉天皇 第六十三代 円融《えんゆう》天皇 第六十四代

グレゴリオ暦：968年9月13日
ユリウス暦：968年9月8日

元号の出典は、不詳ながら、『礼記』（樂記）に「是故治世之音安以樂、其政和」、『漢書』（禮樂志）に「四時舞者、孝文所作、以明示天下之安和」、『宋書』（樂志）に「文帝又自造四時舞、以明天下之安和」などとある。勘申者は藤原後生（文章博士）。この改元は、冷泉天皇の即位から一年二か月後に行われた。それだけ行われなかったのには事情があった。

冷泉天皇の母・安子《あんし》は右大臣として村上天皇を支えていた藤原師輔《もろすけ》の長女だった。そして冷泉天皇即位後は、藤原忠平の長男である藤原実頼《さねより》が関白太政大臣に、藤原師輔の長男である師尹《もろまさ》が右大臣となった。また、左大臣の座には醍醐天皇の第十皇子である源高明《たかあきら》が就いた。高明は師輔の三女と結婚していたが、その死後には師輔の五女（愛宮《あいみや》）を娶《めと》っていた。

こうして新体制がスタートしたものの、冷泉天皇は幼い頃から精神的に不安定だった。また子供もなかったため早急に東宮を決める必要が生じた。そのとき候補に挙がったのは、冷泉天皇の同母弟である為平《ためひら》親王（第四皇子）と守平《もりひら》親王（第五皇子）の二人だったが、順番でいけば皇太弟にふさわしいのは兄の為平親王だと見られていたし、村上天皇も望んでいたとされる。ところが、康保三年九月一日（966年10月22日）に皇太弟となったのは守平親王のほうだった。

為平親王は源高明の娘を妻としていた。将来、その為平親王が天皇の座に就けば源高明は外戚として大きな勢力を持つことになる。それを嫌った藤原実頼と師尹が画策して守平親王を皇太弟の座に据えたのだ。

その時点で、藤原師輔が天徳四年五月四日（960年6月5日）に亡くなり、応和四年四月二十九日（964年6月16日）には安子も亡くなっており、高明はすでに後ろ盾を失っていた。それでもなお、藤原氏はあくまで高明の排除を目指した。そしてそれが「安和の変」を引き起こすこととなった。

## ■密告で始まった安和の変

安和二年三月二十五日（969年4月19日）、源満仲《みつなか》らが「橘 繁延《たちばなのしげのぶ》（中務少輔）や源連《つむら》（左兵衛大尉）らが守平親王の廃太子を目論んでいる」と密告したのをきっかけに「安和の変」が起きた。藤原師尹らは、ここぞとばかりに検非違使《けびいし》を送って橘繁延、僧の蓮茂《れんも》、藤原千晴《ちはる》（相模介）らを捕らえて、橘繁延は土佐国へ、蓮茂は佐渡国へと流刑に処した。また逃げ延びた源連らの追討を諸国へ命じた。さらに師尹は、「事件に関与していた」として源高明も捕らえた。その際、高明は無実を訴え、長男の忠賢とともに出家して京に留まることを願い出た。しかし師尹はそれも許さず、高明を大宰権帥《ごんのそつ》として九州に左遷。師尹は左大臣となり、右大臣には大納言だった藤原在衡《ありひら》が昇任した。

一方、密告者の源満仲は左馬助《さまのすけ》（御所の馬屋の馬・馬具および諸国の御牧を担当する役人）から正五位下に昇進した。満仲の一族はその後、武士集団「清和源氏」として京での勢力を急激に伸ばしていくこととなる。

同年九月二十三日（11月10日）に冷泉天皇は天皇の座を降りた。それに伴い、満十歳と六か月だった皇太弟の守平親王（村上天皇の第五皇子）が、冷泉天皇からの譲位を受けて円融天皇〔第六十四代〕となった。

970~974

## 円融天皇の即位に伴い、生後十一か月の甥が皇太子に

# 天禄

てんろく

改元年月日　安和三年三月二十五日

使用期間　3年8か月と13日

在位天皇　円融天皇〔第六十四代〕

グレゴリオ暦：970年5月8日
ユリウス暦：970年5月3日

元号の出典は不詳ながら、『尚書』（大禹謨）に「愼乃有位、敬修其可願、四海困窮天禄永終」、『論語』（堯曰）に「堯曰、咨爾舜、天之暦數在爾躬、允執其中。四海困窮天禄永終」などとある。勘申者は藤原後生（文章博士）。安和から天禄への改元は、円融天皇の代始として行われた。

また円融天皇の即位に伴い、甥《おい》の師貞《もろさだ》親王（のちの花山天皇〔第六十五代〕）が生後十一か月で皇太子となった。師貞親王は、安和元年（968年）に入内した藤原伊尹《これまさ》の娘・懐子《かいし》と冷泉天皇との間に生まれ

た皇子だったが、伊尹の強い働きかけによるものだった。

円融天皇のもとで摂政の座に就いたのは藤原実頼だったが、天禄元年五月十八日（970年6月29日）には死去。後を継いだ藤原伊尹も天禄三年（972年）には病に伏し、同年十月二十一日（12月4日）に辞意を表明した。

そこで起きたのが、伊尹の弟である兼通《かねみち》と兼家《かねいえ》による摂政の座をめぐる権力闘争である。二日後に伊尹の摂政辞任が認められると、兼通はある書状を持って円融天皇のもとに参内した。その書状は円融天皇が幼い頃に亡くなった母后・安子のもので、「将来、摂関たることあれば、必ず兄弟の順序に従いなさい」と書かれていた。それを見せられた円融天皇は、母の遺命に従うことにした。同年十一月一日（12月14日）に伊尹が死去すると、円融天皇は兼通を権中納言から一挙に内大臣に引き上げ、関白とした。

974~976

天変・地震による災異改元

# 天延

てんえん

改元年月日 天禄四年十二月二十日

グレゴリオ暦：974年1月21日
ユリウス暦：974年1月16日

使用期間 2年6か月と26日

在位天皇 円融天皇 第六十四代

元号の出典は不詳ながら『藝文類聚』（帝王部）に「志所存、皇雖殪没、天禄永延」などとある。この改元は、『日本紀略』に「天變・地震に依りて也。赦令有り。調庸を免じ、老人に穀を賜う」とあるように災異改元だった。

藤原兼通は、天延二年（974年）に藤原実頼の次男・頼忠《よりただ》に代わって藤氏長者（藤原一族の長）となると太政大臣に任ぜられ、同三年（975年）には従一位に叙せられた。また、天延四年一月二日（976年2月10日）には冷泉上皇と兼家の長女・超子《ちょうし》の間に居貞《おきさだ》親王が誕生した。のちの三条天皇第六十七代である。

976~979

## 宮中の火災と、山城・近江地方の地震で改元

# 貞元《じょうげん》

使用期間 2年4か月と20日

在位天皇 円融天皇 第六十四代

グレゴリオ暦：976年8月16日
ユリウス暦：976年8月11日

改元年月日 天延四年七月十三日

元号の出典は不詳ながら、『文選』（思玄賦）に「乃貞吉之元符、滋令徳於正中兮嘉蕎以爲敷」とある。『日本紀略』の貞元元年七月十三日条に「天延四年を改めて貞元元年と為す。災幷日に地震に依る也」とある。

改元に先立つ天延四年五月十一日（976年6月16日）には宮中で火災が発生して内裏が消失するという騒ぎがあり、同年六月十八日（7月22日）には、山城・近江地方を中心にマグニチュード六・七以上の地震が発生して大きな被害が出ていた。それを受け、左大臣の源兼明《かねあきら》と中納言の藤原為光《ためみつ》らにより、新元号が決められたとされている。

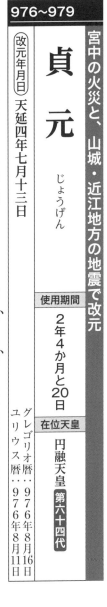

979~983

## 災変の上、太一陽五厄により改元

# 天元

てんげん

改元年月日 貞元三年十一月二十九日

使用期間 4年4か月と29日

在位天皇 円融天皇 第六十四代

グレゴリオ暦：979年1月5日
ユリウス暦：978年12月31日

元号の出典は不詳ながら、『史記』（歴書）に「改正朔易服色、推本天元、順承厥意」、『後漢書』（郭陳列伝）に「明主厳天元之尊、正乾剛之位」などとある。『元秘別録』に「災變の上、太一陽五厄によるなり」とあるように、天変地異と厄年だったことから改元が行われた。

983~985

## 前年の炎旱・皇居の火災等をきっかけに改元

# 永観

えいかん

改元年月日 天元六年四月十五日

使用期間 1年11か月と21日

在位天皇 円融天皇 第六十四代 花山《かざん》天皇 第六十五代

グレゴリオ暦：983年6月3日
ユリウス暦：983年5月29日

元号の出典は不詳ながら、『尚書』（洛誥）に「王俾殷乃承叙萬年、其永観朕子、懐徳」、『詩経』（周頌・有瞽篇）に「先祖是聴、我客戻止。永観厥成」、『文選』（辟雍詩）に「於赫太上、示我漢行、洪化唯神、永観厥成」などとある。勘申者は菅原資忠（文章博士・大学頭）。『日本紀略』の永観元年四月十五日条に「去年の炎旱幷びに皇居の火災等に依りて也」とある。

永観二年八月二十七日（984年9月29日）には円融天皇が懐仁《やすひと》親王の立太子を条件に、満十五歳になっていた冷泉天皇の第一皇子で甥の師貞親王に譲位して花山天皇第六十五代が誕生した。関白には先代に続いて藤原頼忠が就いたが、実権を握ったのは藤原伊尹の五男で花山天皇の外舅にあたる藤原義懐《よしちか》と、花山天皇にとって乳母子《めのとご》にあたる藤原惟成《これしげ》だった。

985~987

## 改元するも、恋人を失って満十七歳で出家した花山天皇

# 寛和 かんな かんわ

**改元年月日** 永観三年四月二十七日

**使用期間** 1年11か月と16日

**在位天皇** 花山天皇 第六十五代 一条《いちじょう》天皇 第六十六代

グレゴリオ暦：985年5月24日
ユリウス暦：985年5月19日

元号の出典は不詳ながら、『尚書』（君陳）に「王曰、君陳両惟弘周公不訓、無依勢作威、無倚法以削、寛而有制、従容以和」、『漢書』（成帝紀）に「崇寛大、永和睦」、『漢書』（杜延年伝）に「以倹約寛和順天心」などとある。

この改元は永観二年八月二十七日（984年9月29日）の円融天皇から花山天皇への譲位を受けて代始改元として行われたが、寛和二年六月二十三日（986年8月6日）、花山天皇が突然、宮中を出て元慶寺《がんぎょうじ》（花山寺＝京都府京都市山科区）に入って出家。満六歳だった懐仁《やすひと》親王が即位して一条天皇第六十六代となった。花山天皇の出家の理由は、寵愛した女御が死亡したためとも、藤原兼家が外孫の懐仁親王を即位させるために陰謀を巡らしたともされる。時に花山天皇は満十七歳だった。

## 987~989

### 満六歳で即位した一条天皇の代始の改元

# 永延

えいえん

改元年月日 寛和三年四月五日

使用期間 2年4か月と5日

在位天皇 一条天皇 第六十六代

グレゴリオ暦：987年5月10日
ユリウス暦：987年5月5日

元号の出典は不詳ながら、『漢書』（翼奉伝）に「永世延祚不亦優乎」、『後漢書』（馬融伝）に「歴萬載而永延」、『藝文類聚』（帝王部、魏陳王曹植、文帝誄）に「皇雖殪没、天禄永延」などとある。

この改元は、一条天皇の即位から約九か月後に代始改元として行われた。

## 989~990

### ハレー彗星の出現と地震の発生で改元

# 永祚

えいそ

改元年月日 永延三年八月八日

使用期間 1年2か月と16日

在位天皇 一条天皇 第六十六代

グレゴリオ暦：989年9月15日
ユリウス暦：989年9月10日

元号の出典は不詳ながら、『詩経』（大雅既酔篇）に「其類維何、室家之壺、君子萬年、永錫祚胤」、『宗書』（武帝紀）に「建茲邦國永祚」、『旧唐書』（王方慶伝）に「當思荅極施之洪茲保無疆之永祚」などとある。勘申者は中納言の大江維時とされるが、彼は応和三年（963年）に没していた。そのため永祚の元号は生前に提出していたものの中から選ばれたものと考えられている。

ちなみに『日本記略』の永祚元年六月一日条と七月中旬条に彗星《すいせい》出現の記述がある。ここでいう彗星とは約七十六年の周期で地球に接近する「ハレー彗星」のことだった。

彗星が初めて姿を現したのは永延三年六月一日（989年7月11日）のことだったが、その日以降、毎晩出現し、長さは五尺余（約一・五メートル以上）あったという。これは不吉なことが起きる予兆だとして改元したのだが、改元直後の永祚元年八月十三日（989年9月20日）には、近畿一円が巨大台風に襲われて大きな被害が出た（永祚の風）。

永祚二年一月十五日（990年2月18日）には、藤原兼家が、長男・道隆《みちたか》の長女である定子《ていし》を三歳年下の一条天皇の女御として入内させていた。定子、数え十四歳の春のことだった。そのおよそ四か月後、兼家は一条天皇の元服に際し、加冠役を務めて関白に任じられたもののわずか三日で関白を辞すと、兼家の長男である道隆が関白、次いで摂政の座に就いた。同年五月八日（6月8日）のことである。なお兼家は、五十三日後の七月二日（7月31日）に病没した。

## ■むりやり並び立てられた四人の皇后

関白となった道隆は、同年十月五日（10月31日）には、長女の定子を皇后に冊立《さくりつ》し、定子は中宮となった。しかし、これはかなり無理のある話だった。

なぜならその当時、「中宮」は律令法によって、太皇太后、皇太后、皇后の三后と決められており、皇后には藤原頼忠の娘である遵子《じゅんし》（先々代の天皇である円融上皇の后）が、皇太后には藤原兼家の次女の詮子《せんし》（一条天皇の生母）が、そして太皇太后には朱雀天皇の第一皇女である昌子《しょうし》内親王（二代前の天皇である冷泉天皇の后）がいたからだ。

そこで道隆は奇策を打った。遵子の皇后号はそのままにして、皇后に仕える役所であった中宮職を皇后宮職に改め、本来は皇后の別名だった中宮の称号を定子に与え、その定子中宮に仕える役所として中宮職を新設したのだ。

こうして朝廷に四后が並び立つこととなった。ちなみに、『枕草子《まくらのそうし》』の作者である清少納言《せいしょうなごん》は、この藤原定子に仕えていたことで知られている。

990~995

## 四人の皇后が並び立つ中、「永祚の風」で改元

# 正暦

しょうりゃく

**使用期間**
4年3か月と29日

**在位天皇**
一条天皇 第六十六代

**改元年月日** 永祚二年十一月七日

グレゴリオ暦：990年12月1日
ユリウス暦：990年11月26日

元号の出典は不詳ながら、『史記』（暦書）に「新垣平以望気見。頗言正暦服色事」、『宋書』（暦志）に「大魏受命宜正暦明時」、『隋書』（律暦志）に「臣先人考古法、逵以為正暦垂之于後」などとある。『日本紀略』の正暦十一月七日条に「詔して永祚二年を改め、正暦元年と為す。……大風天變に依りて也」とある。

前述した、永祚元年八月十三日（989年9月20日）に近畿地方を襲った台風（永祚の風）などの天変をきっかけに、この改元は行われた。

995~999

## 四代前の村上天皇時代に勘申された元号候補を使用

# 長徳

ちょうとく

改元年月日 正暦六年二月二十二日

使用期間 3年10か月と7日

在位天皇 一条天皇 第六十六代

グレゴリオ暦：995年3月30日
ユリウス暦：995年3月25日

元号の出典は、『揚雄文』の「唐虞長徳而四海永懐」。大江維時（中納言）が、四代前の村上天皇第六十二代のときに勘申したものが採用されたとされている。この改元は、『日本紀略』の長徳元年二月二十二日条に「詔して、正暦六年を改め、長徳元年と為す。……疫疾・天變に依る也」とあるように伝染病と天変をきっかけに行われた災異改元である。このとき、『日本紀略』の正暦五年条に「今年、正月より十二月に至る、天下疫癘《えきれい》最も盛ん。……七道に偏満す」とあるように、前年から日本中で「赤斑瘡《あかもがさ》」が猛威を振るっていたとされる。今でいう「はしか」である。

長徳元年四月十日（995年5月17日）には藤原道隆が病に倒れた。酒が原因とされるが、そのとき道隆は後継の関白に嫡男の伊周《これちか》を望んだ。当時、伊周は内大臣に任じられており、周囲からも道隆の後継者と目されていた。だがそれが許されぬまま道隆は死去、同年四月二十七日（6月3日）に関白宣下を受けたのは道隆の弟である道兼《みちかね》だった。ところがその道兼は、わずか十日後の五月八日（6月13日）に病死してしまうのだ。人々は彼を「七日関白」と呼んだ。関白として初めて参内して七日目の死だったためだとされている。こうして有力者が次々と命を落としていく中で、藤原道隆の息子である伊周と、道隆の弟である藤原道長《みちなが》の権力闘争が表面化していった。

同年七月二十四日（8月27日）には多くの公家を前に激しい口論となり、その三日後には伊周の弟・隆家《たかいえ》の従者と道長の従者が七条大路で乱闘となり、道長の従者が殺害されるという事件にまで起きた。そんな中、一条天皇は道長に内覧を許した。内覧とは太政官から天皇に奏上する文書を摂政・関白または宣旨を受けた大臣が前もって読んで処置することであり、実質的に関白職といってもいい立場だったから、伊周と道長の権力闘争は実質的に道長の勝利に終わったことになる。その後、道長は九月には右大臣に任じられ、藤原家を束ねる藤原氏長者となった。

**藤原道長**　出典『前賢故実』国立国会図書館デジタルコレクション

## ■焼きもちが原因で起きた「長徳の変」

それに続き、長徳二年一月十六日（996年2月12日）にはなんとも情けない事件も起きた。伊周は太政大臣・藤原為光の三女（三の君）に思いを寄せていたのだが、花山法皇が為光の四女（四の君）のもとに通っていたのを、三女のもとに通っていると勘違いしてしまう。しかもそれを聞いた隆家が、よせばいいのに花山法皇を脅そうと待ち伏せ、隆家の従者が矢を放ってしまい、その矢が法皇の袖を突き通した。『百錬抄』では、その際、花山法皇の従者の童子二人が殺害されたとも伝える。

花山法皇は口をつぐんでいたが、噂は広まり、隆家は出雲権守に、伊周は大宰権帥に左遷され、一族は没落していくこととなった。世にいう「長徳の変」である。この事件に中宮・定子も巻き込まれた。当時、懐妊していた定子は、兄の伊周と弟の隆家が検非違使に捕らえられるのを目にして、自ら落飾《らくしょく》（髪を落とすこと）して、同年五月一日（5月25日）に出家した。

**999~1004**

## 長保

ちょうほう

**匡衡の申すところの文字を用いるべし**

**使用期間**
5年6か月と8日

**在位天皇**
一条天皇 第六十六代

**改元年月日** 長徳五年一月十三日

グレゴリオ暦：999年2月6日
ユリウス暦：999年2月1日

元号の出典は、『周易』（該当部不明）、『国語』（周語）の「若本固而功成、施偏而民阜、乃可長保民矣」。勘申者は大江匡衡《まさひら》（文章博士）。『日本紀略』の長保元年正月十三日条に「天變災旱災による」とあることから災異改元だったことがわかる。元号の決定にあたっては、一条天皇より「匡衡の申すところの文字を用いるべし」との言葉があったという。

長保元年十一月一日（999年12月16日）、藤原道長は自分の長女である彰子《しょうし》を一条天皇（彰子にとっては従兄）に入内させ、翌年二月二十五日（1000年4月8日）には早々と皇后に冊立して、それまで中宮だった定子を皇后宮とし、彰子を中宮に据えて「一帝二后」とした。

なぜ、道長はそれほど彰子の立后を急いだのか。実は、「長徳の変」で出家していた定子は、長徳二年十二月十六日（997年2月1日）に一条天皇の第一皇女・脩子《しゅうし》内親王を出産したのち、長徳三年四月（997年5月）には伊周らの罪は赦されたのを機に再び宮中に戻っていた。また、長保元年十一月七日（999年12月22日）には第一皇子・敦康《あつやす》親王を出産、一条天皇はことのほか喜んだという。その事態が、せっかく自分の長女である彰子を入内させていた道長にとっておもしろくなかったことはいうまでもない。せっかく排除した伊周らに再び流れがいくようなことになってはまずい。自らの権力基盤をより固めるためにも、ことさら彰子の立后を急ぐ必要があったのだ。

しかし、長保二年十二月十六日（1001年1月19日）、定子は第二皇女の媄子《びし》内親王を出産した直後に崩御してしまう。彼女の遺詠「夜もすがら契りし事を忘れずは　こひむ涙の色ぞゆかしき」は『後拾遺和歌集《ごしゅうい》』に収められ、今に伝わっている。定子の死後、藤原道隆を祖とする「中関白家」は没落の一途をたどることとなった。一方、道長はさらに力を伸ばしていった。

**1004~1013**

## 地震による改元後、ひどくなった藤原道長の専横

# 寛弘

かんこう

**改元年月日** 長保六年七月二十日

**使用期間** 8年6か月

**在位天皇**
一条天皇 第六十六代
三条《さんじょう》天皇 第六十七代

グレゴリオ暦：1004年8月14日
ユリウス暦：1004年8月8日

元号の出典は、『漢書』（元帝紀）の「寛弘盡下、出於恭倹、號令温雅有古之風烈」。大江匡衡（式部権大輔）によって勘申された。『日本紀略』の寛弘元年七月二十日条に「災變に依る也」、『御堂関白記』の寛弘元年七月二十日条に〈詔書の草に「地動ふ」の文有り〉とあることから、地震をきっか

けに長保から寛弘に改元されたと考えられている。

寛弘三年（１００６年）頃、花山法皇を中心に『拾遺和歌集』が編まれた他、王朝宮廷文学が盛んとなり、紫式部・和泉式部・赤染衛門《あかぞめえもん》などの女性作者が多数誕生することとなる。また、同年四月二日（５月７日）には、おおかみ座に超新星が出現したと伝えられる。日本の『明月記《めいげつき》』をはじめ、中国・エジプト・イラク・イタリア・スイスなどにもその記録が残っている。

寛弘五年二月八日（１００８年３月23日）に花山法皇が崩御、紙屋川上陵《かみやがわのほとりのみささぎ》（現在の京都市北区衣笠北高橋町）に葬られた。死因は悪性腫瘍だったのではないかとされている。

## ■藤原道長に、ついに念願の皇子が誕生

同年九月十一日（10月18日）には、一条天皇と藤原道長の長女・彰子の間に敦成《あつひら》親王（のちの後一条《ごいちじょう》天皇（第六十八代））が誕生した。一条天皇にすれば、長保元年十一月七日（９９９年12月22日）に定子との間に敦康親王が誕生していたから二人目の皇子だったが、道長にしてみれば、彰子が入内して十年目の待ちに待った孫皇子誕生だった。それだけに、その喜びようはたいへんなものだったという。

また翌年の寛弘六年十一月二十五日（１００９年12月20日）には敦良《あつなが》親王（のちの後朱雀天皇（第六十九代））も誕生した。その結果、道長がいずれ天皇の外祖父となる可能性は非常に高まった。しかし道長はそれだけで満足できず、自分の次女で彰子の妹である妍子《けんし》を皇太子・居貞《おきさだ》親王に入内させた。寛弘七年（１０１０年）のことである。

居貞親王は冷泉天皇と藤原兼家の長女・超子《ちょうし》の間に生まれた第二皇子である。従弟にあたる一条

天皇の即位後の寛和二年七月十六日（986年8月28日）、父・兼家の強い後押しで東宮となり、正暦二年（991年）には右大臣・藤原済時《なりとき》（藤原師尹の次男）の長女・娍子《せいし》を妃に迎え、敦明《あつあきら》親王、敦儀《あつよし》親王、敦平《あつひら》親王、当子《とうし》内親王、禔子《しし》内親王、師明《もろあきら》親王をもうけていたし、居貞親王は娍子をこよなく愛していた。その居貞親王に、道長は妍子を押し付けたのだ。そして道長は、寛弘八年六月十三日（1011年7月22日）に、居貞親王が一条天皇からの譲位を受けて三条天皇〔第六十七代〕となると、妍子を中宮に冊立するべく画策した。三条天皇は娍子一人を中宮としたかったが、道長の権力を前に、結局、妍子も中宮に立てざるを得なくなったと伝えられる。

ちなみに一条天皇は自らの第一皇子・敦康親王への譲位を望んでいたから、外孫の敦成親王の擁立を望む道長からたびたび譲位を迫られても、それを拒否していた。しかし、病に倒れたため、ついに居貞親王に譲位して出家するという道を選ぶしかなかった。そして出家直後の寛弘八年六月二十二日（1011年7月31日）に満三十一歳で崩御した。また、寛弘八年十月二十四日（1011年11月27日）には冷泉上皇も満六十一歳で崩御した。死因は赤痢《せきり》とされている。

**1013〜1017**

**三条天皇即位に伴う代始の改元**

# 長和

ちょうわ

**改元年月日** 寛弘九年十二月二十五日

**使用期間** 4年3か月と13日

**在位天皇** 三条天皇〔第六十七代〕 後一条《ごいちじょう》天皇〔第六十八代〕

グレゴリオ暦：1013年2月14日
ユリウス暦：1013年2月8日

元号の出典は、『礼記』（冠義）の「君臣正、父子親、長幼和、而後禮立」。勘申者は、文章博士の菅原宣義と大江通直。この改元は、三条天皇の代始として行われた。

長和四年十月二十七日（１０１５年12月17日）、藤原道長が摂政の座に任じられた。その三か月後の長和五年二月七日（１０１６年３月24日）には、三条天皇からの譲位を受ける形で、敦成親王が後一条天皇（第六十八代）となった。満七歳での天皇即位だった。

もちろんこの譲位は三条天皇が望んだものではなかった。三条天皇は長和三年（１０１４年）に眼病を患い、病気がちとなって以来、道長からたびたび譲位を迫られていたが、病気の悪化に加えて内裏に火災が発生したことから、ついに第一皇子・敦明親王を東宮とすることを条件に譲位に合意したとされる。一方、藤原道長にしてみれば、まさに望み通りの譲位だったことはいうまでもない。

1017〜1021

満九歳の後一条天皇のもとに九歳上の藤原威子が入内

# 寛仁

かんにん

改元年月日　長和六年四月二十三日

使用期間　3年9か月と24日

在位天皇　後一条天皇（第六十八代）

グレゴリオ暦：１０１７年５月27日
ユリウス暦：１０１７年５月21日

元号の出典は、『会稽記《かいけいき》』の「寛仁祐云々」。藤原広業《ひろなり》（式部大輔）によって勘申された。この改元にあたっては、「寛仁」の他に、「永貞」「淳徳」「建徳」「乾道」「崇徳」「淳徳」「寛徳」などが候補として挙げられた。この改元は、後一条天皇の即位に伴うものだった。藤原道長は引き続き摂政となった。また、東宮には約束通り敦明親王が立てられた。

三条上皇はそれから一か月も経《た》たぬ寛仁元年五月九日（1017年6月11日）に崩御した。だが道長は慣例とされていた「壺切太刀《つぼきりのたち》」を敦明親王に渡そうとしなかった。壺切太刀は三種の神器などとともに御由緒物の中でも別格のものとされ、東宮に継承されるべきものである。いわば、皇位継承権を象徴するものであり、それを渡さないということは、敦明親王を正統な皇位継承者として認めないことに他ならなかった。その仕打ちに対し、敦明親王は同年八月六日（9月4日）、東宮の座を退くことを申し出た。そのとき道長は形式的に慰留はしたものの、結局、敦明親王に代えて後一条天皇の皇太弟である敦良親王を東宮とし、その罪滅ぼしかのように、敦明親王を准太上天皇とし、娘の寛子《かんし》を嫁がせて優遇した。

それから一年ほどすると、藤原道長は摂政の座をいともあっさりと長男の頼通《よりみち》に譲ってしまう。道長はさらなる高みを目指しており、自分の思う通りに後継体制を固めていくには、摂政の座がむしろ邪魔だったのだと見られている。そして寛仁二年（1018年）には、四女の威子《いし》を後一条天皇のもとに入内させた。前述した通り、後一条天皇は一条天皇と道長の長女・彰子の間に生まれているから、威子は甥と結婚したことになる。そのとき後一条天皇は元服したばかりの満九歳、一方、威子はそれより九歳年上の満十八歳であり、それをしきりに恥ずかしがったといわれている。

## ■この世をば わが世とぞ思ふ……ついに絶頂期を迎えた藤原道長

威子は同年十月十六日（1018年12月2日）には中宮に冊立され、ついに三后（皇后・皇太后・太皇太后）すべてが道長の娘によって占められる「一家立三后」が実現した。その日、道長は邸宅に諸公卿を招いて祝宴が開いたが、そこで「この世をば わが世とぞ思ふ 望月の 欠けたることも なしと思へば」という歌を詠んだ。「この世は自分のためにあるようなものだ」というわけだ。

さらに道長は、寛仁五年（１０２１年）には、六女の嬉子《きし》を兄・頼綱の養子とした上で一条天皇の第三皇子・敦良親王（のちの後朱雀天皇〔第六十九代〕）のもとに入内させた。頼綱の養子としたのは、すでに自分の娘が三后となっていたため、周囲からさらに反感を買うのを避けるためだったのではないかとされている。

1021～1024

## 辛酉革命説に基づく改元

# 治安

じあん

改元年月日 寛仁五年二月二日

使用期間 3年5か月と2日

在位天皇 後一条天皇〔第六十八代〕

グレゴリオ暦：１０２１年３月23日
ユリウス暦：１０２１年３月17日

元号の出典は、『漢書』（賈誼《かぎ》伝）の「陛下何不壹令臣得孰数之於前、因陳治安策、試詳擇焉」。勘申者は藤原広業（参議・式部大輔）とも、善滋為政《よししげのためまさ》（文章博士）ともされる。この改元は、『日本紀略』の治安元年二月二日条に「今日辛酉歳、治安と改元す」とあることから、辛酉革命説に基づく革年改元であることがわかる。

関白の座につくことはなかったものの「御堂関白」と呼ばれるほど栄華の限りを尽くした藤原道

長だったが、この頃からは糖尿病や心臓の病に苦しみ、浄土信仰に傾倒するようになっていた。寛仁三年（1019年）には出家し、自らが住んでいた土御門《つちみかど》殿（現在の京都府京都市上京区）の隣に九体阿弥陀堂を建立して無量寿院《むりょうじゅいん》と号していたが、治安二年七月十四日（1022年8月20日）には金堂も完成させ、その落成供養を行った。

1024〜1028

甲子革令説に基づく革年改元

# 万寿

まんじゅ

使用期間

3年11か月と30日

在位天皇

後一条天皇 第六十八代

改元年月日

治安四年七月十三日

グレゴリオ暦：1024年8月25日
ユリウス暦：1024年8月19日

元号の出典は、『詩経』（小雅、南山有臺篇）の「樂只君子萬寿無期、邦家之光、樂只君子萬寿無疆」。勘申したのは善滋為政（文章博士）だった。この改元は、甲子革令説に基づく革年改元として行われた。万寿二年八月五日（1025年9月5日）、東宮・敦良親王に入内していた藤原道長の六女・嬉子《きし》が親仁《ちかひと》親王（のちの後冷泉《ごれいぜい》天皇 第七十代）を出産したわずか二日後に、満十八歳で亡くなった。赤斑瘡《あかもがさ》が原因だったとされる。藤原実資《さねすけ》の日記『少右《しょうう》記《き》』には、嬉子の死を聞いた父・道長はひどく動揺し、陰陽師《おんみょうじ》を呼んで、「魂呼《たまよばい》」という蘇生儀式をさせたとされる。いずれは親仁親王が天皇となり、国母となるはずだった末娘の死は、道長にとって大きなショックだったに違いない。

万寿三年一月十九日（1026年2月15日）には、道長の長女で太皇太后となっていた藤原彰子が出家した。彼女は道長の出家後、頼通らと協力して一門を率いていたが、髪を落として出家してからは上東門院《じょうとうもんいん》を称した。長保三年閏十二月二十二日（１００２年2月13日）に亡くなった一条天皇の母后（彼女にとっては伯母であり、義母でもあった藤原詮子）が東三条院を称したのを倣《なら》ってのことだった。

そして万寿四年十二月四日（１０２８年1月9日）、さしもの栄華を誇った藤原道長が死去した。

彼が晩年、造営に力を注いだ法成寺《ほうじょうじ》の規模は、東西二町・南北三町におよび、伽藍《がらん》は豪壮を極めていた。死を間際にした道長は、東の五大堂から東橋を渡って中島、さらに西橋を渡り、西の阿弥《あみ》陀《だ》堂に入った。そして九体の阿弥陀如来の手から自分の手まで糸を引き、釈迦《しゃか》の涅槃《ねはん》に倣って北枕西向きに横たわり、僧侶たちの読経に囲まれる中、自らも念仏を唱えながら往生したと伝えられている。ちなみに、嬉子が産んだ親仁親王は、のちに道長の血を引く最後の皇子として、父である後朱雀天皇の後を継いで後冷泉天皇となるが、彼にはついに世継ぎができず、そこで道長の血統は途絶えることになるのである。

## 流行病と旱魃で改元するも、直後に「平忠常の乱」勃発

1028~1037

# 長元

ちょうげん

改元年月日　万寿五年七月二十五日

使用期間　8年8か月と21日

在位天皇
後一条天皇　第六十八代
後朱雀《ごすざく》天皇　第六十九代

グレゴリオ暦：１０２８年8月24日
ユリウス暦：１０２８年8月18日

元号の出典は、『六韜《りくとう》』の「天之為天、元為天長矣、地久矣、長久在其元、万物在其間、各得自利、

謂之泰平、故有七十六壬癸其所繫天下而有」。勘申したのは善滋為政。改元にあたっては、「長元」の他に、「天祐」「長育」「定（玄）通」「延世」「延祚」「政（延）善」などの候補が挙げられた。『日本紀略』の長元元年七月二十五日条に「改元して長元元年と為す。疫癘《えきれい》・炎旱に依る也」とある。疫癘（流行病）と炎旱（炎天）に見舞われたため大赦と賑給を伴う改元が行われた。

## ■「平忠常の乱」と武士団の誕生

しかし改元早々、平将門の乱以来の規模となる「平忠常《ただつね》の乱」が勃発した。

平将門の子孫である平忠常（下総権介《しもうさのごんのすけ》）が安房守惟忠《あわのかみこれただ》を焼き殺し、上総《かずさ》国府を占拠。その後、房総三か国（上総国、下総国、安房《あわ》国）を舞台に三年にわたって抵抗を続けた。最終的には源頼信《よりのぶ》らによって制圧されたものの、その後、荒廃した南関東一帯には多くの武士団が生まれ、新たな支配体制が築かれていくことになった。

長元九年四月十七日（1036年5月21日）には、後一条天皇が満二十七歳で崩御した。糖尿病を患っていたとされる。その日、後一条天皇の後を継いだのは皇太弟となっていた敦明親王だったが、遺詔により、喪を秘して譲位の儀式が行われ、後朱雀天皇【第六十九代】が誕生した。

その敦良親王のもとには、寛仁五年（1021年）に藤原嬉子が入内していたが、万寿二年八月三日（1025年9月3日）に親仁親王（のちの後冷泉天皇【第七十代】）を産んだものの二日後に急逝していた。

その後、藤原道長の外孫で従姉妹の禎子《ていし》内親王が入内して尊仁《たかひと》親王（のちの後三条天皇【第七十一代】）をはじめ一男二女を出産。また天皇即位後の長元十年（1037年）には、関白だった藤原頼通が養女の嫄子《げんし》（実の父は敦康親王）を入内させて中宮に立てたのをはじめ、翌年には頼通の弟・教通《のりみち》が長女の生子《しょうし》を、長久三年（１０４２年）には同じく頼通の弟・頼宗《よりむね》が次女の延子《えんし》を相次いで入内させたが、いずれも皇子を出産することはなかった。

1037~1040

## 長暦

ちょうりゃく

**後朱雀天皇の即位に伴う代始の改元**

| | |
|---|---|
| 改元年月日 | 長元十年四月二十一日<br>グレゴリオ暦：１０３７年5月15日<br>ユリウス暦：１０３７年5月9日 |
| 使用期間 | 3年7か月と7日 |
| 在位天皇 | 後朱雀天皇 第六十九代 |

元号の出典は、『春秋』とされるが該当部分は不明。勘申者は藤原義忠（大学頭）。

この改元は後朱雀天皇の代始改元として行われたが、改元にあたっては、「長暦」の他に「承宝」「天寿」「治暦」「延寿」「大治」「顕徳」などが候補として挙げられた。

1040~1044

## 長久

ちょうきゅう

**大地震、内裏焼亡をきっかけとした災異改元**

| | |
|---|---|
| 改元年月日 | 長暦四年十一月十日<br>グレゴリオ暦：１０４０年12月22日<br>ユリウス暦：１０４０年12月16日 |
| 使用期間 | 4年 |
| 在位天皇 | 後朱雀天皇 第六十九代 |

元号の出典は、『老子』の「天長地久、天地所以能長且久者、以其不自生、故能長生」。勘申した

のは大江挙周《たかちか》（式部権大輔）だった。藤原資房《すけふさ》の日記『春記《しゅんき》』に、長暦四年九月八日（１０４０年10月22日）に大地震、翌日の九月九日（10月23日）には内裏焼亡、十一月一日（12月13日）に大地震とあり、『百錬抄』にはこの改元が「災變に依る也」と書かれている。

1044～1046

## 疾病旱魃による改元

# 寛徳

かんとく

**改元年月日** 長久五年十一月二十四日

**使用期間** 1年5か月と6日

**在位天皇** 後朱雀天皇 第六十九代
後冷泉《ごれいぜい》天皇 第七十代

グレゴリオ暦：１０４４年12月22日
ユリウス暦：１０４４年12月16日

元号の出典は、『後漢書』（杜林伝）の「海内歓欣人懐寛徳」。勘申したのは、文章博士の平定親《たいらのさだちか》と式部権大輔の大江挙周だった。改元にあたっては、「寛徳」の他に、「天喜」「康和」「盛徳」「治平」などがを候補として挙げられた。『百錬抄』に「疾病旱魃による」と記されている。

寛徳二年十月二十一日（１０４５年12月8日）には、長久元年（１０４０年）の「長久の荘園整理令」に続き、「寛徳の荘園整理令」が出されたが、そもそも朝廷を支える藤原一族が荘園の大領主であったため、一定の効果があったものの根本的な荘園整理には至らなかったとされる。

寛徳二年一月十六日（１０４５年2月11日）、病（肩の悪性腫瘍）に伏した後朱雀天皇から第一皇子の親仁親王への譲位が行われ、後冷泉天皇（第七十代）が誕生した。満十九歳での即位だった。

その際、後朱雀天皇は尊仁《たかひと》親王を皇太弟にするよう遺詔《いしょう》を発した。尊仁親王は禎子内親王（三条天皇の第三皇女）を母に持つ後朱雀天皇の第二皇子だったが、藤原氏と外戚関係がなかったため、それまで禎子内親王ともども冷遇されていた。その尊仁親王を皇太弟にするよう、後朱雀天皇に強く懇願したのは、尊仁親王を後見していた藤原能信《よしのぶ》だった。なぜ能信が尊仁親王を皇太弟にしたかったのか。そこには藤原家において自らが冷遇されてきた過去があったからだ。

## ■冷遇された尊仁親王を守り続けた藤原能信

能信は藤原道長の四男である。後冷泉天皇時代に、絶対的な権勢を誇っていたのは藤原頼通や教《のり》通《みち》の兄弟だ。しかし、頼通と教通が源倫子（左大臣・源雅信の娘）を母にしていたのに対し、能信は源明子《めいし》（源高明の娘）を母としていた。それが能信の人生に大きな影響を与えた。

倫子は道長の最初の妻だったのに加え、当時の現職の大臣の娘だったことから、道長の出世におおいに役立った。それに対して、明子の父・源高明はすでに亡くなっていたし、そもそも安和の変で流罪になった人物だった。そのため、道長が向ける目も違っていた。

当然、倫子の子供たちはかわいいし、彼らを出世させることは自分の権力基盤をさらに強くするのに役に立つ。だから、頼通と教通ら倫子の子供たちはどんどん昇進を重ねていった。それに対して、明子の子である頼宗、顕信、能信、長家らはなかなか日の目を見ることがなかったし、出世も大きく遅れていた。

そんな中、能信の同母兄弟たちは頼通らになんとか取り入り、少しでも昇進しようとした。しかし能信はただ一人そんな生き方に反発し、父・道長の目の前で公然と頼通と口論して父の怒りを買うこともあったという。

その能信が中宮太夫となったのは、長元十年（１０３７年）に禎子内親王が後朱雀天皇の中宮となったときのことである。そして尊仁親王が誕生すると、その後見人も引き受けることとなった。そのとき彼は尊仁親王の人生に自分の人生を重ね見たのではないだろうか。だからこそ、死を目の前にした後朱雀天皇に対して尊仁親王の皇太弟を強く望んだのである。

しかし世間は冷たかった。多くの者が、藤原頼通と教通の兄弟はそれぞれ娘を後冷泉天皇の妃にしており、男子が生まれれば皇太子は変更されるだろうと噂したし、尊仁親王が成人しても娘を入内させる公卿は誰もいなかった。そこで能信は、尊仁親王の立太子に際し、自らの養女・茂子《もし》（妻の兄である藤原公成《きんなり》の娘）を入内させた。そしてそれ以後も尊仁親王の唯一の支援者として生きていったのである。

**1046~1053**

## 後冷泉天皇の即位に伴う代始の改元と「前九年の役」の勃発

# 永承

えいしょう
えいじょう

**使用期間** 6年8か月と11日

**在位天皇** 後冷泉天皇 第七十代

**改元年月日** 寛徳三年四月十四日

グレゴリオ暦：１０４６年５月28日
ユリウス暦：１０４６年５月22日

元号の出典は、『宋書』（禮志）の「宜奉宗廟、永承天祚」。勘申者は平定親（文章博士・左大弁）。改元にあたっては、「永承」の他に、「康平」「継天」「承統」などが候補として挙げられた。

寛徳三年四月十四日（１０４６年５月28日）の寛徳から永承への改元は、後冷泉天皇第七十代即位の伴う代始の改元として行われた。

## ■「前九年の役」勃発と武士の台頭

この頃、陸奥国では土着豪族の安倍《あべ》氏が、奥六郡（岩手県北上川流域の胆沢《いさわ》・江刺・和賀・稗貫《ひえぬき》・斯波《しわ》・岩手）に柵（城砦）を築いて、朝廷への貢租を拒否し、半ば独立国の様相を呈していた。そこで朝廷は、陸奥守・藤原登任《なりとう》に安倍討伐を命じ、永承六年（１０５１年）に戦闘（前九年の役）が勃発した。

この戦いは十二年間にもおよび、「奥州十二年合戦」とも呼ばれる。この戦いで、源頼義《よりよし》、源義家《よしいえ》（通称：八幡太郎《はちまんたろう》）らが活躍して、以後、武士団として源氏が進出するきっかけともなった。

**源義家像**
出典『前賢故実』国立国会図書館デジタルコレクション

**1053~1058**

**天変恠異に依る也**

# 天喜

てんき
てんぎ

**改元年月日** 永承八年一月十一日

**使用期間** 5年7か月と17日

**在位天皇** 後冷泉天皇 第七十代

グレゴリオ暦：１０５３年２月８日
ユリウス暦：１０５３年２月２日

元号の出典は、『抱朴子《ほうぼくし》』の「人主有道、則嘉祥並臻、此則天喜也」。勘申者は平定親（右中弁・大学頭）。改元にあたっては、「天喜」の他に、「平章」「成徳」「承保」「永長」「承安」「政和」などが候補に挙げられた。

この改元については、『百錬抄』に「改元　天變恠異《てんぺんかいい》に依る也」とあることから災異改元だとされる。天喜元年（１０５３年）には、現在では世界遺産となっている平等院鳳凰堂《びょうどういんほうおうどう》（京都府宇治市）が、藤原頼通によって建立された。また、天喜三年三月十三日（１０５５年4月18日）には天喜の荘園整理令が出され、新立荘園の停止を命じるとともに、罰則が強化された。

## 1058～1065

**内裏・大極殿の焼失で改元。「前九年の役」が終結**

# 康平

こうへい

改元年月日　天喜六年八月二十九日

使用期間　6年11か月と16日

在位天皇　後冷泉天皇　第七十代

グレゴリオ暦：１０５８年９月25日
ユリウス暦：１０５８年９月19日

元号の出典は、『後漢書』（梁統伝）の「文帝寛恵柔克、遭代康平」。勘申者は藤原実範（文章博士）。

改元にあたっては、「康平」の他に、「永長」「承保」「寛治」「天成」「平康」「康徳」などが候補に挙げられた。この改元は、天喜六年一月二十六日（１０５８年2月27日）に起きた内裏・大極殿の焼失事件をきっかけに行われたとされる。

康平五年九月十七日（１０６２年10月28日）には、源頼義と清原光頼の連合軍が、厨川柵《くりやがわのさく》（岩手県盛岡市天昌寺町）、嫗戸柵《うばとのさく》（盛岡市安倍館町）を陥落させ、安倍貞任《さだとう》と藤原経清《つねきよ》を討ち、長きにわたった

「前九年の役」を終わらせた。ちなみに、この戦いが「奥州十二年合戦」とも呼ばれていることは前述したが、それは、源頼義の奥州赴任（１０５１年）から安倍氏滅亡（１０６２年）までに要した年数からきた呼び方だとされ、『古事談』『愚管抄《ぐかんしょう》』『古今著聞集《ここんちょもんじゅう》』などはその名称を使っている。一方、『保元《ほうげん》物語』『源平盛衰記《げんぺいせいすいき》』『太平記』などでは「前九年の役」という呼び方を使っている。これは源頼義が本格的に介入した年が九年間だったからだとされる。

1065~1069

## 治暦

じりゃく

「三合厄」による災いを未然に防ぐために改元

改元年月日　康平八年八月二日

使用期間　3年8か月と2日

在位天皇
後冷泉天皇　第七十代
後三条《ごさんじょう》天皇　第七十一代

グレゴリオ暦：１０６５年９月10日
ユリウス暦：１０６５年９月４日

元号の出典は、『尚書』（泰誓）の「湯武革命、順乎天而應乎人。象曰、君子以治曆明時、然則改正曆、必自武王始矣」、および『周易』（象下伝）の「澤中有火革、君子以治曆明時」。勘申者は藤原実綱（式部大輔）。改元にあたっては、「治暦」の他に、「應徳」「延久」「寛裕」「天祐」「承保」「応徳」「承天」などの候補が挙げられた。『百錬抄』に「旱魃幷びに三合厄に依る也」とある。三合厄とは、陰陽五行説による厄年で、九宮十二神中の太歳・太陰・害気が坎宮《かんきゅう》（坎は、陰陽五行説では「貧病争」の意味あいを持つ場所）で会合する年で、風水害や疾疫や兵乱などが起きるとされている。そこでそうした事態を未然に避けるために、康平から治暦への改元が行われたというわけだ。

# 1069～1074

# 延久

えんきゅう

## 賢帝と呼ばれた後三条天皇の即位に伴う代始の改元

改元年月日　治暦五年四月十三日

使用期間　5年4か月と10日

在位天皇　後三条天皇 第七十一代
白河《しらかわ》天皇 第七十二代

グレゴリオ暦：１０６９年５月12日
ユリウス暦：１０６９年５月６日

藤原頼通は康平四年十二月二十一日（１０６２年２月９日）に、七十歳にして太政大臣宣下を受けて臣下としては最高の地位に就いた。だが一年足らずで太政大臣を辞し、治暦三年四月十六日（１０６７年６月６日）には関白からも退き、その座を弟の教通に譲って宇治に隠遁《いんとん》した。実はその頃には後冷泉天皇が病に倒れ、それまで頼通らが冷たく接し続けていた皇太弟・尊仁親王の天皇即位は避けられない状況となっていた。それも隠遁の理由だったかもしれない。

治暦四年四月十九日（１０６８年５月28日）、後冷泉天皇は在位のまま崩御した。満四十二歳だった。この後冷泉天皇の崩御を受けて、尊仁親王が満三十三歳で後三条天皇（第七十一代）として即位した。後三条天皇が皇太弟とはいえ冷遇され続けた日々は二十五年間にもおよんでいたが、彼を支え続けていた藤原能信は、康平八年二月九日（１０６５年３月24日）に、尊仁親王が即位する姿を見ることなくこの世を去っていた。

ちなみに後三条天皇は、高邁《こうまい》な思想の持主で、摂関家に対しても強い態度で臨み、大江匡房《まさふさ》や源師房《もろふさ》など優秀な人材を広く登用。親政を推し進め、周囲からも尊敬を集めていった。

元号の出典は、『尚書』（君奭注《くんせきちゅう》）の「故我以道惟安、寧王之徳謀欲延久」。勘申者は藤原実綱（式部大輔）。改元にあたっては、「延久」の他に、「嘉徳」「治徳」「元徳」「永保」「承保」「成徳」などが候補に挙げられた。この後三条天皇即位に伴う代始の改元だった。

三条天皇第三皇女である皇后禎子内親王（陽明門院《ようめいもんいん》）を母とする後三条天皇は、宇多天皇（第五十九代）以来、なんと百七十年ぶりの藤原氏を外戚としない天皇だった。後三条天皇は即位後、義理の母・彰子の推挙で弟の教通を関白にしたが、おおいに賢帝ぶりを発揮し、彼の治世は「延久の善政」と呼ばれた。そして即位して四年後の延久四年十二月八日（1073年1月24日）、第一皇子の貞仁《さだひと》親王（母は藤原能信の養女である藤原茂子）へ譲位し、白河天皇（第七十二代）の座に据えた。後三条天皇の意図は、女御の源基子《きし》（父は源基平）の生んだ実仁親王を皇太弟とし、白河天皇の次の天皇にするというものだった。ところが後三条天皇は、延久五年五月七日（1073年6月21日）に崩御した。満三十八歳だった。そして、後三条天皇の遺志は陽明門院（禎子内親王）と白河天皇に受け継がれることとなった。

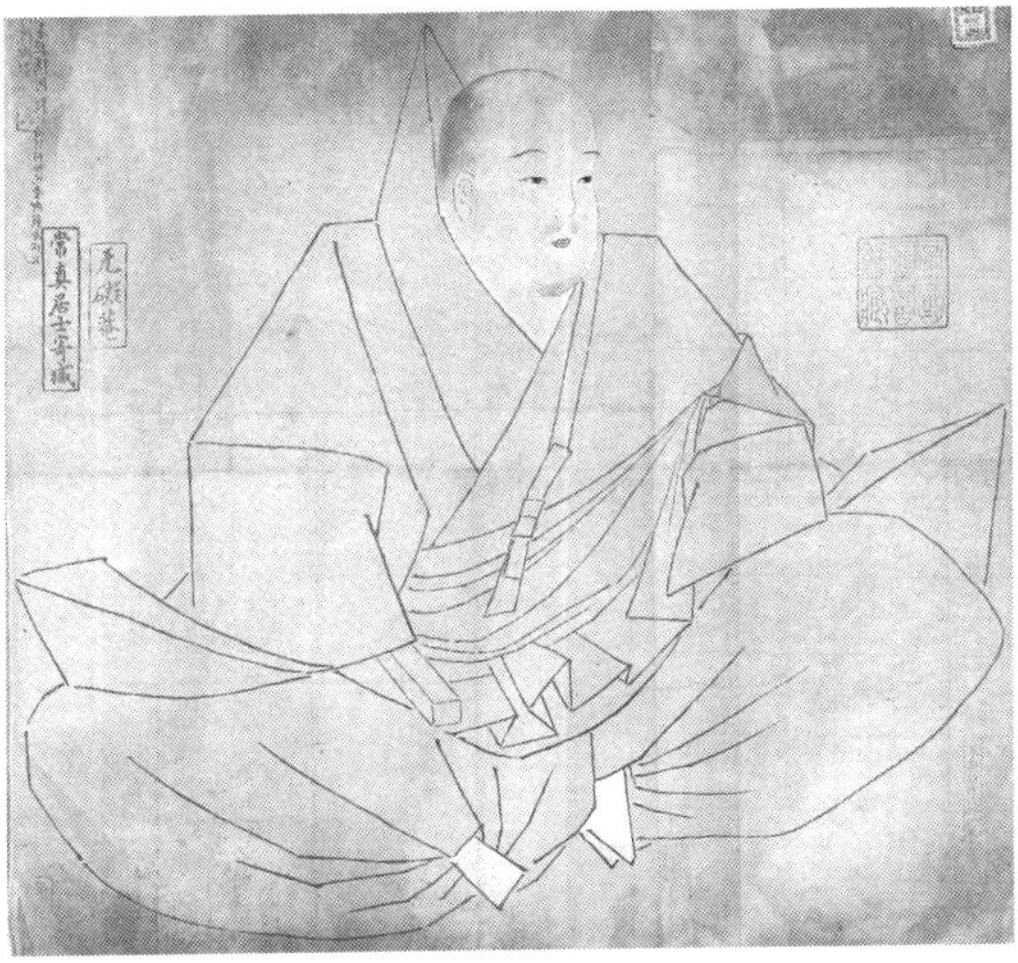

**白河天皇像**
出典『白河院御影』国立国会図書館デジタルコレクション

1074~1077

## 白河天皇即位に伴う代始の改元

# 承保

じょうほう
しょうほう

改元年月日 延久六年八月二十三日

使用期間 3年2か月と19日

在位天皇 白河天皇 第七十二代

グレゴリオ暦：1074年9月22日
ユリウス暦：1074年9月16日

元号の出典は、『尚書』（洛誥《らくこう》）の「周公拝手稽首曰、王命予来、承保乃文祖受命民」。勘申者は藤原正家（文章博士）。改元にあたっては、「承保」の他に、「元徳」「承暦」「治徳」「天祚」「成徳」「寛祐」などが挙げられた。この改元は、白河天皇即位に伴う代始改元として行われた。

承保元年十月三日（1074年10月31日）には上東門院《じょうとうもんいん》藤原彰子が満八十七歳を目前に、承保二年九月二十五日（1075年11月12日）には藤原教通が満七十九歳で亡くなった。その後、関白の座を教通の息子・信長《のぶなが》と従弟の師実《もろざね》が争ったが、勝利したのは師実で、教通一族は次第に衰退していくこととなった。

1077~1081

## 疱瘡・旱魃による災異改元

# 承暦

じょうりゃく
しょうりゃく

改元年月日 承保四年十一月十七日

使用期間 3年3か月と17日

在位天皇 白河天皇 第七十二代

グレゴリオ暦：1077年12月11日
ユリウス暦：1077年12月5日

元号の出典は、『維城典訓』の「聖人者以懿徳永承暦、崇高則天、博厚儀地」。勘申者は藤原実綱（式部大輔）と藤原正家（文章博士）。

改元にあたっては、「承暦」の他に、「嘉徳」「養寿」「治徳」「寛治」「安徳」「政和」「応徳」などが候補に挙がった。

この改元は、『十三代要略』に「疱瘡《ほうそう》・旱魃に依る也」とあるように、天然痘の流行と旱魃をきっかけとした災異改元だった。

1081〜1084

## 辛酉にあたり改元。「後三年の役」が勃発

# 永保

えいほう

改元年月日　承暦五年二月十日

使用期間　2年11か月と22日

在位天皇　白河天皇　第七十二代

グレゴリオ暦：1081年3月28日
ユリウス暦：1081年3月22日

元号の出典は、『尚書』（仲虺誥）の「欽崇天道、永保天命」、および『尚書』（梓材章）の「惟王子子孫孫、永保民人」。勘申者は藤原行家（文章博士）。この改元は、『公卿補任』に「辛酉に依る也」とあるように辛酉革命にあたって行われたものだったが、「永保」の他に、「嘉徳」「元徳」「天成」「政平」「永長」「応徳」なども元号候補に挙げられた。

永保三年（1083年）には、「前九年の役」後に奥羽に力を伸ばした清原《きよはら》氏の内紛「後三年の役」が起き、寛治元年（1087年）まで続くこととなった。

それに、陸奥守として赴任した源義家が介入、藤原清衡側について清原家衡《いえひら》・武衡《たけひら》を滅ぼし、清衡が奥羽で勢力を拡大すると同時に、源氏の東国における基盤は強固なものとしていった。

**1084～1087**

## 甲子革令による改元。満七歳の堀河天皇誕生

# 応徳

おうとく

**使用期間**　3年1か月と26日

**在位天皇**　白河天皇　第七十二代
堀河《ほりかわ》天皇　第七十三代

**改元年月日**　永保四年二月七日

グレゴリオ暦：１０８４年３月21日
ユリウス暦：１０８４年３月15日

元号の出典は、『白虎通《びゃっこつう》』の「天下泰平、符瑞所以来至者　以為王者承天順理　調和陰陽　和万物序　休気充塞　故符瑞並臻　皆應徳而至」。勘申者は藤原有綱（文章博士）。この改元は、『百錬抄』に「甲子に依るなり」とあるように、甲子革令にあたって行われたが、「応徳」の他に、「嘉徳」「養寿」「治昌」「政和」「嘉福」「治和」などが挙げられた。

応徳二年十一月八日（１０８５年12月３日）に皇太弟となっていた実仁《さねひと》親王（後三条天皇の第二皇子）が疱瘡を患って満十四歳で急死すると、白河天皇は応徳三年十一月二十六日（１０８７年１月９日）には、まだ満七歳だった第二皇子の善仁《たるひと》親王を皇太子に立ててその日のうちに譲位を宣言、堀河天皇（第七十三代）の座に就けた。

善仁皇子の母は皇后の賢子《けんし》（右大臣・源顕房《あきふさ》の娘で、関白・藤原師実の養女）だったが、白河天皇はなぜそれほど善仁親王への譲位を急いだのか。それは、異母弟である輔仁親王に皇統が移ることを避

けるためだった。

## ■無視された後三条天皇の遺言

そもそも先代の後三条天皇が皇太弟時代に関白藤原頼通・教通兄弟に疎んじられていたことは前述したが、自分の第一皇子で藤原公成の娘である茂子を母とする貞仁親王（白河天皇）より、源基平《もとひら》の娘・基子《きし》を母とする第二皇子の実仁親王のほうが皇位継承者にふさわしいと考えていた。そして実仁親王には、同母弟の輔仁《すけひと》親王がいた。貞仁親王が傍流とはいえ摂関家を牛耳る藤原北家の血を引いていたのに対し、輔仁親王はまったく藤原北家と関係のない血すじだったからだ。その思いは、禎子内親王も同様だった。

そこで後三条天皇は、延久四年十二月八日（１０７３年1月24日）の白河天皇への譲位にあたって、まだ満一歳二か月だった実仁親王を皇太弟とすることを条件とし、さらに翌年に輔仁親王が誕生すると、実仁親王が即位した後には輔仁親王を皇太弟とするように遺言して亡くなっていた。

つまり白河天皇にしてみれば、父の遺言に従うならば、実仁親王がなくなった段階で、輔仁親王を皇太子として、いずれは輔仁親王に天皇の座を譲らなければならないことだったのだ。しかしそれではせっかく手に入れた皇統を自分の子供につないでいけない。

それを阻止するためには、実仁親王が急死したのを好機として善仁親王を一挙に天皇とする必要があったとされている。

1087~1095

## 堀河天皇即位に伴う代始の改元

# 寛治《かんじ》

**使用期間**
7年8か月と12日

**在位天皇**
堀河天皇 第七十三代

グレゴリオ暦：1087年5月17日
ユリウス暦：1087年5月11日

**改元年月日** 応徳四年四月七日

元号の出典は、『礼記』（祭法）の「湯以寛治民、而除其虐、文王以文治、武王以武功」。勘申者は大江匡房（左大弁・式部大輔）。この改元は堀河天皇の即位に伴うものだったが、「寛治」の他に、「承安」「太平」「養寿」「康寧」「治和」などの元号候補が挙げられた。

太上天皇となった白河上皇は、まだ幼い堀河天皇を後見するとして院政を敷いた。

また、寛治五年十月二十五日（1091年12月14日）には、白河上皇が後三条天皇の第四皇女で自分の同母妹である篤子《とくし》内親王を堀河天皇に入内させた。

篤子から見れば堀河天皇は甥にあたり、満十二歳の堀河天皇より十九歳年上で、妻というより母に近い存在だった。

篤子内親王は、康平五年（1062年）に三歳で母の藤原茂子（藤原能信の養女）と死別して以来、祖母の陽明門院のもとで養われていたが、陽明門院は篤子内親王をことのほか慈しんでいたという。白河上皇がその篤子内親王を入内させることで、堀河天皇即位をめぐって不仲になった陽明門院との関係を修復しようとしたのだとされる。

篤子は、寛治七年二月二十二日（１０９３年３月27日）には中宮に立后された。陽明門院はそれを見届け、寛治八年一月十六日（１０９４年２月９日）に疱瘡が原因で亡くなった。満八十歳だった。

**1095~1097**

**疱瘡の流行が鎮まることを祈って改元**

# 嘉保

かほう

**改元年月日** 寛治八年十二月十五日

**使用期間** 1年11か月と11日

**在位天皇** 堀河天皇 第七十三代

グレゴリオ暦：１０９５年１月29日
ユリウス暦：１０９５年１月23日

元号の出典は『史記』（秦始皇本紀）の「嘉保太平。後敬奉法、常治無極」。勘申者は大江匡房（権中納言）。この改元は、『百錬抄』に「疱瘡に依る也」と書かれているように、災異改元だったが、「嘉保」の他に、「承安」「弘徳」「承天」「承徳」「天成」などの元号候補が挙げられた。

嘉保二年十月二十四日（１０９５年11月29日）、美濃守・源義綱《よしつな》が比叡山延暦寺《えんりゃくじ》の僧を殺害したとして、義綱の流刑を求める僧兵らが日吉神社の神輿《みこし》をかざして入洛、内裏に押し寄せて強訴に及んだ。朝廷はそれをなんとか武力で制したが、白河上皇は、「賀茂川の水、双六《すごろく》の賽《さい》、山法師。これぞ朕《ちん》が心にままならぬもの」という言葉を残している。こうした強訴は、特に平安時代中期以降増えていく。それだけ、寺社勢力が力を付けていたのである。その翌年の八月九日（１０９６年９月４日）、白河上皇は出家して法皇となった。

1097〜1098

## 巨大地震「永長地震」の発生をきっかけに改元

# 永長

えいちょう

改元年月日　嘉保三年十二月十七日

使用期間　11か月と24日

在位天皇　堀河天皇　第七十三代

グレゴリオ暦：１０９７年１月９日
ユリウス暦：１０９７年１月３日

元号の出典は、『後漢書』（光武帝紀）の「尊事天子享国永長、為後世法」。勘申者は大江匡房（権中納言）。改元にあたっては、「永長」の他に、「政和」「大慶」「和寧」「承徳」「天保」などの元号候補が挙げられた。

『百錬抄』に「天變に依る也」とあり、『後二条師通記』の嘉保三年十二月九日条に「去る廿四日大地震」とあることから、この改元は同年十一月二十四日（１０９６年12月17日）に起きた、マグニチュード八・四クラスの大地震（永長地震）が大きなきっかけだったとされている。

1098〜1099

## 大風・洪水・地震・彗星で改元

# 承徳

じょうとく
しょうとく

改元年月日　永長二年十一月二十一日

使用期間　1年8か月と19日

在位天皇　堀河天皇　第七十三代

グレゴリオ暦：１０９８年１月２日
ユリウス暦：１０９７年12月27日

元号の出典は、『周易』（蠱卦《こか》）の「象曰、幹父、用譽、承以徳也」。勘申者は藤原敦基（文章博士）。

改元にあたっては、「承徳」の他に、「安徳」「延寿」「承安」「元徳」「嘉禄」「弘徳」「正徳」などが元号候補に挙げられた。

永長二年八月五日（1097年9月19日）に大風・洪水、その翌日に地震、さらに九月一日（10月14日）には彗星が現れたことが記録されている。そのため、永長から承徳への災異改元が行われた。その約一か月後の承徳二年十月二十三日（1098年11月24日）は、源義家が院昇殿を許されたが、多くの公卿が武士の台頭に反発した。

1099〜1104

## 承徳改元後も続く災異により、康和に改元

# 康和

こうわ

改元年月日 承徳三年八月二十八日

使用期間 4年5か月と23日

在位天皇 堀河天皇 第七十三代

グレゴリオ暦：1099年9月21日
ユリウス暦：1099年9月15日

元号の出典は、『崔寔《さいしょく》政論』の「四海康和、天下周楽」。勘申者は藤原正家（式部大輔）。改元にあたっては、「康和」の他に、「天祐」「承安」「永受」「嘉徳」「天和」「大治」「天永」などが元号候補に挙げられた。『百錬抄』に「地震・疫病に依る也」とある。そのため、永長から承徳への災異改元に続き、承徳から康和への災異改元が行われた。

康和元年五月十二日（1099年6月9日）には康和の荘園整理令が出された。また、康和三年一月（1101年2月）に藤原師実が病を理由に出家、同年二月十三日（3月21日）に死去した。

1104~1106

# 長治
ちょうじ

## 月食を凶事として天文密奏の上、長治に改元

改元年月日 康和六年二月十日

使用期間 2年2か月と5日

在位天皇 堀河天皇 第七十三代

グレゴリオ暦：1104年3月15日
ユリウス暦：1104年3月8日

元号の出典は、『漢書』（賈誼《かぎ》伝）の「建久安之勢、成長治之業」。勘申者は菅原在良《ありよし》（文章博士）と藤原俊信《としのぶ》（文章博士）。改元にあたっては、「長治」の他に、「天永」「嘉承」「承安」「成徳」「天祐」「延壽」「延世」「天仁」などが元号候補が挙げられた。

藤原忠実《ただざね》の日記『殿暦《でんりゃく》』に、康和五年二月十六日（1103年4月1日）に月食が観測され際、天文密奏したことが記されている。天文密奏とは異常天文現象が観測されたときに、観測記録と占星術による解釈を上奏することだ。

また、藤原宗忠《むねただ》の日記『中右記《ちゅうゆうき》』の康和五年二月二十六日条には、宗忠が白河法皇を訪ね「改元あるべき」の言葉を受け、さらに大江匡房に相談したところ、匡房は「天變頻りに示す」ことから改元すべきと答えたとある。その結果、康和から長治への災異改元が行われることとなった。

長治元年（1104年）には、延暦寺の僧徒が東塔・西塔に分かれて相争い、園城寺《おんじょうじ》僧徒の内紛も激化。さらに紀伊国の悪僧らが熊野大衆と称して国司を訴えるという騒ぎも起きた。

1106~1108

三十メートルの尾を引く彗星が出現

# 嘉承

かしょう
かじょう

改元年月日 長治三年四月九日

使用期間 2年3か月と27日

在位天皇 堀河天皇 第七十三代 鳥羽《とば》天皇 第七十四代

グレゴリオ暦：1106年5月20日
ユリウス暦：1106年5月13日

元号の出典は、『漢書』（礼楽志）の「嘉承天和、伊楽厥福」。勘申者は菅原在良（文章博士）。改元にあたっては、「嘉承」の他に、「天永」「承安」「嘉承」「成和」「齊泰」「天祚」「延祚」などが元号候補に挙げられた。『百錬抄』の長治三年正月四日条に、「彗星、坤（南西）の方に見ゆ。長十許丈ばかり。三十余日にて滅す」とある。約三十メートルの尾を引く彗星が出現して一か月ほど天空にかかっていたというのだ。この彗星出現をきっかけに、長治から嘉承への災異改元が行われた。なお現代の天文学では、この彗星はその周期から見て、ハレー彗星ではなく、まったく別の彗星だったとされている。

## ■堀河天皇の崩御と鳥羽天皇の即位

嘉承二年七月十九日（1107年8月16日）に堀河天皇が満二十八歳で病死。それに伴い、堀河天皇の第一皇子である宗仁《むねひと》親王が鳥羽天皇第七十四代に即位した。堀河天皇の母・苡子《いし》は大納言だった藤原実季《さねすえ》の娘で、白河法皇にとっては従姉妹《いとこ》（白河法皇の生母・茂子の姪《めい》）だったが、実季の死後に堀河天皇に入内し、康和五年一月十六日（1103年3月3日）に宗仁親王を出産したものの、難産だったため亡くなっていた。その宗仁親王は誕生して七か月で立太子していたが、即位したときにはまだ満四歳にすぎなかった。そこで藤原忠実（藤原師通《もろみち》の長男）を摂政としたが、忠実も朝廷内でそれほどの力を持っていなかった。そのため実質的な政務は白河法皇が主導することとなった。

一方この頃、「北面武士《ほくめんのぶし》」たちが徐々に力を付けつつあった。彼らは院御所の北側の部屋の下に詰めていたことからそう呼ばれたが、院の直属軍としてその数も増員されていった。しかし、いくら朝廷のために働いても、それにふさわしい待遇を得られないことに不満を抱き、朝廷に対して反旗も翻す者も出てきた。その象徴ともいえるのが源義家の二男・義親《よしちか》だ。義親は対馬守として九州に赴任したが、その地で略奪行為を働き、壱岐に流された。だがその後、出雲国に渡って再び官吏を殺害して略奪を働き、嘉承二年十二月十九日（１１０８年２月９日）には朝廷から義親追討令が出された。

そのとき義親追討使に命じられたのが、平維衡《これひら》を祖とする伊勢平氏の平正盛《まさもり》だったが、嘉承三年一月十九日（１１０８年３月10日）には出雲国で義親を討ち取り、その首をたずさえて帰京すると但馬守に命じられ、その後も昇進していった。それがのちに平家一門の隆盛へとつながっていくことになる。またその直後には、延暦寺と園城寺による大規模な強訴事件が起きている。嘉承三年三月二

**鳥羽天皇像**　（安楽寿院所蔵）

十三日（１１０８年5月12日）、白河法皇が、尊勝寺の阿闍梨に真言宗の寺である東寺の僧を指名したことを不満とした園城寺と延暦寺の僧徒が強訴に及んだ。慣例では、尊勝寺の阿闍梨《あじゃり》には、天台宗の延暦寺・園城寺と真言宗の東寺の僧が交互に就くこととなっており、順序では園城寺の僧が指名されるはずだったにもかかわらず、白河上皇が東寺の僧を阿闍梨に任命したからである。それまで同じ天台宗でも敵対関係にあり、たびたび武力衝突を繰り返していた延暦寺と園城寺だったが、このときは共闘し、洛中しようとする僧徒らは数千人にも及んだ。そのとき動員されたのが源氏と平氏の武家集団だった。押し寄せた大衆と武家の膠着《こうちゃく》状態が十日続いたが、最終的には白河法皇が禅誉指名を撤回したことでやっと騒ぎは消息した。

1108～1110

## 天仁　てんにん

**浅間山大噴火直後に行われた鳥羽天皇の代始改元**

改元年月日　嘉承三年八月三日

使用期間　1年10か月と22日

在位天皇　鳥羽天皇　第七十四代

グレゴリオ暦：１１０８年９月16日
ユリウス暦：１１０８年９月９日

元号の出典は、『文選』の「統天仁風遐揚」。勘申者は大江匡房（大宰権帥）と菅原在良（文章博士）。改元にあたっては、「天仁」の他に、「承安」「天永」「元徳」などが元号候補に挙がった。

この嘉承から天仁への改元は鳥羽天皇の代始改元として行われたが、実は改元直前の嘉承三年七月二十一日（１１０８年9月5日）から浅間山《あさまやま》が噴火を始めていた。過去一万年間に起きた浅間山の噴火としては最大級で、改元を過ぎてなお一か月ほども続き、北関東一円の田畑は壊滅状態となった。

そればかりではなかった。九月（10月）には興福寺《こうふくじ》の僧徒が、領地を巡って多武峯《とうのみね》妙楽寺を焼き討ちするという事件が起き、年が明けた天仁二年（1109年）には、延暦寺の僧兵が清水寺《きよみずでら》の別当が祇園《ぎおん》社（八坂神社）の神人《じにん》（神社の雑役を担う下級神職）に暴行を加えたとして強訴するという騒ぎなどが起きていた。世の中で騒然とする中での改元だったといえよう。しかし、改元後も一向に落ち着くことはなかった。

1110~1113

## 「天変ならびに天下静かならざりしなり」にて改元

# 天永
てんえい

改元年月日　天仁三年七月十三日

使用期間　3年と25日

在位天皇　鳥羽天皇　第七十四代

グレゴリオ暦：1110年8月7日
ユリウス暦：1110年7月31日

元号の出典は、『尚書』（召誥《しょうこう》）の「欲王以小民受天永命」。勘申者は大江匡房（大宰権帥）。改元にあたっては、「天永」の他に、「永久」「承安」「永貞」「保安」「大治」なども元号候補に挙げられた。『皇年代略記』に「天変並世間不静也」（天変ならびに天下静かならざりしなり）とあるが、前述したように、天仁年間はとにかく騒ぎが連続しており、まさに〝天下静かならざる〟状況だった。

そこにまたまた天変が起きたというのだ。

ここでいう天変とは、天仁三年五月十三日（1110年6月9日）の彗星の出現のことである。長さ一・五メートルほどの光の尾を引いていたとされているから、嘉承への改元のきっかけとなったものよりかなり小さなものだったが、改元を決断するには十分なきっかけだった。

**1113〜1118**

**天変・兵革・疾病による改元直後に「永久の強訴」勃発**

# 永久《えいきゅう》

**改元年月日** 天永四年七月十三日

グレゴリオ暦：1113年9月1日
ユリウス暦：1113年8月25日

**使用期間** 4年8か月と1日

**在位天皇** 鳥羽天皇 第七十四代

元号の出典は不詳ながら、『詩経』（小雅、南有嘉魚之什《なんゆうかぎょのじゅう》）に「吉甫燕喜、既多受祉、来帰自鎬、我行永久」とある。また『毛詩』の「来帰自鎬　我行永久」、あるいは『蔡邕議』の「其設不戦之計守禦之固者　皆社稷之臣　永久之策」からの出典ともされている。勘申者は菅原在良（式部大輔）。改元にあたって「永久」の他に、「保安」「天治」「長承」などの元号候補が挙げられた。この天永四年七月（1113年9月）の改元について、『皇代記』は「天変・兵革・疾病に依る」としている。なにしろ、この年は正月から二月にかけて赤班瘡《あかもがさ》が流行していたし、二月十五日（3月11日）には月食、三月一日（3月26日）には日食が起きていた。

さらにそれに加えて起きたのが、「南都＝奈良」の寺と「北嶺＝比叡山」の延暦寺の対立を背景に、閏三月二十日（5月14日）に始まった「永久の強訴」である。この騒ぎは、延暦寺で出家した仏師の円勢《えんせい》が対立関係にある興福寺の末寺・清水寺の別当に任じられたことを不満とした興福寺の僧徒数千人が人事停止を求めて強訴したことから始まった。一時は騒ぎが終結するかに見えたが、白河法皇が曖昧な態度をとったため、最終的には、朝廷の武士軍団と興福寺の僧徒らとの激しい戦闘が生じ、多くの死傷者を出した。それにしてもなぜ、寺院がそれほどの力を持つようになっていたのか。

その理由の一つに、朝廷主導で大寺院が数多く造営されたことが挙げられる。そのため次第に僧になるための条件も甘くなり、多くの農民が課役を逃れるために僧兵となっていった。またそれと同時に、寺院の多くが貴族からの寄進で豊かになり、皇族や上級貴族の子弟が出家して寺院の上位を占めるようになっていた。その彼らがさらなる利を得ようとしたため、寺院間に大きな利害関係が生じ、対立がより深刻化していったとされている。

## ■天皇暗殺計画を巡る疑獄事件「永久の変」

永久元年には、鳥羽天皇暗殺計画を巡る大疑獄事件「永久の変」も起きた。同年九月一日（1113年10月19日）、鳥羽天皇が病に伏すと、白河法皇は各地の寺社で祈禱《きとう》を行わせ、非常赦なども実施した。非常赦とは、通常の恩赦では許されないような罪を犯した者も赦免することである。ところがそのさなか、白河天皇の第三皇女で鳥羽天皇の准母（育ての母）である令子《れいし》内親王の御所に、醍醐寺座主の勝覚《しょうかく》に仕える稚児・千手丸《せんじゅまる》が鳥羽天皇の暗殺の準備をしていると書かれた落書《らくしょ》が投げ込まれる。千手丸はすぐに捕縛され、厳しい尋問の末、白河法皇の異母弟・三宮（輔仁親王）の護持僧を務めていた仁寛《にんかん》（三宝院阿闍梨）に天皇暗殺を命じられたと自白。千手丸は佐渡国へ、仁寛は伊豆国へ流罪となった。

ちなみに、仁寛は村上天皇を祖とする村上源氏の流れをくむ源師房の長子で左大臣となっていた源俊房《としふさ》の息子だった。俊房は、祖父・源基平の娘・基子が輔仁親王の母だったことから、白河法皇が、「輔仁親王を天皇に据えよ」という後三条天皇の遺言を無視して宗仁親王を天皇（鳥羽天皇）に据えたことに不満を募らせていたとされる。この事件で、源俊房まで罪に問われることはなかったものの、息子の師時《もろとき》や師重《もろしげ》とともに謹慎を余儀なくされ、一族の政治的権力は弱体化していった。また、輔仁親王は無実の訴えの意味も含めて自邸に閉門・蟄居《ちっきょ》したが、元永二年十一月二十八日（1120年1月7日）、失意のうちに満四十六歳で死去した。

**1118~1120**

## 「天変幷びに御悩也」で改元

# 元永

げんえい

**改元年月日** 永久六年四月三日

**使用期間** 2年と14日

**在位天皇** 鳥羽天皇 第七十四代

グレゴリオ暦：1118年5月2日
ユリウス暦：1118年4月25日

元号の出典は不詳ながら、『易経』（比卦）に「比吉原筮元永貞、无咎、不寧方来、後夫凶」、『周易』（筮卦）に「九五筮有位、无咎、匪孚。元永貞悔亡」などとある。勘申者は菅原在良（式部大輔）。改元にあたっては、「元永」の他に、「保安」「天治」「天承」「久安」「長寿」なども元号候補に挙がった。この永久六年四月三日（1118年5月2日）の、永久から元永への改元は、『百錬抄《ひゃくれんしょう》』に「天變幷びに御悩也」とあるように、天変と流行病をきっかけとした災異改元として行われた。

1120~1124

「今年の夏御慎み有るべし」で行われた改元

# 保安

ほうあん

使用期間　4年と9日

在位天皇　鳥羽天皇 第七十四代　崇徳《すとく》天皇 第七十五代

改元年月日　元永三年四月十日

グレゴリオ暦：1120年5月16日
ユリウス暦：1120年5月9日

元号出典　出典不詳ながら、『漢書』（劉向伝）に「保守社稷安固後嗣」、『旧唐書』（音楽志）に「含育九区保安万国」などとある。勘申者は菅原在良（式部大輔・文章博士）。改元にあたっては、「保安」の他に、「長仁」「天治」「慶延」「長寿」なども元号候補に挙げられた。

元永三年四月十日（1120年5月16日）の元永から保安への改元は、「天変・御悩み」（百錬抄）に加え、算《さん》博士（算術の教師）の三善為康《みよしためやす》が「今年の夏御慎み有るべし」としたことから行われた御厄運御慎による改元（災異改元）とされる。そのおよそ一年前の元永二年五月二十八日（1119年7月14日）、鳥羽天皇と中宮・藤原璋子《しょうし》の間に第一皇子・顕仁《あきひと》親王（のちの崇徳天皇 第七十五代）が誕生し、六月十九日（8月4日）には親王宣下を受けた。だが、人々は、その顕仁親王は、実は白河法皇の子なのではないかと疑った。いったいなぜか。璋子は白河法皇の従兄弟にあたる権中納言・藤原公実《きんざね》の娘だったが、七歳のときに公実が亡くなったのちは白河法皇の養女となっていた。

白河法皇はその璋子を、永久五年十二月十三日（1118年1月13日）、鳥羽天皇に入内させると、約一か月後の永久六年一月二十六日（1118年2月25日）には立后させて中宮の座に据えた。そのとき、鳥羽天皇は満十四歳と十一か月、璋子は満十七歳になるかならないかだったが、実は入内前から白河法皇と璋子は男女の関係にあり、それは入内後も続いていると噂されていた。鎌倉時代に初期に書かれた『古事談』にも、崇徳天皇は璋子と白河法皇が密通して生まれた子であり、鳥羽上皇は崇徳天皇を「叔父子」と呼んで忌《い》み嫌っていたと記している。

■三歳八か月で即位した崇徳天皇の父は？

いったい崇徳天皇の父親は誰だったのか。噂の真偽も定かではない。しかし白河法皇は、保安四年一月二十八日（1123年3月4日）には、まだ満三歳九か月の顕仁親王を立太子させるとその日のうちに践祚させ、二月十九日（3月25日）には即位式を行った。崇徳天皇の誕生である。そのとき上皇となった鳥羽はまだ満二十歳という若さだったが、鳥羽上皇には何の力も与えられなかった。そして幼い崇徳天皇に代わって、その後も政治を主導し続けたのが白河法皇だったことはいうまでもない。

1124〜1126

崇徳天皇の即位に伴う代始の改元

# 天治

てんじ

改元年月日　保安五年四月三日

グレゴリオ暦…1124年5月25日
ユリウス暦…1124年5月18日

使用期間　1年8か月と28日

在位天皇　崇徳天皇　第七十五代

元号の出典は『易緯《えきい》』の「帝者徳配天地、天子者継天治物」。勘申者は藤原敦光（式部大輔）。改元にあたっては「天治」の他に、「長承」「慶延」「永貞」「建徳」「天保」「元徳」なども元号候補として挙げられた。

改元後の天治元年五月二十八日（1124年7月18日）に中宮・璋子は通仁《みちひと》親王を出産、同年十一月二十四日（1125年1月7日）には待賢門《たいけんもん》という院号が宣下された。さらに翌年五月二十四日（1125年7月4日）に君仁《きみひと》親王、大治元年七月二十三日（1126年8月20日）に統子《むねこ》内親王、大治二年九月十一日（1127年10月25日）に雅仁《まさひと》親王を出産し、大治四年閏七月二十日（1129年9月12日）には末子・本仁《もとひと》親王も生まれた。そのうち雅仁親王が、のちの後白河《ごしらかわ》天皇（第七十七代）となる。

1126~1131

疱瘡流行で改元するも、鳥羽上皇も疱瘡に

# 大治

だいじ

改元年月日　天治三年一月二十二日
グレゴリオ暦：1126年2月22日
ユリウス暦：1126年2月15日

使用期間　5年と13日

在位天皇　崇徳天皇　第七十五代

元号の出典は『河図挺佐輔《かとていさほ》』の「黄帝修徳立義、天下大治」。勘申者は藤原敦光（式部大輔）。改元にあたっては、「大治」の他に、「天寿」「長承」「淳徳」「平和」「天保」「政和」なども元号候補に挙げられた。『百錬抄』に「疱瘡に依る也」とあるように、この改元は、疱瘡の流行を収めることを目的に災異改元として行われた。『永昌記』によると、鳥羽上皇も疱瘡を患ったとされる。

大治四年七月七日には（1129年7月31日）、白河法皇が崩御した。満七十六歳だった。

1131~1132

## 前年からの炎旱天変で改元。鳥羽上皇による院政が本格化

# 天承

てんしょう
てんじょう

改元年月日 大治六年一月二十九日

使用期間 1年6か月と21日

在位天皇 崇徳天皇 第七十五代

グレゴリオ暦：1131年3月7日
ユリウス暦：1131年2月28日

元号の出典は『漢書』（匡衡《きょうこう》伝）の「聖王之自為、動静周旋、奉天承親、臨朝享臣、物有節文、以章人倫」。勘申者は藤原敦光（式部大輔）。『百錬抄』に「去年の炎旱天変に依る也」とある。改元にあたっては、「天承」の他に、「天寿」「泰和」「天祐」「安寧」「保寧」「永受」「天受」「慶成」などの元号候補も挙げられた。大治四年（1129年）の白河法皇の崩御後、鳥羽上皇による院政が本格化し、「治天の君」と称されるようになる。天承二年（1132年）には、平忠盛《ただもり》（平清盛《きよもり》の父）が、内昇殿を許可された。武士では源頼家以来の破格の待遇だった。

1132~1135

## 流行病をきっかけとした改元

# 長承

ちょうしょう

改元年月日 天承二年八月十一日

使用期間 2年8か月と20日

在位天皇 崇徳天皇 第七十五代

グレゴリオ暦：1132年9月28日
ユリウス暦：1132年9月21日

元号の出典は『史記』（秦始皇本紀）の「長承聖治、群臣嘉徳」。勘申者は藤原敦光（式部大輔）。こ

の改元は、『百錬抄』に「疾疫に依る也」とあるように、流行病をきっかけとした災異改元だったが、「長承」の他に「養治」「応保」「天隆」「政事」などが元号候補に挙げられた。

『方丈記』には、この長承年間にも飢饉があったことが記されている。

1135~1141

## 飢饉・疾疫・洪水による改元。北面武士・平忠盛が台頭

# 保延

ほうえん

使用期間
6年2か月と3日

在位天皇
崇徳天皇 第七十五代

改元年月日
長承四年四月二十七日

グレゴリオ暦：1135年6月17日
ユリウス暦：1135年6月10日

元号の出典は『文選』（魯霊光殿賦）の「永安寧以祉福、長与大漢而久存、実至尊之所御、保延寿而宜子孫」。勘申者は藤原顕業（文章博士）。

『百錬抄』に「疾疾・飢饉に依る也」、『皇年代略記』には「飢饉・疾疫・洪水に依る也」とある。改元にあたっては、「保延」の他に、「貞久」「天明」「養寿」「嘉応」「安貞」「承安」「延祚」なども元号候補に挙げられた。

この頃、白河院政に続き、鳥羽院政を支える武力的支柱を果たし、北面の武士として急激に力を伸ばしていったのが平忠盛だった。

当時、瀬戸内海では海賊（在地領主）が跋扈《ばっこ》して大きな問題となっていたが、保延二年（1136年）、忠盛は山陽道・南海道の海賊の追討使に任じられ、海賊七十名を京都に連行してさらに注目さ

れるようになっていった。ちなみに忠盛は、このとき降伏した海賊を自らの家人にして、さらなる組織化を図っていった。

**1141~1142**

**革年改元後、鳥羽上皇が二歳六か月の体仁親王を天皇に！**

# 永治

えいじ

**改元年月日** 保延七年七月十日

**使用期間** 9か月と12日

**在位天皇** 崇徳天皇 第七十五代 近衛《このえ》天皇 第七十六代

グレゴリオ暦：1141年8月20日
ユリウス暦：1141年8月13日

元号の出典は『魏文典論』の「礼楽興於上、頌声作於下、永治長徳、与年豊」と『晋書』武帝紀の「見土地之広、謂万葉而無虞、観天下之安、謂千年而永治」。勘申者は（権中納言）と藤原永範（文章博士）。

この改元は『百錬抄』に「改元、辛酉革命に依る」とあるように、革年改元として行われたが「永治」の他に、「貞久」「応保」「斉徳」「久安」「喜康」「承安」などが元号候補に挙げられた。

永治元年十二月七日（1142年1月12日）には、鳥羽上皇は、満二十二歳だった崇徳天皇に譲位を強要してわずか二歳六か月だった第八皇子・体仁《なりひと》親王を近衛天皇（第七十六代）として即位させた。いったいなぜか。それは自らに絶対的な力を付けるためだった。

## ■摂関家の権威回復を目指した鳥羽上皇

そもそも鳥羽上皇は、自分と中宮・璋子との間に生まれた第一皇子・顕仁親王に譲位して自らは上皇となっていたが、その譲位は白河法皇に強要されたものだったし、実際の政治は白河法皇のもとに行われていた。しかし大治四年七月七日（1129年7月31日）の白河法皇の崩御で障害がなくなった。そこで鳥羽上皇は白河法皇の側近たちの排除と、自分を支える存在として摂関家の権威回復に乗り出した。

たとえば、天承元年（1131年）には白河法皇の怒りを買って宇治に蟄居していた前関白の藤原忠実を呼び戻し、長承二年六月二十九日（1133年8月8日）にその娘・勲子《くんし》を自分のもとに入内させた。そのとき鳥羽上皇が満三十歳だったのに対して勲子は八歳年上だった。それだけでも異例なことだったが、鳥羽上皇はさらにその翌年、周囲の反対を退けて勲子を皇后宮に冊立した。文字通り異例中の異例だった。ちなみにそのとき勲子は泰子《たいし》へと改名している。

また鳥羽上皇は、藤原顕頼や藤原家成、忠実の息子である忠通《ただみち》、頼長《よりなが》などを自分の側近として重用して院の要職を自分の側近たちで固めていった。

さらに鳥羽上皇は権中納言藤原長実《ながざね》の娘・得子《とくし》を寵愛した。高齢の皇后・泰子に子供は望めなかったからだ。

そして保延元年十二月四日（1136年1月15日）に叡子《えいし》内親王を、保延三年四月八日（1137年5月6日）には暲子《しょうし》内親王を、保延五年五月十八日（1139年6月23日）には待望の皇子である体仁親王をもうけていた。

つまり、永治元年の近衛天皇の即位は、白河法皇崩御後、鳥羽上皇が自ら絶対的な支配体制をつくりあげるための最終工程だったのである。

1142~1144

近衛天皇の即位に伴う代始の改元

# 康治

こうじ

改元年月日 永治二年四月二十八日

使用期間 1年10か月と3日

在位天皇 近衛天皇 第七十六代

グレゴリオ暦：1142年6月1日
ユリウス暦：1142年5月25日

元号の出典は『宋書』の「以康治道」。勘申者は藤原永範（文章博士）。

この改元は改元は近衛天皇即位に伴う代始改元だったが、「康治」の他に、「久寿」「応保」などが元号候補として挙げられた。

康治元年五月五日（1142年6月7日）、鳥羽上皇は東大寺戒壇院《かいだんいん》で受戒して法皇となって、その支配体制を完成させた。

1144~1145

甲子革令説による革年改元

# 天養

てんよう

改元年月日 康治三年二月二十三日

使用期間 1年4か月と15日

在位天皇 近衛天皇 第七十六代

グレゴリオ暦：1144年4月4日
ユリウス暦：1144年3月28日

元号の出典は『後漢書』（郎顗《ろうがい》伝）の「此天之意也、人之慶也、仁之本也、倹之要也、焉有応天養、

人為仁為倹、而不降福者乎」。勘申者は藤原茂明（文章博士）。『百錬抄』に「改元、甲子革令に依る也」とあるように、この改元は、甲子革令説による革年改元であった。「天養」の他に、「承慶」「長寛」「久安」「弘保」「慶延」「泰和」「建保」「久寿」「徳安」などが元号候補として挙げられた。

天養元年七月二十二日（1144年8月29日）に藤原実兼《さねかね》の子・通憲《みちのり》が出家して、円空《えんくう》と号した。彼はのちに、信西《しんぜい》と称して、後白河天皇の腹心として時代の表舞台で活躍することになる。

**1145~1151**

**ハレー彗星出現で改元。源頼朝誕生**

# 久安

きゅうあん

**使用期間**
**5年6か月と2日**

**在位天皇**
**近衛天皇** 第七十六代

**改元年月日** **天養二年七月二十二日**

グレゴリオ暦：1145年8月19日
ユリウス暦：1145年8月12日

元号の出典は『晋書』（劉頌伝《りゅうしょうでん》）の「建久安於万載、垂長世於無窮」。勘申者は藤原永範（文章博士）。『本朝世紀』に「彗星に依る」とあるように、この改元は彗星出現をきっかけとする災異改元だった。このときに出現したのはハレー彗星である。「久安」の他に、「承宝」「仁保」「承天」「仁保」「承天」「大嘉」「万安」「徳安」「延寿」などが元号候補として挙げられた。

久安三年四月八日（1147年5月16日）、源義朝《よしとも》に三男が誕生して、幼名・鬼武丸《きぶまる》と名づけられた。のちに鎌倉幕府の初代征夷《せいい》大将軍となる源頼朝《よりとも》だった。

1151〜1154

## 風水害をきっかけに改元。平清盛が一門の棟梁に

# 仁平

にんぺい
にんぴょう

改元年月日　久安七年一月二十六日

使用期間　3年9か月と20日

在位天皇　近衛天皇　第七十六代

グレゴリオ暦：1151年2月21日
ユリウス暦：1151年2月14日

元号の出典は『後漢書』（孔奮《こうふん》伝）の「奮既立節、治貴仁平」。勘申者は藤原永範（文章博士）。改元にあたっては、「仁平」の他に、「嘉禄」「久寿」「万安」などが元号候補に挙げられた。『本朝世紀』の仁平元年正月廿六日条に記録されている改元の詔に「去年、国、防風の難に逢ひ、人洪水の困有り」とあるように、この改元は久安六年八月二十八日（1150年9月27日）に発生した風水害をきっかけとした災異改元だった。仁平三年一月十五日（1153年2月17日）に平忠盛が死去、長男の清盛が平氏一門の棟梁《とうりょう》となった。時に清盛は満三十五歳だった。

1154〜1156

## 厄運により改元。始まった鳥羽法皇と崇徳上皇のいがみ合い

# 久寿

きゅうじゅ

改元年月日　仁平四年十月二十八日

使用期間　1年5か月と14日

在位天皇　近衛天皇　第七十六代
後白河天皇　第七十七代

グレゴリオ暦：1154年12月11日
ユリウス暦：1154年12月4日

元号の出典は『抱朴子』（内篇）の「其業在於全身久寿」。勘申者は藤原永範（式部大輔）。『百錬抄』

には「改元、厄運に依る也」、『一代記』には「焼亡に依る也」、『皇年代略記』には「変異厄運に依る也」とあるように、この改元は災異改元として行われた。「久寿」の他に「天保」「徳祚」「和万」「承宝」「応暦」「平治」「嘉禄」「延祚」「天受」「徳延」などが元号候補に挙げられた。

久寿二年七月二十三日（1155年8月29日）には、二年ほど前から病気がちとなり、一時は失明の危機に陥って、譲位も口にするようになっていた近衛天皇が崩御した。まだ満十六歳という若さで後を継ぐべき子供もなかった。それを受け、鳥羽法皇の強い意向で後継天皇に選ばれたのは、鳥羽法皇と待賢門院璋子の間に生まれていた第四皇子・雅仁親王（満二十七歳と十か月。近衛天皇の異母兄）で、翌日の七月二十四日（8月30日）には、立太子を経ないまま後白河天皇第七十七代として即位した。ただし雅仁親王にしてみれば、まさに青天の霹靂《へきれき》だった。そもそも、雅仁親王には天皇になる気などさらさらなく、今様（当時の流行歌）に没頭して遊び暮らしていた。それは他にも皇位継承者と目される存在がおり、自らが天皇のなる可能性などまったくないと考えていたからだった。

## ■他にもいた皇位継承候補者

実は、近衛天皇が崩御するまで皇位継承者の有力候補とされていたのは、崇徳天皇と源行宗《ゆきむね》の養女・兵衛佐局《ひょうえのすけのつぼね》の間に生まれた第一皇子の重仁《しげひと》親王だった。彼は、鳥羽上皇の強い意向で体仁親王（のちの近衛天皇）が皇太弟とされた翌年の保延六年九月二日（1140年10月21日）に誕生、生まれてすぐに体仁親王の生母である藤原得子（美福門院《びふくもんいん》）に養子に出されていたが、近衛天皇が即位すると鳥羽法皇は重仁を親王宣下していた。もし近衛天皇が子供のできないまま崩御した場合の〝保険〟

だったが、その時点で、重仁親王が次期天皇の最有力候補となっていたわけである。

ところが近衛天皇が崩御すると、またしても状況が変わってしまった。崇徳上皇は重仁親王の即位を望んだが、朝廷内に「崇徳上皇が藤原頼長と結託して近衛天皇を呪《のろ》い殺した」という噂が流れると、鳥羽法皇はそれを理由に、雅仁親王を天皇として即位させてしまったのだ。

さらには、後白河天皇の最初の后である懿子《いし》（源有仁《ありひと》の養女）が康治二年（１１４３年）に生んでいた守仁《もりひと》親王（のちの二条《にじょう》天皇 第七十八代）の存在もあった。

守仁親王は母の懿子が守仁出産直後に急死したため、鳥羽法皇の皇后であり、近衛天皇の生母である藤原得子（美福門院）の養子となっており、いずれは出家することになっていた。ところが鳥羽法皇は後白河天皇即位に伴い、強引に親王宣下をして守仁を立太子させたのだ。後白河天皇にしてみれば、守仁親王が即位するまでのあくまで中継ぎとしての位置づけだったとされるが、いずれにしてもその段階で重仁親王は完全に皇位継承者から外されたことを意味していた。わが子である重仁親王の天皇への道を閉ざされ、自らが院政を敷ける可能性もなくなった崇徳上皇が鳥羽法皇に対して激しい敵愾心《てきがいしん》を抱いたのも当然だっただろう。

この鳥羽法皇と崇徳上皇のいがみ合いが、結果的に平安時代を支えた貴族政治の終焉《しゅうえん》を早めることになっていく。ちなみに重仁親王は、後述する保元《ほうげん》の乱ののち、仁和寺《にんなじ》に入って出家して、寛暁大僧正（堀河天皇の皇子）のもとで仏道に励むが、応保二年（１１６２年）に、足の病で逝去した。

1156~1159

## 後白河天皇の即位に伴う代始の改元と「保元の乱」

# 保元

ほうげん

使用期間
2年11か月と21日

在位天皇
後白河天皇 第七十七代
二条《にじょう》天皇 第七十八代

改元年月日 久寿三年四月二十七日

グレゴリオ暦：1156年5月25日
ユリウス暦：1156年5月18日

元号の出典は『顔氏家訓《がんし》』（文章篇）の「諷刺之禍速乎風塵。宜防廬以保元吉也」。勘申者は藤原永範（式部大輔）。改元にあたっては、「保元」の他に、「天明」「承宝」「久承」「承禄」などの元号候補も挙げられた。

この改元は、後白河天皇の即位に伴う代始改元として行われたが、およそ二か月後の保元元年七月二日（1156年7月27日）には鳥羽法皇が病で崩御した。満五十三歳だった。そしてその三日後、皇位の継承を巡って対立していた後白河天皇と崇徳上皇に、同じ摂関家の関白・藤原忠通と左大臣・藤原頼長の兄弟が後白河側と崇徳側の二手に分かれて加担する格好で「保元の乱」が起きた。なぜ、兄弟である忠通と頼長は対立したのか。それには次のような理由があった。

そもそも忠通と頼長は共に藤原忠実を父とするが、忠通は源師子《しし》（源顕房の娘）を、頼長は藤原盛実の娘を母とする異母兄弟で、頼長のほうが忠通より二十三歳年下だった。その頼長を、忠通は父の勧めに従い、天治二年（1125年）に養子に迎えた。白河院政下で冷遇されていた摂関家だったが、鳥羽院政が開始されると藤原忠実の娘で忠通の同母姉である泰子（高陽院《こうよういん》）が鳥羽上皇の妃となって勢いを取り戻していたが、忠通に後継者がいなかったからである。

ところが康治二年（1143年）になると、忠通に十六年ぶりの息子となる基実《もとざね》が誕生した。そこで忠通の頼長に対する態度はガラリと変わった。摂関の地位を確実に基実に継承させることを望んで、久安元年（1145年）には基実を事実上の後継者として披露、頼長との縁組を破棄して頼長との対立を深めていたのである。

のちに忠通の息子の慈円《じえん》が書いた『愚管抄』によると、かつて忠通に息子として育てられた恩を忘れられない頼長は、宮中で忠通に出会ったときには丁重に会釈するなどして礼を尽くし、少なからぬ同情は集めたものの、関係を修復するには至らなかったとされている。

そして摂関家内部の激しい権力抗争が続く状況の中で起きたのが、鳥羽法皇の死でにわかに表面化してきた崇徳上皇と後白河天皇による皇統争いだった。崇徳上皇はもともと藤原忠実とはいい関係を築いていたし、藤原頼長も藤原忠通に深い不満を抱いていたことから、藤原忠実と頼長の父子と手を結び、挙兵して後白河天皇から皇位を奪おうと画策した。一方後白河天皇は、藤原忠通と手を組んで崇徳上皇から実権を奪うことを狙ったのである。

## ■ついに始まった「保元の乱」

保元元年七月五日（1156年7月30日）、「上皇左府同心して軍を発し、国家を傾け奉らんと欲す」という噂が流れると、後白河天皇は検非違使の平基盛《もともり》（清盛の次男）、平維繁《これしげ》、源義康《よしやす》らに命じて京中の武士の動きを停止させ、崇徳上皇側についていた藤原忠実・頼長を謀反人として、その軍兵の動きを阻止しようとした。一方、崇徳上皇は、七月九日（8月3日）の夜中、側近とともに鳥羽田中殿を脱出して、白河法皇の居所だった白河殿を占拠。白河殿の南には平氏の本拠地である六波羅《ろくはら》があった。崇徳上皇は、そこで自らが新たな治天の君になることを宣言することで、平清盛や去就を明らかにしていない貴族層の支持を期待していたとされる。

しかし、その目論見《もくろみ》は失敗に終わる。十日（8月4日）の夜には、藤原頼長が宇治から上洛して白河殿に入った。白河殿には、頼長の他、貴族の藤原教長《のりなが》や頼長の母方の縁者である藤原盛憲《もりのり》・経憲《つねのり》の兄弟の他に、武士の平家弘《いえひろ》、源為国《ためくに》、源為《ため》義《よし》、平忠正《ただまさ》（清盛の叔父）、源頼憲《よりのり》などが集結した。一方、後白河陣営には、源義

『保元・平治の乱合戦図屏風』（メトロポリタン美術館所蔵）

朝、源義康、平清盛、源頼政《よりまさ》、源重成《しげなり》、源季実《すえざね》、平信兼《のぶかね》、平維繁らが終結、藤原忠通・基実父子も加わった。

戦闘の火蓋《ひぶた》が切られたのは七月十一日（8月5日）の未明だったが、午の刻（昼十二時頃）には決着がついた。後白河陣営の勝利だった。敗北した藤原頼長は逃走中に流れ矢にあたり、奈良で無念の死を遂げた。また崇徳上皇はいったん仁和寺に逃げ込んだものの、捕らえられ、讃岐国に流された。天皇もしくは上皇の配流は、藤原仲麻呂《なかまろ》の乱における淳仁《じゅんにん》天皇の淡路国配流以来、およそ四百年ぶりのことだった。また、捕らえられた崇徳側の武士は斬首となった。

なお、この戦いで後白河天皇側について作戦を立て、実際に後白河勢を動かしたのは、鳥羽法皇時代以来、後白河天皇を後見していた藤原信西（通憲）だった。

保元三年八月十一日（1158年9月12日）、後白河天皇は満十五歳になっていた守仁親王に譲位、二条天皇（第七十八代）が誕生した。この譲位は藤原得子（美福門院）が信西に強く要求して実現したものだったとされる。それに伴い、上皇となった後白河は院政を敷いた。しかし、実の父子でありながら、後白河上皇と二条天皇との関係は悪く、歩み寄ることはなかった。そんな状況下で二条天皇を支えたのは、藤原伊通《これみち》（美福門院の従兄弟）・大炊御門経宗《おおいみかどつねむね》（二条生母・懿子の弟）・葉室惟方《これかた》（二条の乳母・俊子の子）などだった。

1159~1160

## 二条天皇即位に伴う代始の改元と「平治の乱」

# 平治　へいじ

改元年月日　保元四年四月二十日

使用期間　9か月と9日

在位天皇　二条天皇　第七十八代

グレゴリオ暦：1159年5月16日
ユリウス暦：1159年5月9日

元号の出典は『史記』（夏本紀）の「天下於是大平治」。勘申者は藤原俊経（文章博士）。改元にあたっては、「平治」の他に、「応暦」「淳仁」「大喜」「天大」「永世」「久承」「保貞」「弘保」「承宝」なども元号候補に挙げられた。

保元から平治への改元は、二条天皇即位に伴う代始改元として行われたが、平治は「保元の乱」に続く「平治の乱」で幕を開けた。

平治元年十二月九日（1160年1月26日）の深夜、藤原信頼《のぶより》と彼に同調した武将らの軍勢が院御所・三条殿を襲撃した。そして後白河上皇や上西門院《じょうさいもんいん》（後白河の同母姉）の身柄を確保すると、三条殿に火をかけ、後白河上皇らを一本御書所《いっぽんごしょどころ》（現在の京都市上京区）に移した。平治の乱の始まりだった。この乱の首謀者である藤原信頼は、周囲から「あさましき程」と囁《ささや》かれるほどの後白河上皇の寵臣《ちょうしん》として知られていたが、「保元の乱」ののちに急速に影響力を増していた信西と対立。その信西を排除するために、平清盛が熊野詣に出かけている隙を突いて挙兵したのだ。この乱に同調したのが源義朝ら東国出身の武士たちだった。保元の乱を鎮圧したにもかかわらず、その恩賞があまりにも少なかったし、信西が西国出身の平清盛ばかり厚遇したことも原因だったといわれている。

後白河上皇の身柄を確保した信頼らは、翌日には信西の息子を逮捕し、全員を配流とした。また信西は山城国田原まで逃れて土中に埋めた箱の中に隠れていたが、発見されて掘り起こされる音を聞き、喉《のど》を突いて自害したともいう。平治元年十二月十三日（1160年1月30日）のことであった。

しかし、信頼が勝利に酔えたのはわずかな間だった。紀伊国で異変を知った平清盛は、同月十七日（2月3日）に帰京。二十五日（2月11日）に後白河上皇が一本御書所から仁和寺に脱出すると、清盛邸（六波羅）に移動させ、翌二十六日（2月12日）の六波羅合戦に臨み、戦いを制した。その翌日、藤原信頼は清盛の前に引き出され首謀者として処刑された。

また源義朝は息子や一族の者と東国への脱出を試みたが、尾張国野間（現在の愛知県知多郡美浜町）の家人・長田《おさだ》忠致《ただむね》の邸までたどり着いたところで、恩賞に目がくらんだ長田忠致とその子・景致に殺害され、その首は平治二年一月九日（1160年2月24日）、京都で獄門にかけられた。

1160~1161

**「平治の乱」をきっかけに改元。池禅尼に命を救われた源頼朝**

# 永暦

えいりゃく

改元年月日　平治二年一月十日

使用期間　1年7か月と6日

在位天皇　二条天皇　第七十八代

グレゴリオ暦：1160年2月25日
ユリウス暦：1160年2月18日

元号の出典は『後漢書』（辺譲伝）の「馳淳化於黎元、永歴世而太平」。勘申者は藤原永範（式部大輔）。改元にあたっては、「永暦」の他に、「天明」「承宝」「久承」「大喜」「治承」などの元号候補も挙げられた。『百錬抄』は「大乱の依る」、『帝王編年記』は「太上天皇厄運・兵革に依る也」とする。この大乱、兵革とは、もちろん「平治の乱」のことである。

その戦いに敗れ、父・源義朝らと東国に落ちのびようとしていた頼朝は一行とはぐれて、捕らえられてしまう。その源頼朝が京に送られてきたのは、永暦元年二月二十九日（1160年4月14日）のことだった。命を取られて当然の状況だったが、そのとき頼朝の助命を嘆願したのは、清盛の継母である池禅尼《いけのぜんに》だった。清盛は断食を始めた池禅尼についに折れ、頼朝の死一等を減じて、頼朝を伊豆国の蛭《ひる》ヶ《が》小島《こじま》に流刑とした。時に頼朝は満十二歳十か月だった。『平治物語』には、頼朝が早世したわが子・家盛に生き写しだったことからが助命に奔走したとしているが、実は頼朝が仕えていた上西門院（待賢門院の娘、後白河の同母姉）や同じ待賢門院近臣家の熱田《あつた》大宮司家（頼朝の母方の親族）の働きかけがあったからだとされている。

**1161~1163**

飢饉疱瘡による改元

# 応保

おうほう
おうほ

**改元年月日** 永暦二年九月四日

**使用期間** 1年7か月と10日

**在位天皇** 二条天皇 第七十八代

グレゴリオ暦：1161年10月1日
ユリウス暦：1161年9月24日

元号の出典は『書経』（康誥）の「已女惟小子、乃服惟弘王、応保殷民」。勘申者は藤原資長《すけなが》（参議・

左大弁）。この改元について、『百錬抄』に「疱瘡に依る」、『一代要記』は「飢饉疱瘡」と記す。また、中山忠親《ただちか》の日記『山槐記《さんかいき》』の応保元年九月四日条には二条天皇も疱瘡に感染していたことが記されている。改元にあたっては、「応保」の他に、「天統」「建保」「嘉応」「弘保」「養治」「久承」「永万」「延寿」などが元号候補に挙げられた。

**1163~1165**

## 長寛 ちょうかん

**天下疾病による改元。崇徳上皇崩御す**

**使用期間** 2年2か月と10日

**在位天皇** 二条天皇 第七十八代

**改元年月日** 応保三年三月二十九日

グレゴリオ暦：1163年5月11日
ユリウス暦：1163年5月4日

元号の出典は『維城典訓』の「長之寛之、施其功博矣」。勘申者は藤原範兼（刑部卿）。この改元については、『一代要記』は「天変に依る也」、『皇年代略記』は「疱瘡に依る也」、『元秘別録』は「天下疾病に依る也」としている。いずれにしても、この改元は災異改元として行われた。改元にあたっては。「長寛」の他に、「永命」「承寧」「永万」「弘保」「大喜」「安貞」「弘治」「養治」「治承」「久承」「養寿」なども元号候補に挙げられた。

長寛二年二月十九日（1164年3月20日）、保元三年（1158年）に関白を辞し、応保二年（1162年）には出家していた藤原忠通が没した。『明月記』によると、晩年を迎えた忠通は身近に仕えていた女房の五条（源盛経の娘）を寵愛していたが、その五条が自分のきょうだいである源経光と密通しているのを目撃してショックを受け、間もなく薨去したと伝えている。また長寛二年八月二十六日（1164年9月21日）には、崇徳上皇が配流先の讃岐国で崩御した。満四十五歳だった。

また、同年には平家一門による厳島《いつくしま》神社への「平家納経《へいけのうきょう》」が行われた。納められたのは、『法華経』三十巻、『阿弥陀経』一巻、『般若心経』一巻、平清盛自筆の願文一巻に加え、経箱・唐櫃《からびつ》などだったが、経典は、清盛・重盛《しげもり》・頼盛《よりもり》・教盛《のりもり》などの平家の一族がそれぞれ一巻を分担して筆写したもので、経典に施された装飾も絢爛《けんらん》豪華なものである。

平家と厳島神社の関係は、久安二年（1146年）に清盛が安芸守《あきのかみ》としての任に就き、瀬戸内海の制海権を手中にして交易によって莫大な利益をあげたことに始まったとされる。清盛は、夢枕で「厳島の宮を造営すれば、必ずや位階を極めるであろう」とのお告げを聞き、厳島神社を深く信仰するようになったと伝えられている。

**1165~1166**

**歴代最年少の七か月と六日で即位した六条天皇**

# 永万

えいまん

**改元年月日** 長寛三年六月五日

**使用期間** 1年2か月と9日

**在位天皇** 二条天皇 第七十八代
六条《ろくじょう》天皇 第七十九代

グレゴリオ暦：1165年7月21日
ユリウス暦：1165年7月14日

元号出典は『漢書』（王褒伝）の「休徴自至、寿考無疆、雍容垂拱、永永萬年」。勘申者は藤原俊経（左少弁・文章博士）。「永万」の他に、「治和」「元徳」「養元」「政和」「寿長」「久承」「天恵」「応暦」

「安貞」なども元号候補に挙がった。『一代要記』に「天変・怪異・病に依る也」とある。そして永万元年六月二十五日（1165年8月10日）には、二条天皇から第二皇子の順仁《のぶひと》親王への譲位が行われ、六条天皇（第七十九代）が誕生した。生後七か月と六日という天皇の即位は歴代最少年記録だった。

　二条天皇が順仁親王への譲位をこれほど急いだのはなぜだったのか。実は後白河上皇が自分と建《けん》春門院《しゅんもんいん》滋《し》子《し》（平時信《ときのぶ》の娘で、平清盛の妻・時子《ときこ》の異母妹）との間に、応保元年九月三日（1161年9月30日）に生まれていた憲仁《のりひと》親王（のちの高倉《たかくら》天皇（第八十代））に皇位を継がせたいと考えていたからだ。二条天皇はそれを阻止するためにひとまず順仁親王を天皇の座に据え、病気が治ったのちに上皇として主導権を握ろうと考えていたとされる（ちなみに順仁親王の母は、大蔵大輔の伊岐致遠《いきのむねとお》の娘だが、卑母《ひぼ》〔出自が低い母〕だったため、二条天皇の中宮・藤原育子《いくし》を母后と称していた）。

　だが二条天皇は、永万元年七月二十八日（1165年9月12日）に満二十二歳で崩御し、彼の夢は断たれることとなった。

**1166～1169**

## 六条天皇の即位に伴う代始の改元

# 仁安

にんあん

**改元年月日** 永万二年八月二十七日

**使用期間** 2年7か月と13日

**在位天皇** 六条天皇（第七十九代）　高倉《たかくら》天皇（第八十代）

グレゴリオ暦：1166年9月30日
ユリウス暦：1166年9月23日

元号の出典は『毛詩《もうし》正義』の「行寛仁安静之政、以定天下、得至於太平」。勘申者は藤原成光（文章博士）。この六条天皇の即位に伴う代始改元は二条天皇崩御の約一年後に行われた。改元にあたっては、「仁安」の他に「天同」「延世」「弘治」「政治」「嘉康」「弘保」などが元号候補に挙げられた。

後白河上皇は、仁安三年二月十九日（１１６８年４月６日）には六条天皇を退位させ、かねてからの念願通り、自らの第七皇子である憲仁《のりひと》親王へ譲位させた。満六歳六か月の高倉天皇（第八十代）の誕生だった。

時に六条天皇は満三歳三か月で、その在位期間は二年七か月と二十七日だった。そして天皇退位後は歴代最年少の上皇となり、後白河上皇の庇護下に置かれた。六条上皇が反対勢力に利用されることを防ぐためだった。その後、六条上皇は安元二年七月十七日（１１７６年８月30日）に満十一歳七か月と二十六日で崩御することになる。原因は赤痢だったとされる。

一方、平清盛は、仁安二年二月十一日（１１６７年３月11日）には、太政大臣に任じられた。武士としては初めてのことだった。しかし、わずか三か月で辞任した。名誉職にすぎないと判断したからだったとされているが、公家たちの反感をやわらげるためだったただろう。

**1169~1171**

## 嘉応

かおう

**高倉天皇の即位に伴う代始の改元。後白河上皇が法皇に**

改元年月日　仁安四年四月八日

使用期間　2年と21日

在位天皇　高倉天皇（第八十代）

グレゴリオ暦：１１６９年５月13日
ユリウス暦：１１６９年５月６日

元号の出典は『漢書』（王褒伝）の「天下殷富、数有嘉応」。勘申者は藤原資長（権中納言）。この改元は、高倉天皇即位に伴う代始改元として行われた。「嘉応」の他に、「養元」「平康」「天寧」「大喜」「弘保」「寿永」などの元号候補も挙げられた。

嘉応元年六月十七日（1169年7月20日）には、後白河上皇が出家して法皇となった。平清盛はすでに政界から引退して日宋《にっそう》貿易の拡大に力を注いでいたが、後白河法皇とともに東大寺で受戒するなど、協調路線は相変わらず続いていた。

1171～1175

## 天変と天皇の病で改元。平氏全盛時代を迎える

# 承安

しょうあん

改元年月日 嘉応三年四月二十一日

グレゴリオ暦：1171年6月3日
ユリウス暦：1171年5月27日

使用期間 4年2か月と20日

在位天皇 高倉天皇 第八十代

元号の出典は『周書』の「居承安其身」。勘申者は菅原資長（権中納言）。『百錬抄』に「災變厄会等に依る也」、『改元部記』に「天変並びに御悩」とあるように、天変と天皇の病気による災異改元だった。「承安」の他に「養元」「承宝」「応仁」「嘉福」「大応」「寿永」「長養」なども元号候補として挙げられた。

承安元年十二月二十六日（1172年1月30日）に、清盛の娘・徳子《とくこ》が高倉天皇に入内し、翌年の承安二年二月十日（1172年3月13日）には中宮となった。

この頃、平氏一門は隆盛を極め、全国に広大な荘園を保有するとともに、日宋貿易によって莫大な財産を得ていた。平時忠《ときただ》が「平氏にあらずんば人にあらず」と口にしたのもこの頃のことだ。承安五年（1175年）春には、法然《ほうねん》が比叡山を下りて、専修念仏を唱え始めた（浄土宗の立教開宗）。

1175～1177

## 災異改元が行われるも、平安京遷都以来最大級の大火災発生

# 安元

あんげん

改元年月日　承安五年七月二十八日

使用期間　2年と13日

在位天皇　高倉天皇　第八十代

グレゴリオ暦：1175年8月23日
ユリウス暦：1175年8月16日

元号の出典は『漢書』の「除民害安元元」。勘申者は藤原俊経（右大弁）。『百錬抄』に「疱瘡並びに世上不閑」とあるように、この改元は災異改元として行われた。「安元」の他に「大承」「養治」「大応」「長観」「安貞」「治和」「仁治」「治徳」なども元号候補に挙げられた。

安元二年七月十七日（1176年8月30日）に前述したように六条天皇が崩御。安元三年四月二十八日（1177年6月3日）には、平安京遷都以来最大級の大火災（太郎焼亡）が発生した。

さらに同年六月一日（7月5日）には、密告により「鹿ヶ谷《ししがたに》の陰謀」が発覚。藤原成親《なりちか》、藤原師光《もろみつ》（西光《さいこう》）、藤原成経《なりつね》、俊寛《しゅんかん》ら後白河法皇の近臣が、京都東山鹿ヶ谷の俊寛の山荘で平氏討滅の密議を行ったとされ、清盛は福原《ふくはら》から上洛して一味を捕え、師光は死罪に、成親は備前に配流、成経・俊寛・康頼《やすより》は薩摩《さつま》国の鬼界ヶ島《きかいがしま》に配流とした。

1177~1181

大極殿の火災で改元。「以仁王の乱」から「源平合戦」へ

# 治承

じしょう

改元年月日 安元三年八月四日

使用期間 3年11か月と27日

在位天皇 高倉天皇 第八十代 安徳《あんとく》天皇 第八十一代

グレゴリオ暦：1177年9月5日
ユリウス暦：1177年8月29日

元号の出典は『河図挺佐輔』の「治欽文徳、治承天精」。勘申者は藤原光範（文章博士）。改元にあたっては、「治承」の他に、「宝治」「養和」「弘保」「仁宝」「仁治」「治和」「徳久」「和萬」「治徳」などの候補が挙げられた。この安元から治承への改元は、『百錬抄』に「大極殿の火災に依る」とあるように、前述した安元三年（1177年）の大火災をきっかけに行われたのだが、治承二年三月二十四日（1178年4月20日）には再び火災が発生、人々は「次郎焼亡」と呼んだ（四月二十四日／5月20日説もある）。

治承三年十一月二十日（1179年12月27日）には、平清盛が後白河法皇を鳥羽殿に幽閉し、院政を停止させた（治承三年の政変）。

さらに治承四年二月二十一日（1180年3月25日）には、高倉天皇と自らの娘である徳子との間に生まれた言仁《ときひと》親王を践祚させ、高倉天皇から言仁親王への譲位を強行し、四月二十二日（5月25日）には安徳天皇第八十一代として即位式を挙げさせた。

言仁親王はまだ満一歳四か月だったが、平清盛は天皇の外祖父ということになったのである。な

お、上皇となった高倉は治承五年正月十四日（1181年2月6日）に病死する。

## ■「以仁王の令旨」と源頼朝の挙兵

この頃になると、平家に不満を抱く者が増えていった。藤原季成《すえなり》の娘・成子《せいし》を母とする後白河法皇の第三皇子・以仁王《もちひとおう》もその一人だった。

彼は皇位継承の有力候補だったが、平滋子《しげこ》（建春門院《けんしゅんもんいん》）の妨害で皇位継承の目を潰《つぶ》されていた。その以仁王に、諸国の源氏に平氏追討を命ずる令旨《りょうじ》を発令するよう勧めたのは清和源氏の流れをくむ源頼政《よりまさ》だった。

以仁王は治承四年四月九日（1180年5月12日）、「以仁王の令旨」を発した。しかしそれはすぐに露見し、平氏軍との戦いの末、五月二十六日（6月27日）、以仁王は源頼政らとともに追討軍に討たれてしまった（以仁王の乱）。

一方、伊豆国にいた源頼朝は令旨が届いてもしばらく静観していたが、平氏が令旨を受けた諸国の源氏を追討する動きを見せるに至って、ついに八月十七日（9月15日）に挙兵して鎌倉に入り、大倉御所をかまえて拠点とした。

ちょうどその頃、清盛は福原への遷都を計画しており、六月二日（7月3日）には、安徳天皇・高倉上皇・後白河法皇の福原行幸を実施したが、十一月二十一日（12月16日）には京都へ還幸させた。いうまでもなく、源氏挙兵に対しての動きだった。こうして以後十年間にわたる源平合戦（治承・寿永の乱）の幕が切って落とされることとなったのである。

1181~1182

安徳天皇即位で改元するも、飢饉のため市中に遺体があふれた

# 養和

ようわ

改元年月日　治承五年七月十四日

使用期間　10か月と4日

グレゴリオ暦：1181年9月1日
ユリウス暦：1181年8月25日

在位天皇　安徳天皇　第八十一代

元号の出典は『後漢書』（逸民伝・台佟《たいとう》）の「幸得保性命、存神養和」。勘申者は藤原敦周（文章博士）。改元にあたっては、「養和」の他に「大應」「弘保」「久承」「応暦」なども候補に挙げられた。

治承から養和への改元は安徳天皇の即位に伴う代始改元だったが、平清盛は改元を待つことなく治承五年閏二月四日（1181年3月27日）に熱病で死去していた。満六十三歳だった。

この養和年間は元年に発生した旱魃による飢饉で始まった。

その被害は平安時代最大級とされており、『方丈記《ほうじょうき》』は「また養和のころとか、久しくなりて覚えず。二年が間、世の中飢渇して、あさましきこと侍りき。あるいは春・夏日照り、あるいは秋、大風・洪水など、よからぬことどもうち続きて、五穀ことごとくならず」とし、京都市中だけでも死者が四万二千三百人を数え、市中に遺体があふれている様子が書かれている。

ちなみに源氏一族は平氏主導で行われたこの改元を認めず、朝廷から頼朝による東国支配権を公認する「寿永二年十月宣旨」が出される寿永二年十月十四日（1183年11月7日）まで、治承という元号を使い続けた。

1182～1184

## 飢饉・兵革・病事・三合による改元

# 寿永

じゅえい

改元年月日 養和二年五月二十七日

使用期間
1年10か月と28日

在位天皇
安徳天皇 第八十一代
後鳥羽《ごとば》天皇 第八十二代

グレゴリオ暦：1182年7月6日
ユリウス暦：1182年6月29日

元号の出典は『詩経』（周頌載見篇《しゅうしょうさいけん》）の「以介眉寿永言保之、思皇多祐」。勘申者は藤原俊経（勘解由長官）。改元にあたっては、「寿永」の他に、「大応」「寿長」「仁治」「徳安」「安貞」「嘉福」「久長」などの候補も挙げられた。この改元は、『百錬抄』に「飢饉・兵革・病事・三合」とあるように災異改元として行われた。養和の大飢饉に加え、源氏と平氏による激しい戦いが全国的に広がり、人々の間には大きな不安が広がっていたことが大きな理由だったのだろう。

寿永二年五月十一日（1183年6月9日）には、倶利伽羅峠《くりからとうげ》（現在の富山県小矢部《おやべ》市～石川県河北郡津幡町）で、信濃源氏の武将・木曾義仲《きそよしなか》（源義仲）の軍と、平維盛《これもり》が率いる平氏軍がぶつかったが平氏軍が敗走。さらに六月一日（6月29日）には加賀国篠原（現在の石川県加賀市旧篠原村地区）で合戦となったが、ここでも平氏軍は大敗を喫した。そして義仲軍が京都に迫ると、平氏は安徳天皇と建礼門院を奉じて京都を脱出、西国へと逃れていった。

### ■後鳥羽天皇の誕生と義仲の死

平氏が安徳天皇と建礼門院を奉じて西国に逃れていく中に、後白河法皇の姿がなかった。実は、平家の都落ちを察した後白河法皇は、ひそかに比叡山に身を隠していたのだ。そして平氏が京都から姿を消すと院宣を発して、高倉天皇の第四皇子・尊成《たかひら》親王（母は坊門信隆《ぼうもんのぶたか》の娘・殖子《しょくし》で安徳天皇の異母兄弟）を践祚させて、後鳥羽天皇（第八十二代）とした。同年八月二十日（9月15日）のことである。

ちなみに後鳥羽天皇の即位は、平家が安徳天皇とともに三種の神器も奉じて西国へと逃れていたため〝神器なき即位〟だった。

それに対し、義仲は異を唱えた。そもそも自分は、以仁王が発した平氏打倒の令旨に応えて参戦したのだから、当然、以仁王の血統が皇位を継承すべきだと主張したのである。それを不快とした後白河法皇は、源範頼《のりより》・義経《よしつね》に義仲追討を命じた。

そして、平氏追討の大功労者であるはずの義仲は、寿永三年一月二十日（1184年3月11日）、近江国粟津《あわづ》（現在の滋賀県大津市）で、同じ源一族の手によって討ちとられるという最期を迎えることとなったのである。

1184〜1185

# 元暦

げんりゃく

## 後鳥羽天皇の即位に伴う代始の改元と「壇ノ浦の戦い」

改元年月日 寿永三年四月十六日

グレゴリオ暦：1184年6月3日
ユリウス暦：1184年5月27日

使用期間 1年3か月と13日

在位天皇 後鳥羽天皇 第八十二代

元号の出典は『尚書考霊耀《しょうしょこうれいよう》』の「天地開闢、元暦紀名、月首甲子、冬至」。勘申者は藤原光範（文章博士）。改元にあたっては、「元暦」の他に、「大応」「弘保」「承宝」「応暦」「元徳」「文治」「顕嘉」なども候補に挙げられた。

寿永から元暦への改元は、後鳥羽天皇即位に伴う代始改元として行われたが、九条兼実《かねざね》の日記『玉葉《ぎょくよう》』によると、戦乱が消息せず、即位式もできないままなので、改元のみを行うこととなったとある。その一方で、源氏と平氏の存亡をかけた戦いは続いていた。

## ■源平最後の合戦となった「壇ノ浦の戦い」

寿永三年二月七日（1184年3月27日）には摂津国福原および須磨《すま》（現在の神戸市兵庫区、中央区、須磨区）で「一ノ谷の戦い」が起きたが、平氏は敗れて讃岐国屋島《やしま》（現在の高松市）へと敗走した。元暦二年二月十九日（1185年3月29日）の「屋島の戦い」でも敗れ、平氏は彦島《ひこじま》（現在の山口県下関市の南端にある島）に孤立状態となった。そして両軍は、元暦二年三月二十四日（1185年5月2日）、壇《だん》ノ浦《のうら》（山口県下関市周辺の海域）で「治承・寿永の乱」の決着をつけるべく相対《あいたい》した。

源平最後の戦いである「壇ノ浦の戦い」が始まったのは正午頃のことだったとされる。初めは東進する潮流にのった平氏勢が有利だった。しかし途中から逆潮となり、午後四時頃に平氏勢の敗北が決定的となった。

『愚管抄』によると、二位尼《にいのあま》（平時子《ときこ》、平清盛の正室）が安徳天皇を抱き、三種の神器の一つである天叢雲剣《あめのむらくものつるぎ》ともう一つの神器である神璽《しんじ》を具して入水したとされる。時に安徳天皇は満六歳四か月だった。その後、神器の探索は続けられたが、天叢雲剣だけは海中に沈んだまま、ついに回収されることはなかった。その剣は神剣そのものではなく形代《かたしろ》（神剣の代わりとして置くもの）であったため、のちに改めて形代としての剣を伊勢神宮の神庫から選び出され、現在、それが天皇家に伝わっている。
ちなみに、
寿永二年（１１８３年）に後鳥羽天皇が即位したため、そのときから安徳天皇が崩御するこの日までの二年間、二人の天皇が存在していたことになった。

1185〜1190

## 巨大地震による改元と源義経の死

# 文治

ぶんじ

改元年月日　元暦二年八月十四日

グレゴリオ暦：１１８５年９月16日
ユリウス暦：１１８５年９月９日

使用期間　4年8か月と7日

在位天皇　後鳥羽天皇　第八十二代

元号の出典は『礼記』（祭法）の「湯以寛治民、而除其虐、文王以文治」。勘申者は藤原兼光（参議・左大弁）。改元にあたっては、「文治」の他に、「万安」「建久」「応暦」「保貞」「顕嘉」「仁宝」「貞和」「禎祥」なども候補に挙げられた。当初、建久が第一候補、文治は次点候補だったが、摂政の近衛基《もと》通《みち》が、「先の源平の戦いで武力によって天下が平定された今、これからは文治をもって統治すべきだ」として文治に決定されたという。
『百錬抄』は、この改元は、元暦二年七月九日（１１８５年8月13日）に起きた大地震（文治地震）によるとする。この地震は南海トラフを震源とする巨大地震だったとされるが、地震の規模はマグニチュード七・四ほどで、多くの死者を出した他、京都では法勝寺《ほっしょうじ》や宇治川の橋など損壊。余震が二か月ほども続き、琵琶湖《びわこ》の水が北流したという記述も残されている。

その一方で、源頼朝による鎌倉幕府成立への準備は着々と進められていった。

## ■「文治の勅許」と源義経の死

文治元年十一月二十八日（1185年12月28日）には、北条時政《ときまさ》（源頼朝の正室・北条政子《まさこ》の父）による奏請に基づき、朝廷が頼朝に諸国への守護《しゅご》・地頭《じとう》の設置を認める「文治の勅許」を与えた。この勅許を手に入れたことは大きな意味があった。守護・地頭の任免権は、地方の警察権を手にすると同時に、御家人《ごけにん》に対する本領安堵や新恩給与を行えるなど統治の根幹をなすものだったからだ。頼朝は、この文治の勅許を得たことで、鎌倉幕府成立への基盤を手にしたといえる。

しかしまだ戦うべき相手が残っていた。奥州藤原氏である。奥州藤原氏は、初代の清衡《きよひら》以来、陸奥・出羽両国に君臨していた。この奥州藤原氏を打倒することが必要だったのだ。

まさにそんなとき、頼朝の弟・義経が頼朝の手を逃れ、諸国を潜行したのち、かつて世話になった奥州藤原氏宗主・藤原秀衡《ひでひら》を頼って奥州・平泉に潜伏していることが判明した。義経は、一ノ谷の戦いや壇ノ浦の戦いなどにおいて数々の武功を挙げていた。

だが、頼朝の許可を得ることなく官位を受けたことや、平氏との戦いにおける独断専行があったとして頼朝の怒りを買い、頼朝と対立した。義経は、それならばとばかりに、平時忠《ときただ》の娘・蕨姫《わらびひめ》を娶り、平氏が持っていた利権を手にして自立しようとした。また、人気のある義経を利用したい後白河法皇がそれを助長した。そんな義経の態度は頼朝からすれば謀反を企んでいるも同様で、義経追討を決意させるには十分だった。

頼朝は、朝廷に働きかけて秀衡の息子である基成《もとなり》・泰衡《やすひら》に義経追討宣旨を出させた。そのとき秀衡はすでに亡くなっていたが、基成・泰衡は父の遺命に従ってそれを拒否した。しかし、頼朝は執《しつ》拗《よう》だった。何度も義経追討宣旨を出させ、ついにはそれを拒否する泰衡に対する追討の宣旨が検討されるようになる。

そこに至り、泰衡は、文治五年閏四月三十日（1189年6月22日）に衣川館《ころもがわ》（現在の岩手県西磐井郡平泉町）の義経を急襲。義経は自害したとされる。

その後、泰衡は義経の首を差し出して恭順の意を示したが、頼朝は容赦がなかった。逆に義経を許可なく討伐したとして、自ら大軍を従え、奥州討伐に向かい、文治五年八月七～十日（1

**源義経**　出典『古今偉傑全身肖像』　国立国会図書館デジタルコレクション

1189年9月25〜28日）の阿津賀志山《あつかしやま》の戦い（現在の福島県伊達郡国見町あたり）で奥州藤原軍に大打撃を与え、ついには奥州藤原氏を滅ぼした。

こうして長きにわたった治承・寿永の乱は終わりを告げ、時代は鎌倉時代へと移っていくのだ。

第四章

# 鎌倉時代編

建久
正治
建仁
元久
建永
承元
建暦
建保
承久
貞応
元仁
嘉禄
安貞
寛喜
貞永
天福

文暦
嘉禎
暦仁
延応
仁治
寛元
宝治
建長
康元
正嘉
正元
文応
弘長
文永
建治
弘安

正応
永仁
正安
乾元
嘉元
徳治
延慶
応長
正和
文保
元応
元亨
正中
嘉暦
元徳

# 鎌倉時代

## ――国家統治の基盤に、武家政権と朝廷が併存していた

鎌倉時代は、幕府が鎌倉に置かれていた時代を指す。そのスタートは、従来、建久《けんきゅう》三年（１１９２年）に源頼朝《よりとも》が征夷《せいい》大将軍となったときからとされている。近年では、頼朝が東国支配権の承認（寿永《じゅえい》二年十月宣旨《せんじ》）を得た寿永二年（１１８３年）からとする説や、守護・地頭《じとう》設置権を認められた文治《ぶんじ》元年（１１８５年）からとする説もあるが、本書では建久三年から、鎌倉時代に入ったこととする。

この時代は、武家政権が始まった時代とされる。しかし、武家が絶対的な存在として君臨していたわけではない。征夷大将軍は天皇により任命されるものであり、国家の中心はあくまで朝廷にあるととらえられている。

そもそも征夷大将軍は、蝦夷《えみし》征伐のために編成された征討軍の総大将に与えられた官職である。延暦十三年（７９４年）に大伴弟麻呂《おおとものおとまろ》が任命されたのが最初だったが、その後、坂上田村麻呂《さかのうえのたむらまろ》と文室綿麻呂《ふんやのわたまろ》が任命されたものの、寿永三年（１１８４）年に源義仲《よしなか》（木曽義仲）が任命されるまで二百年以上途絶えていた。

文治五年（１１８９年）、頼朝は、源義経《よしつね》追討の宣旨を名目に奥州の藤原泰衡《やすひら》を攻めるため全国に動員令を出した。泰衡が義経を討ってもその方針は変わらず、奥州藤原氏を攻め滅ぼした。こうし

て奥州までを支配下に置いた頼朝は、建久元年十一月（１１９０年12月）、上洛した。後鳥羽《ごとば》天皇は、頼朝を権大納言に任じ、次いで右近衛大将に任じた。頼朝は、すぐにこの両官を辞任した。頼朝がなりたかったのは征夷大将軍だったが、後白河《ごしらかわ》法皇はあくまで与えなかった。頼朝が征夷大将軍に任じられたのは、後白河死後の建久三年七月（１１９２年５月）のことだった。

ただし、頼朝は征夷大将軍職にあることをさほど重要視しておらず、おそらく建久六年（１１９５年）に東大寺大仏殿の再建供養で上洛したとき、辞官の意向を示したこともあったし、嫡男の頼家《よりいえ》が征夷大将軍に任官したのも、家督を継いでから三年後のことだった。その征夷大将軍が政治的意味を持つようになるのは、三代将軍の実朝《さねとも》が暗殺されたのち、摂家将軍・藤原頼経《よりつね》を迎えてからのこととされる。

そんな中、承久《じょうきゅう》三年（１２２１年）に後鳥羽上皇が、執権・北条義時《よしとき》の追討令を出して「承久の乱」を起こしたが、鎌倉幕府は朝廷軍を打ち破り、後鳥羽上皇・土御門《つちみかど》上皇・順徳《じゅんとく》上皇の三上皇を配流し、仲恭《ちゅうきょう》天皇を退位させた。そこで天皇制は瓦解《がかい》の危機を迎える。だが鎌倉幕府は、後鳥羽上皇の兄・守貞《もりさだ》親王（行助入道《ぎょうじょにゅうどう》親王）の三男の茂仁《ゆたひと》王を後堀河《ごほりかわ》天皇として即位させた。鎌倉幕府は、天皇後継者がほとんどいなくなった中、傍流の天皇を持ってきてまで、わざわざ天皇制の再建・存続を図ったのだ。

それは、鎌倉幕府にとって、天皇という存在と朝廷の後ろ盾がいかに必要だったか、ということの証《あかし》であろう。

1190〜1199

# 建久

けんきゅう

## 三合の厄年にあたり改元。源頼朝が上洛を果たし、鎌倉時代に突入

改元年月日　文治六年四月十一日

使用期間　9年と7日

在位天皇　後鳥羽《ごとば》天皇　第八十二代
土御門《つちみかど》天皇　第八十三代

グレゴリオ暦：１１９０年5月23日
ユリウス暦：１１９０年5月16日

元号の出典は『呉志《ごし》』の「安国和民建久長之計」、『晋書《しんじょ》』（劉頌《りゅうしょう》伝）の「建久安於万歳、垂長世於無窮」。勘申《かんじん》者は藤原光輔（文章博士《もんじょうはかせ》）。改元にあたっては、「建久」の他に、「恒久」「貞和」「仁治」「顕応」「徳仁」「実恵」なども候補に挙げられた。『百錬抄』は「明年三合」、『玉葉《ぎょくよう》』は「公家の御慎（中興御厄）並びに明年三合太一の厄及び天変等事也」などと記している。三合の厄年が来るから改元しておこうということだったようだ。

建久元年十一月七日（１１９０年12月12日）、源頼朝《よりとも》が千余騎の軍勢を率いて上洛し、二日後の九日（12月14日）には院御所・六条殿で後白河《ごしらかわ》法皇と初めて顔を合わせた。その後、頼朝は右近衛大将に任じられたが、それを辞任して十二月十四日（１１９１年1月18日）には、いったん京を去って鎌倉に戻った。

建久二年三月二十二日（１１９１年4月24日）には「建久の新制」が発布され、頼朝の諸国守護権が公式に認められた。つまり、武家が朝廷を守護するという政治体制が明文化されたわけである。その翌年の建久三年三月十三日（１１９２年5月3日）、体調を崩していた後白河法皇が六条殿で崩御し

た。満六十四歳だった。

建久三年七月十二日（1192年8月28日）、朝廷は源頼朝を征夷大将軍《せいい》に任じた。ここに鎌倉幕府が成立、武士を中心とする鎌倉時代が始まった。

## ■「建久七年の政変」と頼朝の失策

建久七年十一月二十五日（1196年12月23日）には、九条兼実が関白を罷免《ひめん》され失脚するという「建久七年の政変」が起きる。この事件は貴族社会から武家社会に移行していく最初となった鎌倉幕府が抱えていた問題を象徴しているとされる。そもそも鎌倉幕府の創設以後、後白河法皇をはじめとする朝廷側は、意のままにならない鎌倉幕府をなんとか抑えようとさまざまな画策をしていた。

それに対し、頼朝は院政に批判的だった関白・九条兼実と手を結んで対抗しようとした。ところが頼朝は、その兼実を裏切る行動に出る。兼実と手を結ぶ一方で、自分の娘である大姫《おおひめ》（母は北条政子《まさこ》）を後鳥羽天皇の后妃として入内させ、外

**源頼朝**　出典『古今偉傑全身肖像』　国立国会図書館デジタルコレクション

戚の地位を得ようと企て、宮廷の実力者で院政派の土御門通親《みちちか》と丹後局《たんごのつぼね》に接近していった。まさにそんな中、通親らが兼実を関白から罷免して藤原基通を関白に任じるという事態が生じたのだ。だが、頼朝は兼実に一切手を差し伸べようとはしなかった。頼朝は大姫の入内に懸けたのだろう。しかし大きな犠牲を払うこととなる。

建久九年一月十一日（1198年2月25日）、後鳥羽天皇は、第一皇子の為仁《ためひと》親王に譲位し、土御門天皇【第八十三代】とした。後鳥羽天皇は上皇となり、強力な院政を敷いて鎌倉幕府の動きを封じようと考えたのだ。一方、もともと病気がちだった大姫が同年七月十四日（8月25日）に亡くなり、頼朝の天皇の外戚になるという企みは夢に終わり、結局、残ったのは朝廷の反幕府派が台頭するという結果だけだった。

頼朝は通親と丹後局に利用されただけだったともいえる。それが、のちに源氏将軍家の断絶、さらには承久《じょうきゅう》の乱へと向かう発端ともなっていく。そういう意味で、この建久七年の政変を巡る頼朝

**後鳥羽天皇**　出典『集古十種』　国立国会図書館デジタルコレクション

の対処は最大の失策だったと指摘されている。つまり、頼朝は武家の棟梁《とうりょう》として力を蓄えてきたにもかかわらず、中央貴族の末裔《まつえい》としての意識を捨てきれずにいた。それが磐石《ばんじゃく》な幕府を築けなかった最大の理由ではないか、というわけである。

建久十年一月十三日（1199年2月16日）、頼朝は死去した。その二週間ほど前に落馬したのが原因ともされるが定かではない。満五十一歳だった。

## 土御門天皇の即位に伴う代始の改元

1199〜1201

# 正治

しょうじ

使用期間
1年9か月と27日

在位天皇
土御門天皇 第八十三代

改元年月日
建久十年四月二十七日

グレゴリオ暦：1199年5月30日
ユリウス暦：1199年5月23日

元号の出典は『荘子《そうじ》』（雑篇・漁父）の「天子、諸侯、大夫、庶人、此四者自正、治之美也」。勘申者は菅原在茂（文章博士）。この改元は土御門天皇即位に伴う代始改元だったが、「正治」の他に、「貞久」「建永」「貞嘉」「大応」「暦久」「恒久」「建保」「福応」なども元号候補に挙げられた。

源頼朝の死後、家督を継いだのは、満十六歳となっていた頼朝の嫡男・頼家《よりいえ》（母は伊豆《いず》国の豪族・北条時政《ときまさ》の長女）だったが、正治元年四月十二日（1199年5月15日）には「十三人の合議制」が敷かれ、頼家が訴訟を直接に裁断することが禁じられ、有力者十三人の合議により決定されることになった。

一方、朝廷では後鳥羽天皇は上皇として院政を敷き、その後も承久三年（1221年）の「承久の乱」

に敗れるまで、土御門、順徳《じゅんとく》、仲恭《ちゅうきょう》の三代の天皇の上に立って力を振るい続けていった。その院政は二十三年間もの長きにわたることとなる。

1201～1204

辛酉革命にあたっての革年改元

# 建仁

けんにん

改元年月日　正治三年二月十三日

使用期間　3年と4日

在位天皇　土御門天皇　第八十三代

グレゴリオ暦：1201年3月26日
ユリウス暦：1201年3月19日

元号の出典は『文選《もんぜん》』の「竭智付賢者、必建仁策」。勘申者は藤原宗業（文章博士）。『百錬抄』に「辛酉《しんゆう》の依る也」とある。「建仁」の他に、「寛裕」「久承」「正長」「大喜」「仁治」「恒久」「顕嘉」などが元号候補に挙げられた。建仁二年七月二十二日（1202年8月18日）には、源頼家が征夷大将軍に任じられて鎌倉幕府の第二代将軍となったが、独断に走りがちで次第に十歳ほど年下の頼家の弟・実朝《さねとも》をかつぐ動きが表面化していった。そして建仁三年九月二日（1203年10月15日）には「比企能《ひきよし》員《かず》の変」が起きた。

## ■「比企能員の変」

比企能員は初代将軍源頼朝の乳母・比企尼《ひきのあま》の甥《おい》で比企尼の養子となっていた。その比企尼の次女（河越重頼《かわごえしげより》室）が頼家の最初の乳付けの儀式を行ったことから、能員は頼家から厚い信頼を受けていた。さらに能員の娘・若狭局《わかさのつぼね》が頼家の側室となり、建久九年（1198年）には嫡子・一幡《いちまん》が生まれると、能員は権勢をまさに誇るようになった。

それを苦々しく思っていた北条時政は頼家が危篤状態に陥ると、関東二十八か国の地頭職《じとう》と日本国総守護職《しゅご》を一幡に、関西三十八か国地頭職を実朝に相続するとした。

これに不満とした能員は、頼家に「時政が実朝擁立《ようりつ》を計っている」と訴え、自分に時政追討を命じるように迫った。その密議を障子の影で立ち聞きしていたのが時政の娘で、源頼朝の正室だった北条政子である。

そこで時政は、先手を打って能員を殺害、一族も滅ぼした。建仁三年九月七日（1203年10月20日）に、実朝が征夷大将軍に任じられると、頼家は伊豆国に流され、修善寺《しゅぜんじ》に幽閉された。同月二十九日（11月11日）のことである。

1204〜1206

甲子革令説に基づく革年改元。源頼家が修善寺で殺害された

# 元久

げんきゅう

改元年月日　建仁四年二月二十日

使用期間　2年2か月と13日

在位天皇　土御門天皇　第八十三代

グレゴリオ暦：1204年3月30日
ユリウス暦：1204年3月23日

元号の出典は、『毛詩正義《もうし》』の「文王建元久矣」。勘申者は藤原親経（参議）。この改元は『一代要記』に「甲子《かっし》に依る」とある。「元久」の他に「永受」「貞和」「喜元」「寛裕」「治和」「延慶」「建久」「慶延」「大喜」「仁治」なども元号候補として挙げられた。

第三代将軍・実朝は就任時、まだ満十一歳にすぎなかったため、政治の実権は執権である北条氏を中心に行われていくこととなった。元久元年七月十八日（１２０４年8月21日）には、源頼家が修善寺で北条氏の手兵によって殺害された。満二十一歳だった。

元久二年閏《うるう》七月十九日（１２０５年9月11日）には北条時政が伊豆に隠退し、その翌日に時政の次男・北条義時《よしとき》が執権となった。

1206~1207

# 建永

けんえい

## 赤斑瘡をきっかけに災異改元。親鸞を「建永の法難」が襲う

**改元年月日** 元久三年四月二十七日

**使用期間** 1年5か月と11日

**在位天皇** 土御門天皇 第八十三代

グレゴリオ暦：１２０６年6月12日
ユリウス暦：１２０６年6月5日

元号の出典は、『文選』の「流恵下民、建永世之業」より。勘申者は藤原範光（春宮権大夫《とうぐうごんのたいふ》）と菅原在高（式部大輔）。改元にあたっては、「建永」の他に、「大喜」「建正」「治萬」「元徳」「建定」「文昭」「建萬」「文承」「康安」「永宝」「仁成」「承知」なども候補に挙げられた。

『百錬抄』は改元理由を「赤斑瘡《あかもがさ》に依る」としている。一方、『一代要記』は「三月七日、摂政（九条）良経頓死」とする。いずれにせよ災異改元である。

この頃、民衆の間では、ただひたすら念仏だけを唱える専修念仏がおおいに流行《はや》っていたが、建永二年（１２０７年）には、後鳥羽上皇の専修念仏停止により、親鸞《しんらん》が越後国へ、法然《ほうねん》が讃岐国へ流

された。「建永の法難」、あるいは同年「承元」に改元されたことから、「承元の法難」と呼ばれている。

1207〜1211

# 疱瘡疾疫雨水による災異改元

# 承元

じょうげん

改元年月日 建永二年十月二十五日

使用期間 3年5か月と7日

グレゴリオ暦：1207年11月23日
ユリウス暦：1207年11月16日

在位天皇 土御門天皇 第八十三代
順《じゅん》徳《とく》天皇 第八十四代

元号の出典は、『通典《つでん》』の「古者祭以酉時、薦以仲月、近代相承、元日奏祥瑞」。勘申者は藤原資実（権中納言）。『百錬抄』には「三合に依る也」とあるだけだが、『皇年代略記』に「疱瘡《ほうそう》疾疫雨水」とある。

いずれにしても災異改元だった。改元にあたっては、「承元」の他に「治萬」「正徳」「徳和」「建定」「永宝」「仁保」「康正」「徳元」「文承」「暦久」「建正」「元初」「恒久」「嘉福」「久承」なども候補に挙げられた。

承元四年十一月二十五日（1210年12月19日）、後鳥羽天皇が第三皇子の守成《もりなり》親王（満十三歳）に譲位して順徳天皇第八十四代となった（母は藤原範季《のりすえ》の娘・重子《じゅうし》）。守成は、正治元年十二月十六日（1200年1月11日）に親王宣下して、正治二年四月十五日（1200年6月5日）に土御門天皇の皇太弟となっていたが、温和な兄に比べ気性が激しいことを後鳥羽上皇に見込まれてのことだったとされる。

1211~1214

## 順徳天皇の即位に伴う代始の改元

# 建暦

けんりゃく

改元年月日　承元五年三月九日

使用期間　2年8か月と25日

在位天皇　順徳天皇　第八十四代

グレゴリオ暦：1211年4月30日
ユリウス暦：1211年4月23日

元号の出典は『後漢書《ごかんじょ》』（律暦志）の「建暦之本必先立元」、『宋書《そうじょ》』（歴志）の「建暦之本、必先立元」。勘申者は、菅原為長（式部大輔）、藤原孝範（文章博士）、藤原資実（権中納言）。改元にあたっては、「建暦」の他に、「徳嘉」「文定」「仁保」「徳永」「天嘉」「恒久」「建文」「嘉福」「仁治」「承久」「貞永」「文永」「徳久」なども候補に挙げられた。

建暦三年五月二日（1213年5月30日）、有力御家人・和田義盛《よしもり》が執権北条氏に反旗を翻して挙兵したが義盛は敗死。この「和田合戦」の勝利で北条氏の執権体制がより強固なものになった。

1214~1219

## 天変地震御慎で改元。三代将軍・源実朝が暗殺された

# 建保

けんぽう
けんほう

改元年月日　建暦三年十二月六日

使用期間　5年4か月と9日

在位天皇　順徳天皇　第八十四代

グレゴリオ暦：1214年1月25日
ユリウス暦：1214年1月18日

元号の出典は『書経』（周書・多士）の「惟天丕建、保乂有殷」。勘申者は藤原宗業（式部大輔）。『皇

年代略記』に「天変地震御慎」とあるように、この改元は、地震をきっかけとする災異改元だった。

改元にあたっては、「建保」の他に「隆治」「長寿」「恒久」「徳永」「建大」「長徳」「永正」「仁治」「正徳」「嘉慶」「万祥」「承久」「元仁」「貞永」「咸保」などの元号候補が挙げられた。

建保七年一月二十七日（1219年2月20日）、二尺（約六十センチ）ほども雪が積もる中を鶴岡八幡宮に拝賀で訪れた第三代将軍・源実朝が、第二代将軍だった源頼家の次男・公暁《くぎょう》に暗殺された。公暁は北条政子の計らいで実朝の猶子《ゆうし》となっていたから、公暁は義理の父を殺害したことになるが、その直後に公暁も追手に討たれた。これにより源氏将軍家は断絶することとなった。

## 1219~1222

**天変・旱魃・三合等による改元。「承久の変」勃発**

# 承久

じょうきゅう
しょうきゅう

**改元年月日** 建保七年四月十二日

**使用期間** 2年11か月と28日

**在位天皇**
順徳天皇 第八十四代
仲恭《ちゅうきょう》天皇 第八十五代
後堀河《ごほりかわ》天皇 第八十六代

グレゴリオ暦：1219年6月3日
ユリウス暦：1219年5月27日

元号出典は『詩緯《しい》』の「周起自后稷、歴世相承久」。勘申者は菅原為長（大蔵卿）。『百錬抄』に「天変・旱魃《かんばつ》・三合等に依る」とあるように、この改元は災異改元として行われた。改元にあたっては、「承久」の他に、「喜文」「永宝」「長応」「康文」「祥久」「保禄」「正萬」「嘉慶」「仁政」「治萬」「養元」「嘉徳」「壽延」「仁養」「文久」「元仁」などの元号候補が挙げられた。

実朝の死後、鎌倉幕府の政務は頼朝の正室だった北条政子が代行し、それを政子の弟・義時が執権として補佐する形で進められていたが、御家人《ごけにん》たちをまとめていくためには、実朝に代わる新たな鎌倉殿《かまくらどの》（鎌倉幕府の棟梁）が必要だった。そこで鎌倉幕府は、後鳥羽上皇の皇子・雅成《まさなり》親王を迎えたいと朝廷に申し出た。だが後鳥羽上皇はそれを拒否。そこで皇族から将軍を迎えるのは無理だと判断した義時は、二歳に満たない摂関家の九条道家《みちいえ》の子・三寅《みとら》（のちの藤原頼経《よりつね》）を鎌倉殿として迎えた。

この鎌倉幕府側の動きに対し、後鳥羽上皇はあくまで鎌倉幕府打倒を目指した。また、父の後鳥羽上皇以上に鎌倉幕府に敵愾心《てきがいしん》を抱いていた順徳天皇は、承久三年四月二十日（1221年5月20日）、自分の第四皇子である懐成《かねなり》親王に譲位して仲恭天皇（第八十五代）の座に据え、上皇の立場に退いた。後鳥羽上皇の挙兵に参画するためだった。

## ■後鳥羽上皇VS鎌倉幕府の「承久の変」勃発

承久三年五月十四日（1221年6月12日）、諸国の兵を集めた後鳥羽上皇は北面《ほくめん》・西面《さいめん》武士を率いてついに挙兵、翌日には京都守護伊賀光季《みつすえ》を攻めて自殺させ、北条義時追討の宣旨《せんじ》を発した。こうして「承久の変」が始まった。

鎌倉幕府はただちに反撃を決意、京都を目指して、東海道、東山堂、北陸道の三道を、北条泰時《やすとき》・時房《ときふさ》を大将とした総勢十九万が攻め上がった。これを迎え撃った上皇軍は、次々と撃破され、後鳥羽・土御門・順徳の三上皇と仲恭天皇は比叡山延暦寺《ひえいざんえんりゃくじ》に協力を求めたが拒否され、宇治と瀬田《せた》で最後の防戦を試みた。しかし、もはや勝敗は決していた。

六月十三〜十四日（7月11〜12日）の戦いで上皇軍は敗れ、幕府軍は十五日（13日）には京都に攻め入った。翌十六日（14日）には、北条時房・泰時が、六波羅《ろくはら》館に入った。それが洛中警固と西国御家人の統制を任務とする六波羅探題《たんだい》の始まりとなる。こうして東国武士を動員した幕府方と、九州を除く西国守護を動員した上皇方の戦いは、約一か月で乱は上皇方の敗北で終わった。

承久の変の終結後、仲恭天皇は幼かったし、将軍・九條頼経の従兄弟《いとこ》だったこともあり、寛大な処置がとられると見られていた。だが鎌倉幕府は、承久三年七月九日（１２２１年8月5日）、仲恭天皇の皇位を廃し、出家して行助入道《きょうじょにゅうどう》と名乗っていた高倉天皇の第二皇子・守貞《もりさだ》親王の皇子である茂仁《ゆたひと》親王を後堀河天皇 第八十六代 として即位させた。その際、守貞親王に太上天皇《だいじょうてんのう》号を奉られ、法皇・後《ご》高倉院《たかくらいん》として院政を敷くこととなった。

一方、天皇を廃された仲恭は、母親の実家である九條道家に引き取られた。即位式も行われていなかったため、九条廃帝あるいは承久の廃帝などと呼ばれたが、天福《てんぷく》二年五月二十日（１２３４年6月25日）に満十五歳で崩御した。その在位期間は七十八日と歴代の天皇の中で最も短い。

また、後鳥羽上皇は承元三年七月八日（１２０９年8月16日）に出家、その六日後の七月十三日（8月21日）に隠岐国《おきのくに》に配流。順徳天皇は同月二十一日（8月29日）に佐渡《さど》国へ配流となった。ちなみに、土御門上皇は承久の乱に関与していなかったため処罰は下されなかったが、父の後鳥羽法皇が遠流《おんる》となったにもかかわらず、自分が京にいるのは忍びないと自ら申し出て、土佐国に流された。

1222~1225

# 貞応

じょうおう

後堀河天皇の即位に伴う代始の改元

改元年月日 承久四年四月十三日

使用期間 2年7か月と6日

グレゴリオ暦：1222年6月1日
ユリウス暦：1222年5月25日

在位天皇 後堀河天皇 第八十六代

元号の出典は『易経』（彖下伝《たんかでん》）の「中孚以利貞、乃応乎天也」。勘申者は菅原為長（大蔵卿・式部大輔）。この改元は後堀河天皇即位に伴う代始改元として行われたが、「貞応」の他に「天仁」「延嘉」「貞永」「和元」「嘉慶」「天保」「正応」「延壽」「寛恵」「長養」などの元号候補が挙げられた。

貞応二年五月十四日（1223年6月21日）には後高倉院が崩御、また貞応三年六月十三日（1224年7月8日）には執権・北条義時が没し、長男の北条泰時がその後を継いだ。なお、この頃、親鸞が『顕浄土真実教行証文類』（教行信証）を著したとされる。

1225

# 元仁

げんにん

天変炎旱による改元

改元年月日 貞応三年十一月二十日

使用期間 4か月と28日

グレゴリオ暦：1225年1月7日
ユリウス暦：1224年12月31日

在位天皇 後堀河天皇 第八十六代

元号の出典は『易経』（乾卦《けんか》）の「元亨利貞、正義曰、元則仁也」。勘申者は菅原為長（式部大輔）。改元にあたっては、「元仁」の他に、「貞久」「文始」「正応」「応元」「仁治」「弘徳」「治定」「延嘉」「和元」なども候補に挙がった。

『百錬抄』に「天変炎旱《えんかん》に依る也」とあるように、この改元は災異改元だったが、菅原為長が勘申した「元仁」に対して、源通具《みちとも》（大納言《だいなごん》）から、「元」も「仁」も「二人」と読め、合計四人となることからよくないという意見も出された。だが、それは根拠のないことで、その理屈でいけば鳥羽天皇時代の「天仁」も合計四人と読めるが吉例ではないかとの反論が出て、結局、「元仁」に落ち着いたという。

ちなみに、建保七年（１２１９年）に第三代将軍の源実朝が暗殺されたのち、「承久」「貞応」「元仁」の時代は将軍空位の状態が続いていた。逆に言えば、それだけ執権政治が機能していたのである。

1225~1227

疱瘡流行による改元

# 嘉禄

かろく

改元年月日 元仁二年四月二十日

使用期間 2年7か月と21日

在位天皇 後堀河天皇 第八十六代

グレゴリオ暦：１２２５年６月４日
ユリウス暦：１２２５年５月28日

元号の出典は『博物志』の「陛下擒顕先帝光耀、以奉皇天嘉禄」。勘申者は菅原在高（兵部卿《ひょうぶきょう》）。改元にあたっては、「嘉禄」の他に、「文承」「恒久」「正応」「養萬」「弘徳」「慶暦」「治萬」「久保」「貞正」「仁治」なども候補に挙げられた。『一代要記』が「疱瘡」、『皇代記』は「大疫」が原因としているように、この改元は災異改元として行われた。

嘉禄元年七月十一日（1225年8月23日）には、〝尼将軍〟として君臨していた北条政子が病死。翌年の嘉禄二年一月二十七日（1226年3月4日）には、鎌倉殿に迎えられていた藤原頼経が、初の摂家将軍として鎌倉幕府第四代征夷大将軍将軍の座に就いた。頼経は満八歳になっていた。

**1227~1229**

## 疱瘡・天変大風による改元を行うも続いた天候不順

# 安貞

あんてい

**使用期間** 1年2か月と13日

**在位天皇** 後堀河天皇 第八十六代

**改元年月日** 嘉禄三年十二月十日

グレゴリオ暦：1228年1月25日
ユリウス暦：1228年1月18日

元号の出典は『易経』（上経坤《じょうきょうこん》）の「乃終有慶、安貞之吉、応地无疆」。勘申者は菅原資高（文章博士）。改元にあたっては、「安貞」の他に「貞永」「寛元」「長養」「和萬」「政和」「文永」「祥応」「建長」「治建」「顕応」「久保」「文暦」「元徳」「嘉観」『周易』などの元号候補が挙げられた。

嘉禄三年十二月十日（1228年1月25日）の嘉禄から安貞への改元は、『百錬抄』が「疱瘡に依る」、『一代要記』が「天変大風に依る」としているように災異改元として行われた。しかし、改元したにもかかわらず天候不順が続き、やがて鎌倉時代を通じて最大規模とされる大飢饉《ききん》に見舞われることとなる。

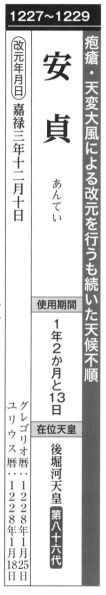

1229～1232

## 改元するも鎌倉時代最大級の飢饉が発生

# 寛喜

かんき
かんぎ

改元年月日　安貞三年三月五日

使用期間　3年と23日

在位天皇　後堀河天皇　第八十六代

グレゴリオ暦：1229年4月7日
ユリウス暦：1229年3月31日

元号の出典は、『魏書《ぎしょ》』の「仁興温良、寛興喜楽」。勘申者は菅原為長（式部大輔）。天災・飢饉をきっかけに行われた改元だったが、「寛喜」の他に「貞永」「寛政」「天休」「寛安」「養寛」「文永」「正安」「建長」「嘉徳」「天正」「萬喜」「嘉観」「禎祥」「弘長」などの元号候補が挙げられた。

だが改元後も、寛喜二年六月（1230年7月）には美濃国蒔田荘《まきた》（現在の岐阜県大垣市）や武蔵国金子郷（現在の埼玉県入間市）で雪が降るという異常気象に見舞われ、八月（9月）に台風による大洪水が発生して農作物が大被害を受けるなどして「養和の飢饉」以来の飢饉に見舞われることとなった。

1232～1233

## 飢饉による改元。「御成敗式目」制定

# 貞永

じょうえい
ていえい

改元年月日　寛喜四年四月二日

使用期間　1年1か月と1日

在位天皇　後堀河天皇　第八十六代
四条《しじょう》天皇　第八十七代

グレゴリオ暦：1232年4月30日
ユリウス暦：1232年4月23日

元号の出典は『易経』（坤卦《こんか》）の「利在永貞、永長也、貞正也、言能貞正也」。勘申者は菅原為長

（式部大輔）。この改元は、『百錬抄』に「去年飢饉に依る」とあるように、災異改元として行われたが、「貞永」の他に「和元」「康安」「徳延」「嘉元」「寛祐」「大応」「久徳」「正嘉」「寛恵」「正安」「成治」「仁治」「延嘉」「治政」「治萬」などの元号候補が挙げられた。

貞永元年八月十日（1232年9月3日）に、武士政権のための法令「御成敗式目《ごせいばいしきもく》（貞永式目）」が制定された。

また同年十月四日（11月24日）には、後堀河天皇が院政を行うために、自分の第一皇子・秀仁《みつひと》親王に譲位して四条天皇（第八十七代）の座に据えた。時に四条天皇は一歳八か月だった。

**1233～1234**

## 「後鳥羽上皇の生霊」を恐れる中で行われた四条天皇の代始改元

# 天福

てんぷく
てんふく

**改元年月日** 貞永二年四月十五日

グレゴリオ暦：1233年6月1日
ユリウス暦：1233年5月25日

**使用期間** 1年6か月と3日

**在位天皇** 四条天皇（第八十七代）

元号の出典は『尚書』（湯誥）の「政善天福之」。勘申者は菅原為長（式部大輔）。改元にあたっては、「天福」の他に、「康暦」「文暦」「正元」「延嘉」「政治」「慶延」「天順」「建徳」「嘉元」「大應」「福應」「嘉恵」なども候補として挙げられた。

この改元は、四条天皇即位に伴う代始改元として行われたが、それから間もない天福元年九月十八日（1233年10月29日）に四条天皇の母・藤原竴子《そんし》が皇子を出産したものの母子共に命を落とした。

それに続き、天福二年五月二十日（1234年6月25日）には仲恭上皇が満十五歳で崩御。さらに同年八月六日（9月7日）にはもともと病弱だった後堀河上皇が満二十二歳で崩御した。それを人々は「後鳥羽上皇の生霊のせいだ」と噂した。

1234~1235

## 天福の字始めより人受けず

# 文暦

ぶんりゃく

**改元年月日** 天福二年十一月五日

**使用期間** 11か月と4日

**在位天皇** 四条天皇 第八十七代

グレゴリオ暦：1234年12月4日
ユリウス暦：1234年11月27日

元号の出典は『文選』（曲水詩序）の「皇上以叡文承暦」、『旧唐書《くとうじょ》』の「掌天文暦数」。勘申者は菅原淳高（刑部卿）、藤原家光（権中納言）。改元にあたっては、「文暦」の他に「正徳」「康安」「嘉慶」「壽延」「天観」「暦仁」「仁保」「仁應」「延嘉」「延文」「弘長」「恒久」「文承」「應元」「大仁」などが元号候補に挙げられた。

この改元について、『一代要記』は「天変地震に依る」としているが、『百錬抄』は「天福の字始めより人受けず」と記している。

実は前元号「天福」について、藤原定家《さだいえ》が唐末の「天復」と似ており、改元後、国が乱れたと問題視していた。また、その他にも「浅ましかりける年号」となどとする声も挙がったため、賛成派と反対派の間で大激論となっていた。

しかし結局、後堀河上皇の崩御後、喪が明けるのも待たず、天福から文暦へ改元されることとなったとされている。

1235~1238

改元巳に年中行事の如し

# 嘉禎《かてい》

改元年月日 文暦二年九月十九日

使用期間 3年1か月と29日

グレゴリオ暦：1235年11月8日
ユリウス暦：1235年11月1日

在位天皇 四条天皇 第八十七代

元号の出典は『北斉書』（帝紀文宣）の「蘊千祀、彰明嘉禎」。勘申者は藤原頼資（前中納言）。改元にあたっては、「嘉禎」の他に、「徳元」「徳和」「和元」「康暦」「大承」「徳延」「嘉元」「應安」「延仁」「徳治」「延嘉」「延文」「弘長」なども候補に挙げられた。

この改元は、『一代要記』に「天変地震に依る」と書かれていることから災異改元とされているが、藤原頼資は『頼資卿改元定記』に「改元巳《すで》に年中行事の如し」と記している。

確かに四条天皇即位後、改元が立て続けに続いていた。

また、四条天皇が即位したのちも、通常ならば、即位の礼に続けて行われる大嘗祭《だいじょうさい》も未だ行われておらず、大嘗祭の前に三度も改元が行われたのは初めてのケースだったからだ。その四条天皇の大嘗祭が行われたのは、嘉禎に改元されたのちの嘉禎元年十一月二十日（1236年1月7日）のことだった。

1238~1239

## 日本史上、最も日数の少ない元号

# 暦仁

りゃくにん

改元年月日　嘉禎四年十一月二十三日

使用期間　2か月と14日

在位天皇　四条天皇　第八十七代

グレゴリオ暦：1239年1月6日
ユリウス暦：1238年12月30日

元号の出典は、『隋書《ずいしょ》』（音楽志）の「皇明馭暦、仁深海県」。勘申者は藤原経範（文章博士）。改元にあたっては、「暦仁」の他に「延仁」「延應」「和元」「康暦」「仁昭」「貞久」「康承」「元寧」「應仁」「保禄」「仁寶」「顕應」「祥應」なども候補に挙げられた。この改元は『百錬抄』が「天変に依る也」と記しているように災異改元として行われたが、「暦仁《りゃくにん》」は「略人」につながり、「この世から人々が略される」（＝死んで消えてしまう）を連想させるとして不人気だった。そして七十三日後には改元された。これは日本の元号の使用期間としては最も短いものである。

1239~1240

## あまりの不人気ゆえに改元

# 延応

えんおう
えんのう

改元年月日　暦仁二年二月七日

使用期間　1年4か月と23日

在位天皇　四条天皇　第八十七代

グレゴリオ暦：1239年3月20日
ユリウス暦：1239年3月13日

元号の出典は『文選』の「廊廟惟清、俊乂是延、擢応嘉挙」。勘申者は藤原経範（文章博士）。改元にあたっては、「延応」の他に、「延元」「正元」「天聴」「仁治」「徳延」「禄長」「康萬」「長壽」「慶延」「延應」「延仁」なども候補に挙げられた。『一代要記』は、この改元を「天変地震に依る」としているが、実際の理由は、前述したように「暦仁」は「略人」に通じるとしてあまりにも不人気だったからだった。

延応二年二月二十二日（1239年4月4日）には、隠岐国に流されていた後鳥羽法皇が満五十八歳七か月で崩御した。崩御後に「顕徳院」の諡号《しごう》が贈られたが、「徳」は「崇徳《すとく》上皇」「安徳《あんとく》天皇」にも贈られていたことから不吉だとされ、仁治三年（1242年）には改めて「後鳥羽院」という諡号が贈られた。朝廷はそれだけ後鳥羽上皇が怨霊《おんりょう》となるのを恐れていたといえる。

**1240~1243**

**彗星・地震による改元後、四条天皇が突然死**

# 仁治

にんじ

**改元年月日** 延応二年七月十六日

**使用期間** 2年7か月と13日

**在位天皇** 四条天皇 第八十七代
後嵯峨《ごさが》天皇 第八十八代

グレゴリオ暦：1240年8月12日
ユリウス暦：1240年8月5日

元号の出典は『尚書正義』の「人君以仁治天下」、『新唐書』（刑法志）の「太宗以寛仁治天下」。勘申者は藤原経範（文章博士）、菅原為長（式部大輔）。改元にあたっては、「仁治」の他に「元康」「高治」「安寛」「嘉慶」「康萬」「寧永」「大應」「康豊」「興文」「禄長」「康安」「天隆」などの元号候補も挙げられた。

この改元について、『皇代記』は「彗星《すいせい》・地震に依る也。炎旱の事、不吉に依り詔文には載せず」と記す。延応二年一月四日（1240年2月5日）に彗星が出現したため改元の検討を始めていたが、とりあえず様子を見ていた。だが日照りが続いた七月七日（8月3日）には再び改元の検討を始め、日照りのことは伏せて、とりあえず彗星と地震を理由として改元を行うことにしたようだ。ここでいう地震がどこで起きた地震なのか不明だが、改元後、鎌倉は大きな地震に見舞われた。仁治二年二月七日、八日（1241年3月27日、28日）と仁治二年四月三日（1241年5月22日）には鎌倉で地震が発生し、鶴ケ岡神宮寺が倒壊したり鎌倉由比浜《ゆいがはま》大鳥居内の拝殿が流失したりした。

## ■四条天皇の突然の事故死と御嵯峨天皇の誕生

仁治三年一月九日（1242年2月17日）には四条天皇が突然崩御した。実は、三日前にいたずらで近習《きんじゅう》の人や女房たちを転ばせようとして御所の廊下に滑石を撒《ま》いていたとき、誤って足を滑らせて転倒するという事故を起こしていた。そのとき脳挫傷《のうざしょう》を起こしたとも考えられているが、まだ満十歳と十か月だった。人々は鳥羽法皇の怨霊によるものだとか、自分の同母兄である兼実《かねざね》の曾孫である仲恭天皇が廃位されたことを恨んでいた慈円《じえん》の祟《たた》りだと噂して恐れた。

この四条天皇の崩御後、九条道家《みちいえ》をはじめとする有力公卿たちは、順徳上皇の第五皇子である忠《ただ》成《なり》王（仲恭天皇の異母弟）を擁立しようとした。しかし鎌倉幕府はそれを受け入れず、鶴岡八幡宮の御神託があったとして、土佐配流後、すっかり没落していた土御門天皇の第二皇子・邦仁《くにひと》親王（母は源通宗の娘・通子）を擁立し、同月二十日（2月28日）に後嵯峨天皇（第八十八代）とした。

仁治三年六月十五日（1242年7月21日）には北条泰時が亡くなり、翌年六月五日（6月30日）に泰時の嫡男・時氏の長男である経時《つねとき》が鎌倉幕府の第四代執権となった。また同年九月十二日（11月2日）には順徳上皇が佐渡で崩御した。時に佐渡に流されて二十一年、満四十四歳と十一か月だった。

1243~1247

## 生活が苦しく、元服もしていなかった邦仁親王が天皇に

# 寛元

かんげん

改元年月日 仁治四年二月二十六日

使用期間 4年と18日

グレゴリオ暦：1243年3月25日
ユリウス暦：1243年3月18日

在位天皇
後嵯峨天皇 第八十八代
後深草《ごふかくさ》天皇 第八十九代

元号の出典は、『宋書』の「舜禹之際、五教在寛、元元以平」。勘申者は菅原為長（式部大輔）。改元にあたっては、「寛元」の他に、「正元」「貞吉」「禄長」「康承」「永康」「正建」「元延」「嘉元」などの候補も挙げられた。

この改元は、後嵯峨天皇の即位に伴う代始改元として行われたのだが、天皇指名を受けた当時、後嵯峨天皇は満二十二歳となっているにもかかわらず元服すらしていない状態だったが、即位を前にようやく元服を果たした。それほど生活が逼塞《ひっそく》していたし、よもや天皇になるとは一族の者も予想していなかったのだ。

改元直後の寛元元年六月十六日（1243年7月11日）には、阿弥陀如来坐像《あみだにょらいざぞう》（鎌倉大仏）の落慶法要が行われた。

寛元二年四月二十八日（1244年6月12日）には、第四代将軍・藤原頼経の息子である頼嗣《よりつぐ》が第五代将軍の座についた。この頃は、鎌倉幕府が朝廷をほぼ掌握しており、後嵯峨天皇の院政も鎌倉幕府の協力なしではなしえない状態となっていた。

それから四年後の寛元四年一月二十九日（1246年2月23日）には、自らの第二皇子（母は西園寺実《さね》氏《うじ》の長女・姞子《きつし》。第三皇子とも）である久仁《ひさひと》親王に譲位し、天皇（後深草天皇 第八十九代）の座に据えた。

後嵯峨天皇は、姞子の妹である公子《こうし》も中宮に迎えている。藤原北家の流れをくむ西園寺家は宮廷の実力者となっていた。後嵯峨天皇が、その西園寺家と婚姻関係を結ぶことで自らの立場の安定化を図り、院政を行うためだった。

同年三月二十三日（4月17日）には病に伏していた北条経時が、弟の時頼《ときより》に執権の座を譲り、およそ一か月後の閏四月一日（5月24日）に亡くなった。

1247～1249

## 宝治 ほうじ

**満二歳七か月で即位した後深草天皇の即位に伴う代始の改元**

改元年月日 寛元五年二月二十八日

使用期間 2年と27日

在位天皇 後深草天皇 第八十九代

グレゴリオ暦：1247年4月12日
ユリウス暦：1247年4月5日

元号の出典は『春秋繁露《しゅんじゅうはんろ》』（通国身）の「気之清者為精、人之清者為賢、治身者以積精為宝、治国者以積賢為道」。勘申者は藤原経範（文章博士）。改元にあたっては、「宝治」の他に、「文仁」「嘉元」

「寛正」「禄永」「天聰」「元應」「正安」などの候補も挙げられた。

寛元四年一月四日（1246年1月29日）に、後嵯峨天皇からの譲位を受けて、後嵯峨天皇の第二皇子・久仁が満二歳六か月で後深草天皇となった。寛元から宝治への改元は、その代始として行われたが、後嵯峨上皇による院政が敷かれ、後深草天皇が実際に政務に就くことはなかった。

1249~1256

**きっかけは閑院内裏の火災**

# 建長

けんちょう

**使用期間**
**7年5か月と22日**

**在位天皇**
**後深草天皇** 第八十九代

**改元年月日** **宝治三年三月十八日**

グレゴリオ暦：1249年5月9日
ユリウス暦：1249年5月2日

元号の出典は『後漢書』（段熲《だんけい》伝）の「建長久之策」。勘申者は藤原経光（前権中納言）。改元にあたっては、「建長」の他に「元應」「文安」「元寧」「應元」「寛安」「文仁」「嘉暦」「嘉元」「長仁」「延元」「長禄」「延嘉」などの候補も挙げられた。

『一代要記』に「天変火災に依る也」とあるように、この改元は宝治三年二月一日（1249年3月23日）に閑院内裏で起きた火災がきっかけだったとされている。

建長四年（1251年）には、九条家が幕府転覆の陰謀に関係したとして、将軍・頼嗣（頼経の子）が廃され、摂家将軍の時代は終わった。

新たな将軍となったのは後嵯峨上皇の第一皇子・宗尊《むねたか》親王で、皇族で初めての征夷大将軍だったことから「宮将軍」と呼ばれた。

**1256~1257**

## 赤斑瘡流行が収まることを祈って改元

# 康元

こうげん

改元年月日 建長八年十月五日

使用期間 5か月と7日

在位天皇 後深草天皇 第八十九代

グレゴリオ暦：1256年10月31日
ユリウス暦：1256年10月24日

元号の出典は不詳ながら、『隋書』に「康哉元首、恵我無疆、天長地久」とある。また『元秘別録』は『漢書』に「康済黎元之應也」とあるとするが、該当箇所は不明。勘申者は藤原経範（文章博士）だった。

『百錬抄』によると、改元の理由は「赤斑瘡《あかもがさ》に依る也」とあるが、改元後もおさまらず、この年の夏から秋にかけて全国的に赤斑瘡（麻疹《はしか》）が流行、後深草天皇もかかったとされる。

**1257~1259**

## 五条大宮殿炎上をきっかけに改元

# 正嘉

しょうか

改元年月日 康元二年三月十四日

使用期間 2年と20日

在位天皇 後深草天皇 第八十九代

グレゴリオ暦：1257年4月7日
ユリウス暦：1257年3月31日

元号の出典は『藝文類聚《げいもんるいじゅう》』の「肇元正之嘉会」。勘申者は菅原在章（文章博士）。『百錬抄』に「官廰巳下炎上の事に依る也」とあるように、康元二年二月十日（1257年3月4日）に太政官庁が、同月二十八日（3月22日）に五条大宮殿が火災に見舞われたのが改元のきっかけだったが、「正嘉」の他に、「寛正」「健治」「正保」「文永」「應暦」「安延」「政和」「延慶」「仁寶」「仁應」「元應」「延嘉」「正安」「正元」「観仁」「萬長」などの元号候補も挙げられた。

この正嘉年間は寛喜以来の飢饉に見舞われた。正嘉元年（1257年）に鎌倉を大地震が襲ったのを皮切りに、暴風雨によって「諸国の田園ことごとくもって損亡す」などの自然災害が頻発。『吾妻鏡』の正嘉二年六月二十四日（1258年8月2日）の条には「鎌倉の寒気はまるで冬天のようだ」と記されている。

1259~1260

## 正元

天下飢饉疾疫による改元を行うも飢饉は続いた

しょうげん

改元年月日 正嘉三年三月二十六日

使用期間 1年1か月と4日

在位天皇 後深草天皇 第八十九代 亀山《かめやま》天皇 第九十代

グレゴリオ暦：1259年4月27日
ユリウス暦：1259年4月20日

元号の出典は『詩緯』の「一如正元、万載相伝」。勘申者は菅原公良（式部大輔）。改元にあたっては、「正元」の他に、「萬長」「康萬」「禄永」「延壽」「文元」「正長」「文嘉」「文安」「文永」「延元」「康安」「嘉徳」「文昭」「保祐」などの候補も挙げられた。

『一代要記』に「天下飢饉疾疫に依る也」とあるように、正嘉年間から続く飢饉が一向に収まらないことから、正嘉三年三月二十六日（1259年4月27日）に再び災異改元が行われた。そんな中、正元元年十一月二十六日（1260年1月16日）、後嵯峨上皇の命により、後深草天皇から後嵯峨上皇の第三皇子・恒仁《つねひと》親王への譲位が行われ、亀山天皇（第九十代）が誕生したが、飢饉はさらに続き、次の文応年間を迎えることとなる。

## 天変地天・飢饉疫癘の中で行われた亀山天皇の即位に伴う代始の改元

1260~1261

# 文応

ぶんおう

改元年月日　正元二年四月十三日

使用期間　9か月と29日

在位天皇　亀山天皇　第九十代

グレゴリオ暦：1260年5月31日
ユリウス暦：1260年5月24日

元号の出典は『晋書』（劉毅伝）の「大晋之行、武興文之応也」。勘申者は菅原在章（文章博士）。改元にあたっては、「文応」の他に、「健治」「仁豊」「文永」「仁永」「正萬」「仁寶」「昭長」「元萬」「安延」「建明」などの候補も挙げられた。『一代要記』に「代始に依る」とあるように、この改元は亀山天皇の即位に伴う代始の改元だった。だが、世の中はそれどころではなかった。

文応元年七月十六日（1260年8月31日）に、日蓮《にちれん》が第五代執権北条時頼に献じた『立正安国論《りっしょうあんこくろん》』には、「旅客来りて嘆いて曰く、近年より近日に至るまで天変地天・飢饉疫癘《えきれい》・遍《あまね》く天下に満ち広く地上に迸る、牛馬巷に斃《たお》れ骸骨路に充てり、死を招くの輩既に大半に超え、悲まざるの族敢て一人も無し」と記されている。

## 辛酉革命説による革年改元

1261~1264

# 弘長

こうちょう

改元年月日　文応二年二月二十日

使用期間　3年と5日

在位天皇　亀山天皇　第九十代

グレゴリオ暦：1261年3月29日
ユリウス暦：1261年3月22日

元号の出典は、『貞観政要《じょうがんせいよう》』（巻三、封建）の「閼治定之規、以弘長世之業者、万古不易、百慮同帰」。勘申者は不明。『一代要記』に「辛酉に依る」とあるように、この改元は辛酉革命説による革年改元として行われた。

## 甲子による改元と蒙古来襲

1264~1275

# 文永

ぶんえい

改元年月日　弘長四年二月二十八日

使用期間　11年1か月と26日

在位天皇　亀山天皇　第九十代
後宇多《ごうだ》天皇　第九十一代

グレゴリオ暦：1264年4月3日
ユリウス暦：1264年3月27日

元号の出典は不詳ながら、『後漢書』（荀悦《じゅんえつ》伝）に「漢四百有六載、撥乱反正、統武興文、永惟祖宗之洪業、思光啓乎万嗣」とある。勘申者は菅原在章（式部権大輔）。『一代要記』に「甲子に依る也」とあるように、この改元は甲子革命説による革年改元だったが、「文永」の他に、「寛正」「嘉高」「文元」「建治」「應元」「康正」「建禄」「徳保」「正安」「建大」「仁應」「元應」「延嘉」「長禄」「乾元」

「建明」などの元号候補も挙げられた。

## ■蒙古来襲「文永の役」は脅しだった⁉

文永元年八月二十一日（1264年9月19日）、鎌倉幕府第六代執権だった北条長時《ながとき》が病に倒れ、叔父の北条政村《まさむら》が第七代執権となった。また文永三年七月四日（1266年8月12日）には、謀反の疑いをかけられた宗尊《むねたか》親王が征夷大将軍を解任され、次の征夷大将軍には宗尊親王の嫡男である惟康《これやす》親王が任じられた。その頃、モンゴル帝国（蒙古《もうこ》）の第五代皇帝クビライは日本征服の準備を進めていた。正嘉三年（1259年）に高麗《こうらい》を征服したモンゴルは、文永三年（1266年）に、日本に対して一回目の使節団を送ったものの、その使節団は海が荒れていることを理由に途中で引き返している。だが文永五年閏正月（1268年3月）には二回目の使節団が元《げん》の国書を持って大宰府を来訪した。それは蒙古への服属を求めるものだった。それに対し、朝廷は「返事をしない。無視をする」という結論を出した。

当然、蒙古が「兵を送ってくる」ことを警戒しなければならない。そこで朝廷や幕府は全国の寺社に「敵国降伏」の祈願を行うように命ずると同時に、西国御家人に対して「異国警固番役《いこくけいごばんやく》」を指令して警戒にあたることとなった。それを主導したのは、文永五年三月五日（1268年4月25日）に満十六歳と十か月で第八代執権となったばかりの北条時宗《ときむね》（第五代執権・北条時頼の息子）だった。

そして文永十一年十月五日（1274年11月11日）、ついに三万人ともいわれるモンゴル・高麗の連合軍（元寇《げんこう》）が対馬に来襲。住民を殺戮《さつりく》、わずかに生き残った人の手には穴を開け、ひもで通して船のへりに鎖のように結びつけたといわれている。さらに同月二十日（11月26日）には博多《はかた》に上陸した。これに対して日本軍は多くの犠牲を出しながらもなんとか防戦していたが、なぜか翌朝には蒙古は撤退していった。理由は定かではないか、もともと、脅しのための出兵だったのではないかともいわれている。

## ■持明院統と大覚寺統による両統迭立の始まり

一方この頃、朝廷では皇統が二つの家系に分裂して、治天《ちてん》と天皇の継承が交互に行われる「両統《りょうとう》迭立《てつりつ》」の状態となった。きっかけは、文永五年七月十六日（1268年9月1日）に、後嵯峨上皇は後深草天皇に皇子がいるにもかかわらず、生後八か月の亀山天皇の皇子・世仁《よひと》親王（のちの後宇多天皇）を皇太子としたことだった。

後嵯峨上皇は利発な亀山天皇を好み、亀山の系統を直系にしようと考えたとされるが、後嵯峨上皇はその意図を明確にせぬまま、文永九年二月十七日（1272年3月24日）に崩御した。遺言状にも「次代の治天の指名は鎌倉幕府の意向に従うように」書かれているだけだった。そこで幕府は、世仁親王を治天に指名したのだった。後嵯峨上皇がこのような曖昧な態度をとったのは、後継者を指名しても幕府の意に添わなければ簡単に覆されてしまうことをよく知っていたためと考えられる。

当然、後深草天皇は不満を感じ、これが、後嵯峨天皇の第三皇子である後深草天皇の子孫である持明院《じみょういん》統と、第四皇子である亀山天皇の子孫である大覚寺《だいかくじ》統との間で両統迭立の発端となったのだが、いずれにせよ、文永十年一月二十六日（1273年2月22日）には亀山天皇が世仁親王に譲位して後宇多天皇〔第九十一代〕が誕生した。

## 1275〜1278

### 後宇多天皇の代始改元直後にやってきた蒙古の使節団

# 建治《けんじ》

改元年月日　文永十二年四月二十五日

使用期間　2年10か月と1日

在位天皇　後宇多天皇〔第九十一代〕

グレゴリオ暦：1275年5月29日
ユリウス暦：1275年5月22日

元号の出典は『周礼《しゅうらい》』の「以治建国之為政」。勘申者は菅原在匡（文章博士）。改元にあたっては、「建治」の他に、「観応」「正和」「延元」「寛安」「文昭」「政治」「建大」「治萬」「治建」「大嘉」「延文」「建定」「遐長」「和元」「建明」「乾元」などの候補も挙げられた。この改元は、後宇多天皇の即位に伴う代始改元として行われた。

この頃、日本は元軍の再来襲に備えて、「異国警固番役」を強化して九州沿岸の警固にあたっていたが、建治元年（1275年）、モンゴル皇帝クビライは日本に服属を求め、モンゴル人の杜世忠《とせいちゅう》を正使とする五人の使節団を送った。

一行が長門国室津（現在の山口県下関市）に上陸したのは同年四月十五日（1275年5月19日）のことで、七回目の使節団だった。それに対して執権・北条時宗は使節団五人を鎌倉に連行し、龍ノ口刑場（現在の神奈川県藤沢市片瀬）で斬首《ざんしゅ》に処した。その間もクビライは日本侵攻の準備を着々と進めていた。

1278~1288

## 疫病を理由に改元。蒙古による二度目の来襲も暴風雨で撤退

# 弘安

こうあん

改元年月日 建治四年二月二十九日

使用期間 10年2か月と6日

グレゴリオ暦：1278年3月30日
ユリウス暦：1278年3月23日

在位天皇
後宇多天皇 第九十一代
伏見《ふしみ》天皇 第九十二代

元号の出典は『太宗実録』の「弘安民之道」。勘申者は藤原茂範（従三位）。この改元は『続史愚抄』に「去年の春より病の事流布の故也」とあるように疫病を理由とする災異改元として行われたが、「弘安」の他に「徳永」「建大」「大嘉」「正應」「永仁」「文弘」「延文」「建定」「治徳」「建明」「乾元」「元観」「元延」「嘉元」「文仁」「観應」「仁永」「正和」などの元号候補も挙げられた。

### ■蒙古再来襲「弘安の役」

弘安四年五月二十一日（1281年6月16日）に元の軍勢が再び対馬に来襲、一時、博多にも迫った。だが日本軍は六月六日（6月30日）に博多湾でなんとかこれを撃退。元軍は同年閏七月一日（8月23日）に暴風雨に襲われ、壊滅的な被害を受けて撤退していった。

この国難をなんとか乗り切った鎌倉幕府は、それまで東国に偏在していた鎌倉幕府の政治権力を日本全国に拡大することを目指した。弘安七年四月四日（1284年4月27日）の北条時宗の急死後、第八代執権となったのは時宗の嫡男・貞時《さだとき》だったが、外戚の安達泰盛《あだちやすもり》がその貞時を擁して「弘安の徳政」と呼ばれる政治改革に着手した。

だが翌年十一月十七日（1285年12月21日）に「霜月《しもつき》騒動」と呼ばれる政変で安達泰盛が滅ぼされると改革も頓挫《とんざ》。その後、鎌倉幕府における権力は、執権を務める得《とく》宗《そう》（初代執権の北条時政を初代とする一族）に集中することとなった。

一方、朝廷では、弘安十年十月二十一日（1287年12月4日）に、後深草天皇の第二皇子・熙仁《ひろひと》親王が践祚して伏見天皇（第九十二代）となり、亀山上皇に代わって後深草上皇が院政を行うことになった。

**弘安の役**　出典『絵入日本歴史』　国立国会図書館デジタルコレクション

**1288~1293**

**伏見天皇即位に伴う代始の改元**

# 正応

しょうおう

**改元年月日**　弘安十一年四月二十八日

グレゴリオ暦：1288年6月5日
ユリウス暦：1288年5月29日

**使用期間**　5年3か月と8日

**在位天皇**　伏見天皇（第九十二代）

元号の出典は『毛詩注』の「徳正応利」。勘申者は菅原在嗣《ありつぐ》（大蔵卿）。この改元は、伏見天皇の即位に伴う代始改元として行われた。正応二年十月九日（１２８９年10月31日）、後深草上皇の第六皇子・久明《ひさあき》親王が征夷大将軍となった。

正応五年（１２９２年）、鎌倉幕府は元寇の後の九州を統括するために鎮西探題《ちんぜいたんだい》を設置。翌六年四月十三日（１２９３年5月27日）には、「鎌倉大地震」が発生、建長寺《けんちょうじ》など多くの寺社仏閣が倒壊して多数の死者が出た。

1293〜1299

## 鎌倉大地震をきっかけに改元

# 永仁 えいにん

改元年月日 正応六年八月五日

使用期間 5年8か月と19日

在位天皇 伏見天皇 第九十二代
後伏見《ごふしみ》天皇 第九十三代

グレゴリオ暦：１２９３年９月13日
ユリウス暦：１２９３年９月６日

元号の出典は『晋書』（楽志）の「永載仁風、長撫無外」。勘申者は、菅原在嗣（大蔵卿）。この改元は、鎌倉大地震などの天変地異を理由に行われたが、「永仁」の他に「康安」「仁長」「正長」「正和」「暦萬」「仁正」「徳永」「暦應」「文弘」「應長」「建明」「保徳」「應寛」「建正」「養仁」「文安」などの元号候補も挙げられた。

永仁六年七月二十二日（１２９８年９月６日）に、伏見天皇の第一皇子・胤仁《たねひと》親王が譲位を受け、後伏見天皇第九十三代となった。

1299~1302

後伏見天皇即位に伴う代始の改元

# 正安《しょうあん》

改元年月日 永仁七年四月二十五日

使用期間 3年6か月と15日

在位天皇 後伏見天皇 第九十三代 後二条《ごにじょう》天皇 第九十四代

グレゴリオ暦：1299年6月1日
ユリウス暦：1299年5月25日

元号の出典は『孔子家語』の「此五行者足以正巳安国矣」、あるいは『周書』の「居正安其身」とされる。勘申者は菅原在嗣（正二位）。この改元は、後伏見天皇の即位に伴う代始の改元として行われた。

「正安」の他に「慶長」「康安」「嘉暦」「正和」「嘉元」「天観」「建文」「弘治」「元延」「應安」「安寛」「建嘉」「延慶」「天明」「齋萬」「養仁」「文安」「仁應」などの元号候補に挙げられた。

伏見天皇は、弘安十一年三月三日（1288年4月12日）に胤仁親王が誕生するとすぐに立太子させており、胤仁への譲位を最初から狙っていた。そして譲位後は院政を敷いた。しかし、このことが大覚寺統の反発を買う。

大覚寺統はその後、鎌倉幕府へ猛烈な巻き返し工作を仕掛け、大覚寺統の後宇多天皇の第一皇子・邦治《くにはる》親王を皇太子とし、正安三年一月二十一日（1301年3月10日）には後伏見天皇を即位三年で譲位させ、邦治親王を後二条天皇（第八十四代）の座に据えた。また、同年八月二十三日（10月3日）には、執権・北条貞時が出家し、北条師時《もろとき》が執権となった。

1302〜1303

## 後二条天皇即位から一年九か月後に行われた代始の改元

# 乾元

けんげん

改元年月日 正安四年十一月二十一日

使用期間 9か月と6日

在位天皇 後二条天皇 第九十四代

グレゴリオ暦：1302年12月18日
ユリウス暦：1302年12月10日

元号の出典は『易経』（乾卦《けんか》）の「大哉乾元、万物資始、乃統天」。勘申者は菅原長成（前宰相）。この改元は、後二条天皇の代始によるものだが、即位して一年九か月を経ての改元だった。当初は正安四年四月（1302年5月）の改元が予定されていたが、式部大輔《たいふ》の菅原資宗の死などで改元が先延ばしされたとされる。

ちなみに、後二条天皇の即位後は父の後宇多上皇による院政が敷かれたが、今度は持明院統の後伏見上皇の弟・富仁《とみひと》親王（のちの花園天皇）が後伏見上皇の猶子として立太子された。これは皇統の再分裂を避けるためであったとされている。

1303〜1307

## 炎旱彗星による改元後に、「嘉元の乱」勃発

# 嘉元

かげん

改元年月日 乾元二年八月五日

使用期間 3年4か月と2日

在位天皇 後二条天皇 第九十四代

グレゴリオ暦：1303年9月24日
ユリウス暦：1303年9月16日

元号の出典は『藝文類聚』（天部、賀老人星表）の「嘉占元吉、弘無量之祐、隆克昌之祚、普天同慶、率土合歓」。勘申者は菅原在嗣（前参議）と藤原淳範（文章博士）。『皇年代略記』に「炎旱彗星に依る」とある。改元にあたっては、「嘉元」の他に、「長永」「弘元」「寛正」「文仁」「建文」「弘治」「正弘」「應安」「天明」「貞正」「嘉慶」「長祥」「齋治」「文観」「大長」「和元」「文弘」「康元」などの元号候補も挙げられた。

嘉元二年七月十六日（１３０４年８月25日）に後深草法皇が崩御、翌年の九月十五日（１３０５年10月12日）には亀山法皇が崩御した。また、嘉元三年四月二十三日（１３０５年５月25日）には、北条時村《ときむら》を北条宗方《むなかた》が殺害、宗方は五月四日に追討軍に討たれるという事件も起きていた。北条氏内部の権力争いだとされ、「嘉元の乱」と呼ばれている。

**1307~1308**

**天変による災異改元。鎌倉幕府最後の征夷大将軍・守邦親王の就任**

# 徳治

とくじ

**改元年月日** 嘉元四年十二月十四日

**使用期間** 1年10か月と4日

**在位天皇** 後二条天皇 第九十四代 / 花園《はなぞの》天皇 第九十五代

グレゴリオ暦：１３０７年１月26日
ユリウス暦：１３０７年１月18日

元号の出典は『書経』（皐陶謨《こうようぼ》、注疏《ちゅうそ》）の「俊徳治能之士並在官」、あるいは『左伝』（僖公三十三年）の「能敬必有徳、徳以治民」。勘申者は菅原在嗣（前参議）と藤原淳範（前文章博士）。『一代要記』に「天変に依る」とある。改元にあたっては、「徳治」の他に、「文仁」「長應」「仁長」「正和」「寛久」

「寛安」「建安」「建平」「暦長」「暦萬」「文保」「建文」「延文」「長寧」「應安」「天明」「萬安」「延應」「文観」「仁興」「仁化」などの候補も挙げられた。

徳治三年八月十日（1308年9月3日）、第八代将軍・久明親王の子である守邦《もりくに》親王が満七歳一か月で征夷大将軍の宣下を受け、同月二十六日（9月19日）に鎌倉で就任した。第六代将軍の宗尊親王、第七代将軍の惟康親王、第八代の久明親王と四代にわたって続いた皇族出身の将軍だった。

守邦親王の在位期間は二十四年と十か月に及んだが、彼が最後の鎌倉幕府将軍となった。

また、同年八月二十五日（9月18日）には後二条天皇（大覚寺統）が崩御、富仁《とみひと》親王が花園天皇 第九十五代（持明院統）として即位した。

**1308~1311**

## 花園天皇の即位に伴う代始の改元

# 延慶

えんけい
えんきょう

**改元年月日** 徳治三年十月九日

**使用期間** 2年5か月と25日

**在位天皇** 花園天皇 第九十五代

グレゴリオ暦：1308年11月30日
ユリウス暦：1308年11月22日

元号の出典は『後漢書』（馬武伝）の「以功名延慶于後」。勘申者は藤原俊光（前権中納言）。花園天皇の即位に伴う代始改元だったが、「延慶」の他に「慶長」「康永」「正慶」「暦長」「弘建」「建文」「延文」「應安」「正弘」「嘉慶」「天明」「明長」などの元号候補も挙げられた。また、この改元には守邦親王の征夷大将軍就任を祝う意味もあったとされる。

1311~1312

病事による改元

# 応長

おうちょう

改元年月日 延慶四年四月二十八日

使用期間 11か月と10日

在位天皇 花園天皇 第九十五代

グレゴリオ暦：1311年5月25日
ユリウス暦：1311年5月17日

元号の出典は、『旧唐書』（礼儀志）の「応長暦之規、象中月之度、広綜陰陽之数、傍通寒暑之和」。勘申者は菅原在兼（勘解由長官《かげゆ》）。『一代要記』に「病事に依る也」とあるように疫病流行をきっかけとする改元だったが、「応長」の他に「文弘」「正和」「天観」「天寧」「建平」「暦萬」「安長」「祥和」「仁應」「嘉恵」「天貞」「長養」「文観」「康永」「久應」などの元号候補も挙げられた。

1312~1317

天変地震による改元

# 正和

しょうわ

改元年月日 応長二年三月二十日

使用期間 4年10か月と19日

在位天皇 花園天皇 第九十五代

グレゴリオ暦：1312年5月5日
ユリウス暦：1312年4月27日

元号の出典は『唐紀』の「皇帝受朝奏正和」。勘申者は菅原在輔（文章博士）。『一代要記』に「天変に依る」とあるように、天変による災異改元だったが、地震もあったようだ。改元にあたっては、「正和」の他に「康永」「久化」「永寧」なども元号候補に挙げられた。

1317~1319

頻発する地震で改元

# 文保

ぶんぽう
ぶんほう

改元年月日 正和六年二月三日

使用期間 2年2か月と2日

グレゴリオ暦：1317年3月24日
ユリウス暦：1317年3月16日

在位天皇 花園天皇 第九十五代
後醍醐《ごだいご》天皇 第九十六代

元号の出典は『梁書《りょうしょ》』の「姫周基文、久保七百」。勘申者は菅原在輔（式部大輔）。『武家年代記』に、正和五年六月二十日（1316年7月18日）から連続して地震が続き、七月四日（7月31日）と二十三日（8月19日）にも大地震が起きたと記されている。

改元にあたっては、「文保」の他に「慶安」「天寧」「康安」「慶仁」「文弘」「康永」「天観」「文観」「天貞」「長養」などの元号候補も挙げられた。

文保元年四月九日（1317年5月28日）には、鎌倉幕府の調停によって、持明院統・大覚寺統の両血統の天皇が交互に即位する「両統迭立」が定められたと伝えられている。

近年の研究者の間では、合意はなされなかったという説も有力となっているが、文保二年二月二十六日（1318年4月6日）には、花園天皇（持明院統）から後宇多天皇の第二皇子・尊治《たかはる》親王（大覚寺統）へ譲位がなされ、後醍醐天皇第九十六代の時代となった。

## 1319～1321

### 後醍醐天皇の即位に伴う代始改元

# 元応

げんおう

**改元年月日** 文保三年四月二十八日

**使用期間** 1年10か月と4日

**在位天皇** 後醍醐天皇 第九十六代

グレゴリオ暦：1319年5月26日
ユリウス暦：1319年5月18日

元号の出典は『旧唐書』の「陛下富教安人、務農敦本、光復社稷、康済黎元之応也」。勘申者は菅原在輔（式部大輔）と藤原俊光（前大納言）。この改元は後醍醐天皇の代始改元として行われた。改元にあたっては、「元応」と「正慶」が最終候補となったが、論議の末、「元応」に決まったとされる。

## 1321～1325

### 「本当に辛酉革命の年なのか？」論議された革年改元

# 元亨

げんこう

**改元年月日** 元応三年二月二十三日

**使用期間** 3年9か月と3日

**在位天皇** 後醍醐天皇 第九十六代

グレゴリオ暦：1321年3月30日
ユリウス暦：1321年3月22日

元号の出典は『易経』（彖《たん》上伝）の「其徳剛健而文明、応乎天、而時行、是以元亨」。勘申者は藤原資朝（文章博士）。辛酉革命にあたっての革年改元だったが、果たしてこの年が辛酉革命の年にあたっているのかどうかが論議され、吉田定房《さだふさ》・北畠親房《ちかふさ》・洞院公賢《とういんきんかた》らの諸公卿から辛酉革命説を批判し、徳政推進の観点から改元を行うように進言があったともされている。改元にあたっては、「元亨」の他に「天成」「康永」「応安」「弘元」「康永」などの元号候補も挙げられた。

後醍醐天皇の即位後三年間は後宇多法皇による院政が敷かれていたが、元亨元年十二月九日（1322年1月5日）には御醍醐天皇の親政が開始された。

元亨四年六月二十五日（1324年7月24日）には後宇多法皇が崩御したが、後宇多法皇の遺言状には「後醍醐天皇は、兄である後二条天皇の遺児である邦良《くによし》親王が成人して皇位に就くまでの中継ぎである」と記されており、それを鎌倉幕府も認めていた。後醍醐天皇はそれがおおいに不満だった。そしてその思いが、のちに倒幕運動へとつながっていくことになる。ちなみに邦良親王は、結局、天皇の座に就くことなく、正中三年三月二十日（1326年5月1日）に死去した。

一方、花園天皇は譲位後、もっぱら持明院統である後伏見天皇の第三皇子・量仁《かずひと》（のちの光厳《こうごん》天皇〈北朝第一代天皇〉）の養育にあたったが、次第に禅宗（臨済《りんざい》宗）に傾倒、建武二年（1335年）には出家し、暦応五年／康永元年（1342年）には京都の花園に妙心寺を開き、貞和四年／正平三年十一月十一日（1348年12月10日）に崩御した。

1325~1326

# 正中

しょうちゅう

大暴風雨被害をうけての改元

改元年月日 元亨四年十二月九日

グレゴリオ暦：1325年1月2日
ユリウス暦：1324年12月25日

使用期間 1年5か月と3日

在位天皇 後醍醐天皇 第九十六代

元号の出典は、『易経』（文言伝）の「見龍在田利見大人、何謂也、子曰、龍徳而正中者也、又曰、需有孚、元亨、貞吉位乎天位、以正中也」。勘申者は藤原有正（文章博士）。改元にあたっては、「正中」の他に、「弘暦」「天建」「建福」「慶安」「康安」「建文」「万寧」「文安」「建正」「天祐」「正永」「文弘」「天観」「正慶」「応仁」「康永」などの元号候補も挙げられた。この年は甲子にあたったが、それに伴う革年改元は行われず、元亨四年八月二十六日（1324年9月23日）の大暴風雨による洪水で多数の被害が出たことを受けての改元が行われた。また改元の直前の元亨四年九月（1324年10月）には、後醍醐天皇による討幕計画が発覚、六波羅探題によって側近の日野資朝《すけとも》や日野俊基《としもと》が鎌倉に連行され、資朝が佐渡島へ流刑されるなどの処分が下されていた（正中の変）。

**1326~1329**

**天変地震疾病を理由に災異改元**

# 嘉暦

かりゃく

**改元年月日** 正中三年四月二十六日

**使用期間** 3年3か月と25日

グレゴリオ暦：1326年6月5日
ユリウス暦：1326年5月28日

**在位天皇** 後醍醐天皇 第九十六代

元号の出典は『旧唐書』（本紀）の「四序嘉辰、暦代増置」。勘申者は藤原藤範（式部大輔）。正中二年六月二十六日（1325年8月13日）、京都は雷雨による洪水で多数の死者が出た。また同年十月二十一日（12月5日）には大地震にも見舞われたのに続き、正中三年（1326年）には疫病も流行し始めたため、天変地震疾病を理由に災異改元が行われた。

北1329~1332
南1329~1331

疾病等の災異による改元

北朝 南朝

# 元徳

げんとく

改元年月日 嘉暦四年八月二十九日

グレゴリオ暦：1329年9月30日
ユリウス暦：1329年9月22日

使用期間

北朝 2年8か月と11日
南朝 1年11か月と19日

在位天皇

後醍醐天皇 第九十六代

元号の出典は『易経』（「乾元亨利貞」の正義）の「元者善之長、謂天之元徳、始生万物」。勘申者は藤原行氏（文章博士）。疫病等の災異による改元とされる。

この元号は、南朝では元徳三年八月九日（1331年9月19日）の元弘への改元まで、北朝では元徳四年四月二十八日（1332年5月31日）まで使用された。

第五章

# 南北朝時代編

**北朝**

正慶
建武
暦応
康永
貞和
観応
文和
延文
康安
貞治
応安
永和
康暦
永徳
至徳
嘉慶
康応
明徳

**南朝**

元弘
建武
延元
興国
正平
建徳
文中
天授
弘和
元中

# 南北朝時代

## ——二人の天皇が並び立ち、二つの元号が併存して、正統性を争った

南北朝時代は、その名の通り、日本の皇統が南朝と北朝の二つに分かれて存在し、互いの正統性を争った時代であり、両朝が成立したのは、後醍醐《ごだいご》天皇〔第九十六代〕の建武《けんむ》政権が崩壊した延元《えんげん》三年〔南朝〕／暦応《りゃくおう》元年〔北朝〕（1338年）のこととされる。

鎌倉時代の後半から、朝廷では持明院統《じみょういんとう》と大覚寺統《だいかくじとう》の「両統迭立《てつりつ》」という不自然な形での皇位継承が繰り返されていたが、鎌倉幕府が滅亡へと向かう混乱の中で、南朝と北朝の二人の天皇が同時に並び立ち、二つの元号が併存するという状態が生じ、両者が激突する戦乱の時代を迎えることになったのだ。しかし実際には、両朝分裂と元号併存はそれ以前から始まっていた。

元徳《げんとく》三年五月五日（1331年6月18日）、後醍醐天皇（大覚寺統）の幕府転覆計画が発覚。後醍醐天皇は山城国笠置山《かさぎやま》（現在の京都府相楽郡笠置町）に逃れて挙兵、元徳三年八月九日（1331年9月19日）には元徳から元弘《げんこう》へと改元した。だが、鎌倉幕府はそれを認めず、元徳〔北朝〕と元弘〔南朝〕の二つの年号が併存することになった。また、鎌倉幕府は後醍醐天皇を廃位し、同年九月二十八日（10月3日）には、持明院統の後伏見《ごふしみ》天皇〔第九十三代〕の第一皇子・量仁《かずひと》親王を光厳《こうごん》天皇〔北朝初代〕に即位させた。ここで二人の天皇が存在することとなった。そこで本書では、元弘をもって南北朝がスタートしたとする。

その後、鎌倉幕府は笠置山を攻略して後醍醐天皇を隠岐《おき》島へ配流とし、元弘二年四月二十八日（1332年5月31日）には元徳を正慶《しょうけい》へ改元した。

しかし新田義貞《よしさだ》らの活躍で鎌倉幕府が倒されると、光厳天皇は退位に追い込まれ、後醍醐天皇による「建武《けんむ》の新政」が開始されると正慶は廃され、元弘四年一月二十九日（1334年3月13日）には元弘から建武への改元が行われた。その後、建武の新政は二年余りで崩壊、後醍醐天皇は建武三年二月二十九日（1336年4月19日）に延元《えんげん》に改元する。しかし、後醍醐天皇に反旗を翻した足利尊氏《たかうじ》は、それを認めず、建武を使い続けた。

こうして始まった南北朝時代は、元中《げんちゅう》九年【南朝】／明徳《めいとく》三年【北朝】閏《うるう》十月五日（1392年11月27日）に南朝第四代の後亀山《ごかめやま》天皇【第九十九代】が北朝第六代の後小松《ごこまつ》天皇【第百代】に譲位する形で両朝が合一《ごういつ》を見るまでのおよそ六十一年の長きに及ぶこととなった。

その間、まさに日本は、国内を二分する内戦状態となった。それほど南朝、北朝が並び立つ時代が続いた背景には、南朝も北朝もそれなりに正統性を有していたことがあった。もし、どちらかが正統性に欠けていたら、それほど長く対立は続かなかったに違いない。がそれぞれが正統性を主張し合い、また武家や公家《くげ》も各々の思惑で分裂して、南朝についたり北朝についたりを繰り返したからこそ、「観応《かんのう》の擾乱《じょうらん》」に代表されるような内戦状態が続いたのだ。後醍醐天皇の建武の新政の失敗以降、天皇の政治力がなくなって、次第に権威だけになっていったともいえるが、それでも天皇の存在と影響力はまだまだ大きいものだった。

## 鎌倉幕府が認めなかった後醍醐天皇の改元

1331〜1334

南朝

# 元弘

げんこう

改元年月日　元徳三年八月九日

使用期間　2年5か月と22日

在位天皇　後醍醐天皇　第九十六代

グレゴリオ暦：1331年9月19日
ユリウス暦：1331年9月11日

この改元は後醍醐天皇によって、疾病流行を理由に元徳三年八月九日（1331年9月19日）に行われた。出典は『藝文類聚《げいもんるいじゅう》』（巻一天部）の「老人星体色光明、嘉占元吉、弘無量之裕降克昌之祥、普天同慶率土合歓」。勘申《かんじん》者は菅原在登（式部大輔《たいふ》）だった。しかし鎌倉幕府はこの改元を認めなかった。「正中の乱」に続く後醍醐天皇による再度の幕府転覆計画が発覚したからである。

元徳三年五月五日（1331年6月18日）、後醍醐天皇が側近の日野俊基《としもと》や真言密教の僧文《もん》観《かん》らと進めていた倒幕計画が吉田定房《さだふさ》の密告で発覚、京都の御所に六波羅探題《ろくはらたんだい》軍が押し寄せた。後醍醐天皇は女装して御所を脱出したのち山城国笠置《かさぎ》山（現在の京都府相楽郡笠置町）で挙兵した。「元弘の乱」だ。

**後醍醐天皇**　出典『古今偉傑全身肖像』
国立国会図書館デジタルコレクション

元徳から元弘への改元が行われたのは、それから三か月後の八月九日（9月19日）のことだったが、鎌倉幕府は後醍醐天皇を廃位とし、九月二十日（10月30日）には量仁親王《かずひと》（後伏見上皇の第三皇子）を光厳《こうごん》天皇【北朝初代】として即位させた。そして、九月二十八日（11月7日）には笠置山を攻略して後醍醐天皇を捕らえると隠岐島《おき》に配流《はいる》とした。

**1332~1333**

## 北朝初代天皇・光厳による改元

**北朝**

# 正慶

しょうけい
しょうきょう

**改元年月日** 元徳四年〔南朝 元弘二年〕四月二十八日

**使用期間** 1年1か月と15日

**在位天皇** 光厳《こうごん》天皇 北朝初代

グレゴリオ暦：1332年5月31日
ユリウス暦：1332年5月23日

この改元は鎌倉幕府の後ろ盾で即位した光厳天皇【北朝初代】の即位に伴い行われた。元号の出典は『易経』（益卦《えきか》の注）の「以中正有慶之徳、有攸往也、何適而不利哉」。勘申者は菅原公時（大蔵卿）と菅原長員（式部大輔）。それに対し、後醍醐天皇は元弘三年〔北朝 正慶二年〕閏《うるう》二月二十四日（1333年4月17日）には隠岐島を脱出、伯耆《ほうき》船上山《せんじょうさん》（現在の鳥取県東伯郡琴浦町内）で挙兵した。

### ■新田義貞らの活躍で鎌倉幕府が倒された

その後醍醐天皇を追討するため幕府から派遣されたのが足利高氏《たかうじ》（のちに尊氏）だった。だが高氏は、北条高家《たかいえ》が「久我畷《こがなわて》の戦い」で戦死するのを見るや一転して後醍醐方につき、同年五月七日（6月27日）には六波羅探題を攻略する。またその直後に東国で挙兵した新田義貞《にったよしさだ》が、同年五月二十二日

（7月12日）の「東勝寺合戦《とうしょうじかっせん》」で北条氏一門を打ち破って、ついに鎌倉幕府打倒を成し遂げた。

その結果、五月二十五日（7月15日）には光厳天皇が退位、正慶の元号は廃され、元弘の元号に復された。そして六月五日（7月25日）に京へ戻った後醍醐天皇は、自らの退位と光厳天皇の在位を否定して「建武《けんむ》の新政」を開始した。

## 光武帝時代の元号をそのまま使用

北1334～1338
南1334～1336

北朝 南朝

# 建武

けんむ

改元年月日 元弘四年一月二十九日

使用期間

北朝 4年7か月と6日
南朝 2年1か月と6日

在位天皇

後醍醐天皇 第九十六代
光明《こうみょう》天皇 北朝第二代

グレゴリオ暦：1334年3月13日
ユリウス暦：1334年3月5日

この改元は後醍醐天皇によって行われた。「建武」は後漢の光武帝《こうぶてい》のときに用いられた年号で、『後《ご》漢書《かんじょ》』（巻一光武帝紀）に「建元為建武」とある。勘申者は藤原藤範（前民部卿《みんぶきょう》）らとされる。元号候補として「建武」「大武」「武功」が挙げられたが、その中から、「建武」が選ばれた。後漢を再興した光武帝（紀元前六年～五十七年）が新の王莽《おうもう》を滅ぼして打ち立てた元号である〝武〟の字が不吉だという反対もあったが、後醍醐天皇の強い意向で建武に決まったとされる。

建武二年八月一日（1335年8月27日）には後醍醐天皇の皇子・成良《なりよし》親王が征夷《せいい》大将軍となり「建武の新政」（建武中興）が進められていったが、足利尊氏ら武家勢力の離反で、わずか二年余で崩壊することになる。

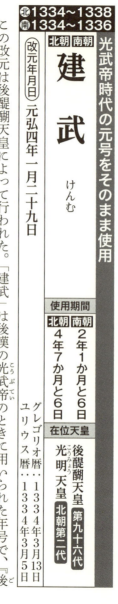

建武二年十月十五日（1335年11月9日）、足利尊氏は、後醍醐天皇の上洛命令を拒絶して、建武新政に反旗を翻した。それに対し、後醍醐天皇は十一月十九日（1336年1月10日）に、尊良親王・新田義貞らに足利尊氏・直義《ただよし》兄弟の追討を命じた。しかし足利勢に押され、建武三年一月十日（1336年3月1日）には京を逃れて、東坂本（現在の滋賀県大津市坂本）の日吉《ひよし》山王（日吉大社）へと行幸した。

**新田義貞**　出典『古今偉傑全身肖像』国立国会図書館デジタルコレクション

**1336~1340**

南朝

# 延元

えんげん

**兵革を理由に改元**

改元年月日　建武三年二月二十九日

使用期間　4年1か月と14日

在位天皇
後醍醐天皇　第九十六代（南朝第一代）
後村上《ごむらかみ》天皇　第九十七代（南朝第二代）

グレゴリオ暦：1336年4月19日
ユリウス暦：1336年4月11日

元号の出典は『梁書《りょうしょ》』の「沈休文等奏言、聖徳所被、上自蒼蒼、下延元元」。勘申者は菅原長員

（式部大輔）。この改元は後醍醐天皇により、兵革を理由に行われたが、当然、足利尊氏はそれを認めず、建武を使い続けた。

延元元年〔北朝 建武三年〕五月二十五日（1336年7月12日）には、摂津《せっつ》国 湊川《みなとがわ》（現在の兵庫県神戸市中央区・兵庫区）で、足利尊氏・足利直義兄弟らの軍と後醍醐天皇方の新田義貞・楠木正成《くすのきまさしげ》の軍がぶつかった。「湊川の戦い」だ。この戦いで楠木正成は一族とともに自害、新田義貞は京への退却を余儀なくされた。そして戦いに勝利した足利尊氏は、同年六月十四日（7月30日）、光厳上皇を奉じて入京し、八月十五日（9月28日）には、三種の神器なきまま豊仁《ゆたひと》親王（光厳天皇の同母弟）を践祚させ、光明天皇〔北朝第二代〕の座に据えた。「北朝の成立」である。

## ■南北朝の正式分立と室町幕府のスタート

**後醍醐天皇（御簾の奥）と対面する楠木正成**
出典『絵入日本歴史』 国立国会図書館デジタルコレクション

一方、比叡山に逃れていた後醍醐天皇は延元元年〔南朝建武三年〕十月十日（１３３６年11月21日）足利側の和睦の要請に応じて京都に戻り、翌日、北朝に三種の神器を渡し、花山院《かさんいん》に幽閉された。しかし京都を脱出し、「北朝に渡した三種の神器は贋物《がんぶつ》だ」として、十二月二日（１３３７年１月12日）吉野（現在の奈良県吉野郡吉野町）に「南朝」を開いた。ここで正式に南北朝が分立したことになる。

その後、延元三年〔北朝建武五年〕八月十一日（１３３８年10月12日）には光明天皇が足利尊氏を征夷大将軍に任じ、室町《むろまち》幕府がスタートした。

1338~1342

## すぐには室町幕府に伝えられなかった光明天皇の代始の改元

北朝

# 暦応

りゃくおう

改元年月日　建武五年〔南朝延元三年〕八月二十八日

使用期間　３年７か月と21日

在位天皇　光明天皇　北朝第二代

グレゴリオ暦：１３３８年10月19日
ユリウス暦：１３３８年10月11日

元号の出典は『帝王代記』の「堯時有草、夾階而生、王者以是占暦、応和而生」。勘申者は菅原公時（勘解由長官《かげゆ》）。北朝第二代天皇・光明の代始として改元された。ただし、朝廷が改元の決定を室町幕府に伝えなかったため、室町幕府が改元の事実を知ったのは暦応元年〔南朝延元三年〕九月四日（１３３８年10月25日）だったとされている。

一方南朝では、暦応二年〔南朝延元四年〕八月十五日（１３３９年９月26日）に病に倒れていた後醍醐天皇は第八皇子の義良《のりなが》親王に譲位し、その翌日に吉野金輪王寺《きんりんのうじ》（奈良県吉野郡吉野町吉野山）で崩御した。満五十歳と九か月だった。その義良親王が後村上天皇（第九十七代）として即位したのは十月五日（11月14日）のことである。

## 1340～1347

### 後村上天皇の代始の改元

南朝

# 興国

こうこく

**改元年月日** 延元五年〔北朝 暦応三年〕四月二十八日

| | |
|---|---|
| 使用期間 | 6年7か月と26日 |
| 在位天皇 | 後村上天皇 第九十七代（南朝第二代） |

グレゴリオ暦：1340年6月2日
ユリウス暦：1340年5月25日

元号の出典は不明ながら、『文選《もんぜん》』（巻五諷諫《ふうかん》詩）に「興国救顚、孰違悔過」とある。この改元は、南朝の後村上天皇の代始改元として行われた。

## 1342～1345

### 光明天皇の代始の改元

北朝

# 康永

こうえい

**改元年月日** 暦応五年〔南朝 興国三年〕四月二十七日

| | |
|---|---|
| 使用期間 | 3年5か月と14日 |
| 在位天皇 | 光明天皇 北朝第二代 |

グレゴリオ暦：1342年6月9日
ユリウス暦：1342年6月1日

元号の出典は『漢書』の「海内康平、永保国家」。勘申者は紀行親（文章博士《もんじょうはかせ》）。改元の詔《みことのり》では「前年春からの疫病流行」が理由とされているが、『太平記』には「この年三月二十日（1342年5月3日）に法勝寺《ほっしょうじ》の塔が焼亡したため」とある。

## 1345~1350

### 彗星による水害疾病がきっかけ

北朝

# 貞和
じょうわ
ていわ

**改元年月日** 康永四年〔南朝 興国六年〕十月二十一日

**使用期間** 4年4か月と20日

**在位天皇** 光明天皇 北朝第二代
崇《す》光《こう》天皇 北朝第三代

グレゴリオ暦：1345年11月23日
ユリウス暦：1345年11月15日

元号の出典は『藝文類聚』（帝王部）の「体乾霊之休徳、稟貞和之純精」。勘申者は菅原在成《ありしげ》（勘解由長官）。「彗星《すいせい》による水害疾病」がきっかけとされる。

貞和四年〔南朝 正平三年〕十月二十七日（1348年11月26日）に光厳天皇の第一皇子・興仁《おきひと》親王が、叔父の光明天皇からの譲位を受け、崇光天皇〔北朝第三代〕として即位。上皇となった光厳が院政を敷いた。

## 1347~1370

### 理由不明の改元

南朝

# 正平
しょうへい

**改元年月日** 興国七年〔北朝 貞和二年〕十二月八日

**使用期間** 23年6か月と27日

**在位天皇** 後村上天皇 第九十七代（南朝第二代）
長慶《ちょうけい》天皇 第九十八代（南朝第三代）

グレゴリオ暦：1347年1月28日
ユリウス暦：1347年1月20日

改元理由は記録に残されていない。元号の出典も不詳ながら『宋書』（巻二十九）に「華平其枝正、平、王者有徳則生」とある。

正平三年〔北朝 貞和四年〕一月五日（1348年2月12日）、河内国北条（現在の大阪府四條畷《しじょうなわて》市・大東

市）で南朝方の楠木正行《まさつら》（楠木正成の嫡男）と足利尊氏の家臣高師直《こうのもろなお》との間で「四條畷の戦い」が勃発。足利方は圧倒的な兵力で楠木勢を圧倒し、正行は弟の正時《まさとき》と刺し違えて自決。その後、高師直は南朝の本拠吉野に攻め入り、後村上天皇はじめ南朝方は賀名生《あのう》（現在の奈良県五條市）に逃れた。

正平二十三年〔北朝 応安元年〕三月十一日（１３６８年４月16日）の後村上天皇の崩御後、後村上天皇の皇子である寛成《ゆたなり》親王が長慶天皇〔南朝第三代〕となった。

ちなみに、明治四十四年（１９１１年）に、明治天皇が南朝を正統とする勅裁を下したのちも、史料の少なさから長慶天皇の在位については議論があったが、大正十五年（１９２６年）の「皇統加列」についての詔書によって、長慶天皇の第九十八代天皇としての在位が公認されることとなった。

## 1350~1352

### 崇光天皇の代始の改元

北朝

# 観応

かんのう
かんおう

改元年月日 貞和六年〔南朝 正平五年〕二月二十七日

使用期間 2年7か月

在位天皇 崇光天皇 北朝第三代
後光厳《ごこうごん》天皇 北朝第四代

グレゴリオ暦：１３５０年４月12日
ユリウス暦：１３５０年４月４日

この改元は北朝の崇光天皇の代始改元として行われた。元号の出典は『荘子《そうじ》』（外篇天地）の「玄古之君天下無為也、疏曰、以虚通之理、観応物之数而無為」。勘申者は藤原行光（文章博士）。

この頃から足利政権内における足利尊氏と弟の義直の対立が激化し、それぞれに与《くみ》する武将が各地で戦闘を繰り返すこととなった（観応の擾乱《じょうらん》）。そもそもの原因は足利尊氏の執事高師直と尊氏の同母弟である直義の対立だった。師直は軍功を挙げて大きな権力を握っていたが、それを直義は疎んでいた。また、直義が尊氏の庶子である直冬《ただふゆ》を養子にしたことから、尊氏は嫡男である義詮《よしあきら》の地位が脅かされると感じ、直義を敵対視するようになった。その結果、師直派と直義派の争いは、尊氏と直義の兄弟の対立に変貌《へんぼう》していったのである。

## ■「正平一統」で一時的に統一された南北朝

観応元年〔南朝正平五年〕（1350年）、尊氏は直冬を討つために中国地方に遠征に出た。直義はその隙を突くように南朝方と手を結んで挙兵。直義は翌年には播磨《はりま》国での「光明寺《こうみょうじ》合戦」や摂津国での「打出浜《うちでのはま》の戦い」で尊氏勢を破り、直義派の上杉能憲《よしのり》も高師直と高師泰《もろやす》の兄弟を討つことに成功した。そこで尊氏と直義はいったん和睦する。ところが今度は尊氏が南朝方と手を結ぶのだ。

尊氏は皇位については南朝に任せることを約束。それを受けた南朝が直義追討令を発すると、直義は京都を脱出して鎌倉を拠点に巻き返しを図ったが、追討軍に武装解除され、観応三年〔南朝正平七年〕二月二十六日（1352年3月20日）には幽閉先の延福寺で急死した。『太平記』には、尊氏による毒殺だったと書かれている。その後、南朝により、北朝の崇光天皇は廃帝、皇太子の直仁《なおひと》親王は廃太子され、南朝の後村上天皇が正当な天皇として位置づけられて「正平一統《しょうへいいっとう》」（一時的な南北朝の統一）が成立、元号も南朝が使っていた「正平」とされた。

しかし、それもあっという間に破綻する。南朝勢が京を占拠し、同年五月二十八日（7月18日）には、光厳・光明・崇光の三人の上皇と直仁親王を賀名生へと拉致《らち》した。南朝には長期間京都を占領・

支配する力がなかったため、皇位継承者を幽閉することで北朝の復活を阻止しようとしたのである。それに対抗して足利側は、八月十七日（10月3日）には、光厳・光明両上皇の生母・広義門院《こうぎもんいん》に諮って光厳天皇の第二皇子・弥仁王《いやひと》を後光厳天皇《ごこうごん》〔北朝第四代〕として即位させた上で、九月二十七日（11月12日）には正平統一はなされなかったとして、観応から文和への改元を行った。ここに正平一統はわずか四か月あまりで瓦解《がかい》することとなった。

## 後光厳天皇の即位に伴う代始の改元

1352〜1356

〔北朝〕

# 文和

ぶんな
ぶんわ

使用期間
3年5か月と25日

在位天皇
後光厳天皇〔北朝第四代〕

改元年月日　観応三年〔南朝 正平七年〕九月二十七日

グレゴリオ暦：1352年11月12日
ユリウス暦：1352年11月4日

元号の出典は『旧唐書《くとうじょ》』（巻十四順宗紀）の「叡哲温文、寛和仁恵」、『三国志』（呉志・孫権伝）の「文和於内、武信于外」。勘申者は菅原在淳《ありあつ》（式部大輔）と菅原在成（従三位）。

前述したように、このとき、北朝の三法皇は賀名生に拉致されていた。そのため、すべての公事が停止していた。そこで足利義詮は、北朝の権威を回復するために後光厳天皇の即位前に急遽《きゅうきょ》、観応から文和への改元を実施したとされる。それにしても即位前の改元は異例なことだった。それがのちに、崇光上皇が自らの皇子である栄仁《よしひと》親王への皇統返還を主張する理由となり、自分の弟である後光厳天皇と対立する原因となっていく。

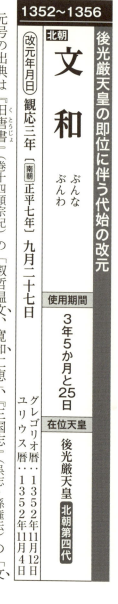

## 1356~1361

### 兵革による改元。足利尊氏の死

北朝

# 延文

えんぶん

改元年月日　文和五年〔南朝〕正平十一年〕三月二十八日

使用期間　5年と5日

在位天皇　後光厳天皇　北朝第四代

グレゴリオ暦：1356年5月7日
ユリウス暦：1356年4月29日

元号の出典は『漢書』（巻八十八儒林伝）の「延文学儒者以百数」。勘申者は藤原忠光（文章博士）。延文三年（南朝正平十三年）四月三十日（1358年6月15日）には足利尊氏が死去した。直冬との合戦で受けた矢傷が原因だとされる。十二月八日（1359年1月15日）には、尊氏の息子である足利義詮《よしあきら》が室町幕府第二代の征夷大将軍となった。

## 1361~1362

### 疫病流行や戦乱で要請があった改元

北朝

# 康安

こうあん

改元年月日　延文六年〔南朝〕正平十六年〕三月二十九日

使用期間　1年5か月と7日

在位天皇　後光厳天皇　北朝第四代

グレゴリオ暦：1361年5月12日
ユリウス暦：1361年5月4日

元号の出典は『旧唐書』（巻二十八）の「作治康凱安之舞」、『史記正義』の「天下衆事咸得康安、以致天下太平」。勘申者は菅原高嗣（勘解由長官）と菅原長綱（刑部卿《ぎょうぶきょう》）。『愚管記《ぐかんき》』によると、前年からの疫病流行や戦乱が続くことに対して改元の要請があったとされる。

## 1362~1368

**兵革、天変、地震、疫病の流行による改元**

北朝

# 貞治

じょうじ

**改元年月日** 康安二年〔南朝 正平十七年〕九月二十三日

**使用期間** 5年4か月と25日

グレゴリオ暦：1362年10月19日
ユリウス暦：1362年10月11日

**在位天皇** 後光厳天皇 北朝第四代

元号の出典は『易経』（象《しょう》下）の「利武人之貞、志治也」。勘申者は藤原忠光（左大弁）。戦乱が続く中、康安元年〔南朝 正平十六年〕六月二十四日（1361年8月3日）に、南海トラフ沿いで巨大地震（康安地震）が発生したことや、南朝軍が京に迫り、将軍・足利義詮が後光厳天皇を奉じて、一時的に近江国《おうみ》へ逃れなければならなかったことなどが改元の理由とされた。

## 1368~1375

**疫病・天変による改元**

北朝

# 応安

おうあん

**改元年月日** 貞治七年〔南朝 正平二十三年〕二月十八日

**使用期間** 7年と22日

グレゴリオ暦：1368年3月15日
ユリウス暦：1368年3月7日

**在位天皇** 後光厳天皇 北朝第四代
後円融《ごえんゆう》天皇 北朝第五代

元号の出典は『毛詩《もうし》正義』（大雅江漢）の「今四方既已平、服王国之内、幸応安定」。勘申者は菅原時親（治部卿《じぶきょう》）。北朝が貞治から応安に改元したこの年、南朝では正平二十三年〔北朝 応安元年〕三月十一日（1368年4月6日）に後村上天皇が崩御し、寛成王《ゆたなりおう》が長慶天皇〔第九十八代〕（南朝第三代）の座に就いた。

その後、北朝では、貞治六年〔南朝正平二十二年〕十二月七日（1368年1月5日）の足利義詮の死去に伴い、応安元年〔南朝正平二十三年〕十二月三十日（1369年2月15日）、満十歳の息子・義満《よしみつ》が第三代征夷大将軍に任じられた。

また応安四年〔南朝建徳二年〕三月二十一日（1371年4月15日）に後光厳天皇の第二皇子・緒仁《おひと》親王が立太子し、その二日後には父からの譲位を受けて後円融天皇〔北朝第五代〕となった。この譲位については前述したように、緒仁親王への譲位を主張する後光厳天皇と、自らの第一皇子であり、持明院統の嫡流である栄仁《よしひと》親王を後継者とすることを望む崇光上皇の間で対立が生じていたが、戦乱の中にあって運命を共にした後光厳天皇に配慮した幕府が緒仁親王の即位を認めたとされている。

**1370~1372**

## 長慶天皇の即位に伴う代始の改元？

南朝

# 建徳

けんとく

**改元年月日** 正平二十五年〔北朝応安三年〕七月二十四日

グレゴリオ暦：1370年8月24日
ユリウス暦：1370年8月16日

**使用期間** 約1年8か月

**在位天皇** 長慶天皇 第九十八代（南朝第三代）

元号の出典は『文選』（巻二）の「建至徳以創洪業」。勘申者は不詳。史料が乏しくはっきりしないが、長慶天皇の即位に伴う代始の改元と考えられている。

ちなみに、改元した月日については、正平二十五年〔北朝応安三年〕七月二十四日（1370年8月24日）とする説が多いが、『続史愚抄』は或記として、同年七月四日（8月4日）とする。しかし根拠が示されておらず、確定するだけの史料も残されていないことから、本書では正平二十五年七月二十四日を改元日とする。

1372~1375

## 詳細がはっきりしていない改元

南朝

# 文中

ぶんちゅう

改元年月日 建徳三年〔北朝 応安五年〕四月（日不明）

グレゴリオ暦：1372年5月（日不明）
ユリウス暦：1372年5月（日不明）

使用期間 約3年1か月

在位天皇 長慶天皇 第九十八代（南朝第三代）

この改元は災異による改元ではないかといわれているが、元号の出典、勘申者、改元の日がはっきりしていない。

文中二年〔北朝 応安六年〕八月十日（1373年9月5日）、北軍の攻撃を受けた長慶天皇が、行宮を河内天野（現在の大阪府河内長野市）から吉野（現在の奈良県吉野町）に遷した。

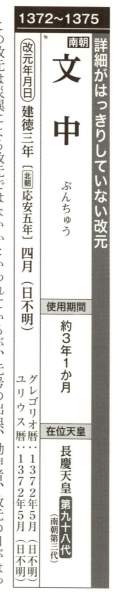

1375~1379

## 即位してから約四年後に行われた後円融天皇の代始改元

北朝

# 永和

えいわ

改元年月日 応安八年〔南朝 文中四年〕二月二十七日

グレゴリオ暦：1375年4月6日
ユリウス暦：1375年3月29日

使用期間 4年と11日

在位天皇 後円融天皇 北朝第五代

元号の出典は『書経』（舜典《しゅんてん》）の「詩言志、歌永言、声依永、律和歌、八音克諧、無相奪倫、神人以和」と、『藝文類聚』（巻八）の「九功六義之興、依永和声之製、志由興作、情以詞宣」。勘申者は藤原忠光（権中納言）。

この改元は後円融天皇の代始改元とされるが、それにしても、この改元が行われたのは後円融天皇が譲位を受けてから三年九か月後のことだった。なぜ、それほど間が空いたのか。実は後円融天皇が譲位を受けた直後に、興福寺《こうふくじ》の内紛がきっかけで、興福寺の衆徒が後円融天皇の即位式の妨害を図って強訴するという騒ぎが起きていた。そうしたこともあって、即位式は三年後の応安七年〔南朝 文中三年〕十二月二十八日（1375年2月7日）まで行われずにいた。それに伴い、改元も遅れていたのである。

1375〜1381

## 山崩れによる改元

南朝

# 天授

てんじゅ

改元年月日 文中四年〔北朝 永和元年〕五月二十七日

使用期間 5年8か月と10日

グレゴリオ暦：1375年7月4日
ユリウス暦：1375年6月26日

在位天皇 長慶天皇 第九十八代（南朝第三代）

元号の出典は不詳ながら、『史記』（巻九十二淮陰侯列伝）に「且陛下所謂天授、非人力也」とある。勘申者は藤原長親（権大納言）。『南朝編年記略』によると、文中四年〔北朝 永和元年〕四月（1375年5月）に、大和・紀伊・河内などの諸国で、大規模な山崩れが起きたことをきっかけに行われた改元だとされる。

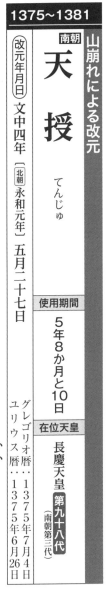

1379~1381

## 天変、疾疫、兵革による改元

北朝

# 康暦

こうりゃく

改元年月日　永和五年〔南朝 天授五年〕三月二十二日

使用期間　1年11か月と11日

在位天皇　後円融天皇 北朝第五代

グレゴリオ暦：1379年4月17日
ユリウス暦：1379年4月9日

元号の出典は『旧唐書』の「承成康之暦業」。勘申者は菅原長嗣（式部大輔）。康暦元年〔南朝 天授五年〕閏四月十四日（1379年6月7日）には、管領《かんれい》・細川頼之《よりゆき》が、前管領で越中守護の斯波義将《しばよしまさ》らの圧力で京から追放された（康暦の政変）。この事件の最中には、関東管領・上杉憲春《のりはる》が、将軍職への野望を持って挙兵を企んだ鎌倉公方《くぼう》・足利氏満《うじみつ》を諫《いさ》めるために自刃して果てている。

1381~1384

## 辛酉革命による改元

南朝

# 弘和

こうわ

改元年月日　天授七年〔北朝 康暦三年〕二月十日

使用期間　3年2か月と12日

在位天皇　長慶天皇 第九十八代（南朝第三代）
後亀山《ごかめやま》天皇 第九十九代（南朝第四代）

グレゴリオ暦：1381年3月14日
ユリウス暦：1381年3月6日

辛酉革命による改元。元号の出典は不詳ながら、『書経』（君牙篇《くがへん》）に「弘敷五典、式和民則」とある。勘申者も不明。弘和三年〔永徳三年〕冬（1383年2月）、長慶天皇が後村上上皇の第二皇子・熙成《ひろなり》親王を践祚し、後亀山天皇〔第九十九代〕の座に据えた。南朝第四代にして最後の南朝天皇だ。

## 北朝も辛酉革命で改元

1381～1384

北朝

# 永徳

えいとく

改元年月日 康暦三年〔南朝 弘和元年〕二月二十四日

使用期間 2年11か月と28日

グレゴリオ暦：1381年3月28日
ユリウス暦：1381年3月20日

在位天皇 後円融天皇 北朝第五代
後小松《ごこまつ》天皇 北朝第六代（のちに第百代）

元号の出典は不詳ながら、『群書治要』（巻十七）に「帝永思至徳以承天心」とある。勘申者は藤原仲光（権中納言）。後円融天皇と足利義満が臨席する中で元号が決められた。

永徳二年〔南朝 弘和二年〕十二月二十八日（1383年2月8日）には、幹仁《もとひと》親王が父・後円融天皇からの譲位を受けて、満四歳五か月で後小松天皇〔北朝第六代〕として即位した。

## 甲子革令と代始の改元

1384～1387

北朝

# 至徳

しとく

改元年月日 永徳四年〔南朝 弘和四年〕二月二十七日

使用期間 3年6か月と16日

グレゴリオ暦：1384年3月27日
ユリウス暦：1384年3月19日

在位天皇 後小松天皇 北朝第六代

元号の出典は『孝経』の「先王有至徳要道、以訓天下、民用和睦、上下亡怨」。勘申者は藤原資康（権中納言）。この年の前々年に後小松天皇が即位したのに加え、この年が甲子にあたっていたことから、改元が行われた。元号が決まったとき、足利義満が「至徳」の字を揮毫《きごう》したとされる。

**1384~1392**

## 後亀山天皇の即位に伴う代始の改元

**南朝**

# 元中《げんちゅう》

**改元年月日** 弘和四年〔北朝 至徳元年〕四月二十八日

**使用期間** 8年6か月と1日

**在位天皇** 後亀山天皇 第九十九代（南朝第四代）

グレゴリオ暦：1384年5月26日
ユリウス暦：1384年5月18日

元号の出典は不詳ながら、『易経』（象上伝）に「黄裳元吉、文在中也」、「訟元吉以中正也」とある。勘申者は不明。この改元の日についてもはっきりとした史料は残っていないが、『南方紀伝』『続史愚抄』に四月二十八日（5月26日）とある。前述した後亀山天皇の代始改元とされる。

この「元中」は、元中九年〔北朝 明徳三年〕閏十月五日（1392年11月27日）の南北朝合一に伴って廃止され、北朝の「明徳」に統一されることになる。

**1387~1389**

## 疾疫の流行による改元

**北朝**

# 嘉慶《かけい かきょう》

**改元年月日** 至徳四年〔南朝 元中四年〕八月二十三日

**使用期間** 1年5か月と2日

**在位天皇** 後小松天皇 北朝第六代

グレゴリオ暦：1387年10月13日
ユリウス暦：1387年10月5日

元号の出典は『毛詩正義』の「将有嘉慶、禎祥先来見也」。勘申者は菅原秀長（前右大弁）。疫病が流行する中での改元だった。

## 1389～1390

### 重要人物の死が続いたために改元

北朝

# 康応

こうおう

改元年月日　嘉慶三年〔南朝 元中六年〕二月九日

使用期間　1年1か月と5日

グレゴリオ暦：１３８９年３月15日
ユリウス暦：１３８９年３月７日

在位天皇　後小松天皇　北朝第六代

元号の出典は『文選』（巻八・七啓）の「国富民康、神応烋臻、屢獲嘉祥」。勘申者は菅原秀長（非参議）。嘉慶二年〔元中五年〕六月十三日（１３８８年７月24日）の前関白の二条良基《よしもと》の死以来、摂政の近衛兼嗣《かねつぐ》、前内大臣の正親町実継《おおぎまちさねつぐ》など、重要人物の死が続いたことから改元が行われた。

## 1390～1394

### 天変・兵革による改元。南北朝の合一が成立

北朝

# 明徳

めいとく

改元年月日　康応二年〔南朝 元中七年〕三月二十六日

使用期間　4年3か月と21日

グレゴリオ暦：１３９０年４月20日
ユリウス暦：１３９０年４月12日

在位天皇　後小松天皇　北朝第六代

元号の出典は『礼記《らいき》』（大学）の「大学之道、在明明徳、在親民」。勘申者は藤原資康（前権大納言）。北朝の後小松天皇が「天変・兵革」を理由に改元した。

明徳三年〔元中九年〕閏十月五日（１３９２年11月27日）には、南朝と北朝の間で交わされた「明徳の和約」に基づき、南朝の後亀山天皇が北朝の後小松天皇に「三種の神器」を譲って退位、建武三

年（1336年）以来の分裂していた南北朝の合一が成立。その結果、後小松天皇が唯一の天皇となり、前述したように元号も明徳に統一されることとなった。つまり、この日をもって南北朝時代に終止符が打たれたわけである。

ちなみに、この明徳の和約は、足利義満を中心とした室町幕府と南朝との間で交わされたものにすぎず、北朝側は承知していなかったとする説もあるが、いずれにしても、その後、天皇の系譜は現在に至るまで北朝の流れをくんで続くことになったのである。

ところが、北朝第二代の光厳天皇、第三代の光明天皇、第四代の崇光天皇、第五代の後光厳天皇、第六代の後円融天皇は、今上天皇で百二十五代とされる歴代天皇の中にカウントされていない。それは、明治四十四年（1911年）二月二十二日の帝国議会で、南朝を正統とするという決議が行われたからである。

それに伴い、南朝の後醍醐天皇、後村上天皇、長慶天皇、そして後亀山天皇が、それぞれ、第九十六代、第九十七代、第九十八代、第九十九代と称せられ、北朝最後の天皇である後小松が第百代天皇と称されるようになった。

# 第六章 室町・安土桃山時代編

応永
正長
永享
嘉吉
文安
宝徳
享徳
康正
長禄
寛正
文正
応仁
文明

長享
延徳
明応
文亀
永正
大永
享禄
天文
弘治
永禄
元亀
天正
文禄

# 室町・安土桃山時代

## ――室町幕府は「応仁の乱」で弱体化、戦国時代を経て安土桃山時代に

室町時代は、室町幕府（足利《あしかが》将軍家）によって統治されていた時代とされるから、一般的には、足利尊氏《たかうじ》が、〔南朝〕延元《えんげん》三年／〔北朝〕建武《けんむ》五年八月十一日（1338年10月2日）に光明《こうみょう》天皇から征夷《せいい》大将軍に任じられて室町幕府を開き、第十五代将軍・義昭《よしあき》が元亀《げんき》四年七月三日（1573年8月10日）に織田信長《のぶなが》によって京都から追放されるまでの約二百三十五年間を指す。しかし、「元号」をメインテーマとする本書では「南北朝時代」を独立させ、まさに室町幕府が花開く南北合一《ごういつ》後から、安土桃山時代までを一括《くく》りとして、第六章の「室町・安土桃山時代」とする。

室町幕府の第三代将軍・足利義満《よしみつ》の時代となった〔南朝〕元中《げんちゅう》九年／〔北朝〕明徳《めいとく》三年閏《うるう》十月五日（1392年11月27日）には「明徳の和約」を成立させ、南朝の後亀山《ごかめやま》天皇〔第九十九代〕が吉野から京都に帰還して、北朝の後小松《ごこまつ》天皇〔第百代〕に三種の神器を譲って退位することで南北朝の合一が図られた。この頃には、室町幕府は、幕府に対抗する有力守護大名をほぼ抑えることに成功しており、安定期に入っていた。とはいえ、幕府にとって天皇の存在意義（権威）はまだまだ大きなものだった。たとえば、正長《しょうちょう》元年（1428年）に称光《しょうこう》天皇〔第百一代〕が崩御したのち、後南朝勢力が再び両統迭立《てつりつ》を求める動きをしたときには、急遽《きゅうきょ》、称光天皇から八親等以上も離れている彦仁王《ひこひとおう》を捜し出して後花園《ごはなぞの》天皇

第百二代として即位させたほどだった。

しかし、嘉吉《かきつ》元年六月二十四日（１４４１年7月21日）に第六代将軍・義教《よしのり》の独裁に不満を募らせた赤松満祐《みつすけ》が義教を暗殺するという事件（嘉吉の乱）が起きると、室町幕府の力は急激に衰退していった。そして応仁《おうにん》元年（１４６７年）には、幕府管領《かんれい》家の畠山《はたけやま》氏、斯波《しば》氏の家督争いが、細川勝元《かつもと》と山《やま》名宗全《なそうぜん》の勢力争いに発展、さらに第八代将軍・義政《よしまさ》の継嗣《けいし》争いも加わって内乱状態となり、戦火は全国に広がった。「応仁の乱」（応仁・文明《ぶんめい》の乱）だ。

この内乱は文明九年（１４７７年）まで続いたが、長引く戦乱で幕府の力はさらに弱体化し、その権力は近畿にしか及ばなくなり、いわゆる「戦国時代」に突入していった。この当時、朝廷を支えるべき幕府は経済力も政治力も失っていった。朝廷も窮乏し、即位の礼の費用も捻出《ねんしゅつ》できず、天皇が譲位して上皇になったり、改元したりすることすらままならない状況になっていた。そのため、この時期の元号使用期間は結構長いものが多い。

また、この時代の戦国大名たちは、朝廷の権威にはまったく目を向けなくなっていき、実力で自分の領地を獲得することに邁進《まいしん》した。その中から登場してきたのが織田信長だった。織田信長が足利義昭を奉じて京都に上洛《じょうらく》した永禄《えいろく》十一年（１５６８年）から、義昭が京都から放逐されて室町幕府が事実上の滅亡に追い込まれた元亀四年（１５７３年）から、あるいは安土《あづち》城の建設が始まった天正《てんしょう》四年（１５７６年）からを「安土桃山時代」とする説があるが、いずれにせよ、いわゆる「天下人《てんかびと》」が天皇なり朝廷を後見していくこととなった。

1394~1428

後円融天皇崩御に伴う災異改元

# 応永

おうえい

改元年月日　明徳五年七月五日

使用期間　33年10か月と9日

在位天皇
後小松《ごこまつ》天皇　第百代
称光《しょうこう》天皇　第百一代

グレゴリオ暦：1394年8月10日
ユリウス暦：1394年8月2日

元号の出典は『会要《かいよう》』の「久応称之、永有天下」。勘申《かんじん》者は藤原重光（参議・右大弁）。明徳四年四月二十六日（1393年6月14日）に、後円融《ごえんゆう》天皇が崩御したことを契機に災異改元として行われた。

この応永年間は三十三年十か月と九日も続いたが、昭和の六十二年と十三日、明治の四十四年六か月と五日に次いで三番目の年数であり、「一世一元《いっせいいちげん》」の制導入以前でみると最も長く続いた年号である。ある意味で、それだけ安定した時代だったといえる。

応永元年十二月十七日（1395年1月16日）、室町幕府第三代将軍・足利義満《よしみつ》は、将軍職を嫡男・義持《よしもち》に譲ったが、実権は握り続け、同年には従一位太政大臣にまで昇り詰めた。また、応永四年四月十六日（1397年5月21日）には鹿苑寺《ろくおんじ》（金閣寺）を建立するなど栄華を誇り、応永六年十月二十八日（1399年12月4日）に守護大名の大内義弘《よしひろ》が堺で反乱を起こすもすぐに平定（応永の乱）。その一方で遣明使《けんみんし》を派遣して、以後、勘合貿易で利益を上げていった。

さらに義満は、応永十三年十二月二十七日（1407年2月14日）に後小松天皇の生母・三条厳子《たかこ》が病没すると、自分の室（妻）だった日野康子《やすこ》を後小松天皇の准母とし、その地位を磐石《ばんじゃく》のものとした。しかし、応永十五年五月六日（１４０８年６月９日）に病死した。満四十九歳だった。

応永十九年八月二十九日（１４１２年10月14日）には、後小松天皇の譲位を受けた第一皇子の実仁《みひと》が称光天皇（第百一代）として即位した。しかし、在位中は後小松上皇の院政が続いていたことに加え、病気がちでみるべき実績も挙げられず、幕府の意向もあって、代始の改元もなかなか行われなかった。

応永三十年三月十八日（１４２３年５月７日）には足利義持が征夷大将軍を辞し、子の義量《よしかず》が将軍宣下を受けたが、応永三十二年二月二十七日（１４２５年３月26日）に急死。義持が将軍代行を務めたが、その義持が応永三十五年一月十八日（１４２８年２月12日）に亡くなると、くじ引きで第三代将軍・義満の五男・青蓮院義円《しょうれんいんぎえん》（のちに義宣《よしのぶ》→義教《よしのり》）が次期将軍に選ばれた。

1428~1429

## 十六年目にして行われた称光天皇の代始改元

# 正長

しょうちょう

改元年月日　応永三十五年四月二十七日

グレゴリオ暦：１４２８年６月19日
ユリウス暦：１４２８年６月10日

使用期間　1年3か月と23日

在位天皇　称光天皇（第百一代）　後花園《ごはなぞの》天皇（第百二代）

元号の出典は『礼記《らいき》正義』の「在位之君子、威儀不差、可以正長是四方之国」。勘申者は菅原在直（式部大輔《たいふ》）。この改元は称光天皇の代始改元として実施されたが、即位してから十六年も経過していたことから、実は幕府が義持の死去を理由に改元をつよく働きかけたともされる。ちなみに、改元にあたっては「正長」の他に「明治」「文承」「徳和」「建和」「寛安」「長嘉」「明万」「文昭」「天寛」

「万貞」「文万」「平和」「文平」「慶長」「和宝」「文安」などの元号候補も挙げられた。

ところが代始の改元を行ったものの、称光天皇は正長元年七月二十日（1428年9月8日）に、満二十七歳で崩御してしまう。称光天皇には皇子がおらず、次の天皇と目されていた小川宮《おがわのみや》（後小松天皇の第二皇子）も早世していた。

すると、後南朝勢力（南北朝合一後、南朝の再建を図った南朝の皇統の子孫や遺臣による南朝復興運動。またそれによって樹立された政権、皇室の総称）が、北南両統迭立《りょうとうてつりつ》を求める動きを見せた。そんなことになれば、また社会が混乱してしまう。

そこで後小松上皇は、急いで北朝第三代・崇光《すこう》天皇の子孫である伏見宮貞成《さだふさ》親王（後崇光院《ごすこういん》）の第一王子・彦仁王《ひこひとおう》を自らの猶子《ゆうし》とし、親王宣下《せんげ》のないまま、七月二十八日（9月16日）に、後花園天皇 **第百二代** として即位させた。

**1429~1441**

## 急いで行われた代始の改元

# 永享
えいきょう

**改元年月日** 正長二年九月五日

グレゴリオ暦：1429年10月12日
ユリウス暦：1429年10月3日

**使用期間** 11年5か月と7日

**在位天皇** 後花園天皇 **第百二代**

元号の出典は『後漢書《ごかんじょ》』の「能立魏々之功、伝于子孫、永享無窮之祚」。勘申者は菅原在豊（文章《もんじょう》博士《はかせ》）。前述したように、後花園天皇の即位は急遽《きゅうきょ》行われたものであり、正長二年九月五日（1429

年10月12日）には代始改元も行われた。

彦仁王（後花園天皇）は称光天皇から八親等以上離れており、本来は皇統を継ぐ立場にはなかったとされる。しかし、室町幕府将軍に就任することになっていた足利義宣が、後南朝勢力の南朝復興の動きを察知し、伏見御所にいた彦仁王を保護して、後小松上皇に新帝指名を求めたのだった。その義宣は正長二年三月十五日（1429年4月27日）に義教と名を改め、将軍宣下を受けた。

ちなみに八親等以上離れた続柄での皇位継承は、南北朝合一を除くと、称徳《しょうとく》天皇から光仁《こうにん》天皇への譲位以来、五十三代六百五十八年ぶりのことだった。この天皇の系統が今上《きんじょう》天皇をはじめとする現在の皇室に連なっている。

永享十年（1438年）には「永享の乱」が起きた。次期将軍の地位を期待していた鎌倉公方《くぼう》（室町将軍が関東十か国においた出先機関「鎌倉府」の長官）の足利持氏《もちうじ》が将軍となった足利義教と対立。和解を勧める関東管領《かんれい》（鎌倉公方の補佐役）の上杉憲実《のりざね》に対して挙兵した。憲実は幕府に援軍を求め、義教は軍を送って持氏を追討、翌年の永享十一年二月十日（1439年4月2日）、持氏は自刃した。

さらに永享十二年三月四日（1440年4月14日）には、持氏の遺子である春王《はるおう》と安王《やすおう》を奉じた結城《ゆうき》氏朝《うじとも》が下総《しもうさ》結城城で挙兵、再び幕府に対する反乱（結城合戦）を起こした。それに対し、幕府は上杉憲実らを討伐に向かわせ、翌年の嘉吉元年四月十六日（1441年5月15日）には結城城を落として、氏朝を自殺に追い込んだ。そのとき春王、安王も捕らえられ、美濃《みの》の金蓮寺で処刑された。

1441～1444

辛酉年にあたっての辛酉革命改元

# 嘉吉

かきつ
かきち

改元年月日 永享十三年二月十七日

使用期間 2年11か月と13日

在位天皇 後花園天皇 第百二代

グレゴリオ暦：1441年3月19日
ユリウス暦：1441年3月10日

元号の出典は『易経』（随卦《ずいか》・象上伝）の「孚于嘉吉、位正中也」。勘申者は菅原益長（文章博士）。この改元は永享十三年（1441年）が辛酉《しんゆう》年にあたることから、辛酉革命改元として行われた。なお、改元にあたっては、「嘉吉」の他に「仁厚」「治万」「建平」「洪徳」「宝暦」「文安」「慶長」「咸和」「徳建」「長祥」「享徳」「和元」「徳和」などの元号候補も挙げられた。

嘉吉元年六月二十四日（1441年7月21日）に「嘉吉の乱」が起きた。第六代将軍・足利義教の独裁的なやり方に不満を募らせた赤松満祐《みつすけ》（播磨《はりま》・備前《びぜん》・美作《みまさか》の守護）が、義教を自邸に招いて暗殺。本領播磨に逃れて、義教の子・義勝《よしかつ》を後継者（七代将軍）に立て、対抗しようとしたのだ。それに対して幕府は、山名持豊《やまなもちとよ》を中心とする赤松追討軍を編成して満祐を攻め、自殺に追い込んだ。

また同年には近畿周辺で土一揆《つちいっき》が起きた他、嘉吉三年九月二十三日（1443年10月25日）には、後南朝勢力が御所に乱入して、三種の神器の一部を奪って比叡山《ひえいざん》へ逃れるという事件（禁闕《きんけつ》の変）も発生した。

1444~1449

甲子革令による改元

# 文安

ぶんあん

改元年月日　嘉吉四年二月五日

使用期間　5年5か月と22日

グレゴリオ暦：1444年3月3日
ユリウス暦：1444年2月23日

在位天皇　後花園天皇　第百二代

元号の出典は『書経』（堯典）の「放勲欽明文思安安」と『晋書《しんじょ》』（巻五十八・周札伝）の「尊文安漢社稷」。勘申者は藤原兼郷（権中納言）と菅原在直（式部大輔）。この改元は、嘉吉四年（1444年）が甲子年《かっし》にあたることから甲子革令改元として行われた。「文安」の他に、「承慶」「平和」「寛永」「建正」「洪徳」「徳寿」「安永」「寧和」「長禄」「万和」などの元号候補も挙げられた。

ところで、「嘉吉の乱」後の幕府内の混乱を収束させたのは管領・細川持之《もちゆき》と畠山持国《もちくに》であった。しかし持之は、嘉吉二年六月二十四日（1442年8月9日）に隠居し、八月四日（9月17日）には死去してしまった。

また七代将軍・義勝も、就任一年足らずの嘉吉三年七月二十一日（1443年8月25日）に満九歳で急逝。畠山持国らの後見を得た義勝の同母弟・足利義政《よしまさ》が満十三歳で次期将軍に選ばれ、文安六年四月二十九日（1449年5月30日）に将軍宣下を受けて、正式に第八代将軍として就任した。

1449〜1452

## たびたび発生する災異によって改元

# 宝徳

ほうとく

改元年月日 文安六年七月二十八日

使用期間 2年11か月と25日

グレゴリオ暦：1449年8月25日
ユリウス暦：1449年8月16日

在位天皇 後花園天皇 第百二代

元号の出典は『旧唐書《くとうじょ》』（巻二十三・礼楽）の「朕宝三徳、曰慈倹謙」。勘申者は菅原為賢（文章博士）。

文安年間には、彗星《すいせい》の出現や暴風雨、疫病の流行など災異が続き、社会が動揺、一揆もたびたび起きていた。この改元にあたり、「宝徳」の他に、「安永」「万貞」「文昭」「慶長」「咸和」「寛安」「洪徳」「長享」「建和」「正永」「康和」「慶楽」「慶徳」「宝徳」「大応」「仁昭」などの元号候補も挙げられた。

1452〜1455

## 三合と疫病流行で改元

# 享徳

きょうとく

改元年月日 宝徳四年七月二十五日

使用期間 3年と27日

グレゴリオ暦：1452年8月19日
ユリウス暦：1452年8月10日

在位天皇 後花園天皇 第百二代

元号の出典は『書経』（周書・微子《びし》之命）の「世世享徳、万邦作式」。勘申者は菅原為賢（文章博士）。

陰陽道《おんみょうどう》で三合《さんごう》の厄年にあたり、疫病が流行したため改元が行われた（これ以降、三合を理由とする改元は行われていない）。
改元間もない享徳元年八月には、京都で徳政を求める享徳の徳政一揆が起きた。それに対し、幕府は、売買・貸借に伴う契約関係を実力で破棄することを禁じる徳政禁制を発したが、徳政一揆が止《や》むことはなかった。

また、享徳三年十二月二十七日（１４５５年１月24日）には鎌倉公方の足利成氏《しげうじ》が上杉憲忠《のりただ》を暗殺するという事件（享徳の乱）が起き、それがきっかけで、室町幕府、上杉諸家（山内《やまのうち》上杉家・扇谷《おうぎがや》上杉家）、鎌倉公方の間で争いが勃発《ぼっぱつ》、それが拡大して、関東地方から始まる戦国時代の遠因となっていった。

**1455~1457**

**戦乱多発による兵革改元**

# 康正

こうしょう

**使用期間** 2年1か月と10日

**在位天皇** 後花園天皇 第百二代

**改元年月日** 享徳四年七月二十五日

グレゴリオ暦：１４５５年９月15日
ユリウス暦：１４５５年９月６日

元号の出典は『史記』（巻二十八）および『書経』（洪範）の「平康正直」。勘申者は菅原在治（文章博士）と菅原益長（行権中納言）。戦乱が続く中、幕府から改元が申し入れられた。「康正」の他に、「大応」「文承」「仁昭」「文仁」「文観」「安永」「万貞」「宝暦」「文昭」「慶長」「治万」「至安」「文康」などの元号候補が挙げられ、その中から改元前日に後花園天皇の意向で「康正」に決まった。

1457〜1461

病患、炎旱による改元。神璽奪回に成功！

# 長禄

ちょうろく

改元年月日　康正三年九月二十八日

使用期間　3年3か月と16日

グレゴリオ暦：1457年10月25日
ユリウス暦：1457年10月16日

在位天皇　後花園天皇　第百二代

元号の出典は『韓非子《かんぴし》』（巻六・解老）の「其建生也長、持禄也久」。勘申者は菅原継長（文章博士）。

長禄元年十二月二日（1457年12月27日）、北朝ゆかりの赤松氏遺臣が南朝皇胤《こういん》の自天王《じてんのう》と忠義王《ちゅうぎおう》を騙《だま》し討ちにして、嘉吉三年（1443年）の「禁闕の変」で持ち去られていた神璽《しんじ》を奪い返したが、後南朝を支持する吉野の民によって奪還された（長禄の変）。しかし翌年（1458年）に再奪回に成功、八月三十日（10月16日）には朝廷に返還された。この功により、幕府は赤松氏の再興を許し、赤松政則《まさのり》に家督を相続させた。

1461〜1466

五穀不熟、旱損、虫損、飢饉により改元

# 寛正

かんしょう

改元年月日　長禄四年十二月二十一日

使用期間　5年1か月と13日

グレゴリオ暦：1461年2月10日
ユリウス暦：1461年2月1日

在位天皇　後花園天皇　第百二代
後土御門《ごつちみかど》天皇　第百三代

元号の出典は『孔子家語《こうしけご》』の「外寛而内正」。勘申者は藤原勝光（権大納言）。『大乗院日記目録』に

「五穀不熟、旱損《かんそん》、虫損、飢饉《ききん》也」とあるように、長禄三年（１４５９年）頃から凶作による飢饉が発生、さらに被害が拡大する中で改元が行われたが、飢饉は寛正二年（１４６１年）まで続き、「長禄・寛正の飢饉」と呼ばれることとなる。寛正五年七月十九日（１４６４年8月30日）に後花園天皇の第一皇子・成仁《ふさひと》親王が父からの譲位を受けて、後土御門天皇第百三代となったが、その後、文明二年（１４７０年）まで後花園上皇による院政が行われることとなった。

# 1466〜1467

## 後土御門天皇の即位に伴う代始の改元。「文正の政変」が起きた

# 文正

ぶんしょう

使用期間　1年と26日

在位天皇　後土御門天皇　第百三代

グレゴリオ暦：１４６６年３月23日
ユリウス暦：１４６６年３月14日

改元年月日　寛正七年二月二十八日

元号の出典は『荀子《じゅんし》』（巻五・王制）の「積文学正身行」。勘申者は藤原綱光（権中納言）。この改元は後土御門天皇の即位に伴う代始改元として行われたが、改元して七か月後の文正元年九月六日（１４６６年10月24日）に、のちの「応仁《おうにん》の乱」の一因となっていく「文正の政変」が起きた。

そもそもの事の起こりは、室町幕府足利氏の有力一門で、細川氏・畠山氏と交替で管領（将軍に次ぐ最高役職）に任ぜられるほどの有力守護大名だった斯波《しば》氏宗家（武衛《ぶえい》家）の家督争いにあった。

武衛家九代当主の斯波義健《よしたけ》は、享徳元年（１４５２年）に分家である斯波持種《もちたね》の子・義敏《よしとし》を養子にしていたが、嗣子《しし》がないまま同年九月一日（10月22日）に死去。その後、武衛家では義敏と同族・渋

川氏出身の斯波義廉《よしかど》による後継者争いが勃発していた。そこに将軍・足利義政が介入する。文正元年七月二十三日（１４６６年9月11日）、武衛家の家督を斯波義廉から取り上げ、斯波義敏に与えて越前・尾張・遠江《とおとうみ》守護職に任じたのだ。その頃、細川勝元《かつもと》（土佐・讃岐《さぬき》・丹波・摂津・伊予守護）や山名宗全《そうぜん》（但馬《たじま》・備後・安芸《あき》・伊賀守護）ら有力守護大名が力を付け、将軍の威信に陰りが見え始めていたが、義政は義敏を取り込むことで、それら勢力に対抗し、専制政治体制を敷こうとしたとされる。

だが失敗する。義政の介入を不服とした義廉は、妻の父である山名宗全を頼った。この義廉の動きを見た一色義直《いっしきよしなお》（丹後国・伊勢国守護）や土岐成頼《ときしげより》（美濃守護）らも義廉支持に回った。

さらに、義政の側近だった伊勢貞親《さだちか》（室町幕府政所執事）が謀反の噂を流して足利義視《よしみ》（義政の異母弟）を追放し、暗殺を図ったことが露見すると、義視を後見していた細川勝元は山名宗全と協力して、九月六日（10月24日）には貞親、季瓊真蘂《きけいしんずい》（臨済宗の僧）、斯波義敏、赤松政則らを都から追放した。そして、この政変で足利義政の側近を中心とした政治は瓦解《がかい》し、諸大名による「応仁の乱」が起きることとなる。

1467~1469

## 応仁

おうにん

**絶え間なく続く兵革の中で行われた災異改元。そして「応仁の乱」が始まった**

改元年月日　文正二年三月五日

グレゴリオ暦：１４６７年４月18日
ユリウス暦：１４６７年４月９日

使用期間　2年1か月と30日

在位天皇　後土御門天皇　第百三代

元号の出典は『維城典訓《いじょうてんくん》』の「仁之感物、物之応仁、若影随形、猶声致響」。勘申者は菅原継長（権中納言）。「文正の政変」以来、絶え間なく続く兵革を理由とする災異改元である。文正二年二月十八日（1467年4月1日）、将軍・義政が元号勘申者宣下をしている。将軍による宣下は異例のことだった。改元にあたっては、「応仁」の他に、「和宝」「天和」「文建」「安観」「観徳」「文観」「寛永」「仁昭」「宝暦」「文仁」「慶応」などの元号候補も挙げられた。

応仁という年号からすぐに思い浮かぶのが「応仁の乱」だ。この応仁の乱が始まったのは、改元直後の応仁元年五月二十六日（1467年7月6日）とする説もあるが、実際には改元前の文正二年一月十八日（1467年3月3日）だとされている。この日、畠山義就《はたけやまよしひろ》（河内・紀伊・山城・越中守護）が、京都の上御霊《かみごりょう》社にいた畠山政長《まさなが》を攻めた「上御霊社の戦い」が発端で、その後、十年十か月にもおよぶ応仁の乱が始まったのだ。ここで、応仁の乱に至る流れを振り返っておこう。

## ■「上御霊社の戦い」で始まり、十年以上も続いた「応仁の乱」

そもそも、室町幕府は全国の有力守護大名の連合政権的な組織で、彼らの微妙な勢力バランスの上で成り立っていた。特に、室町幕府が最も栄華を誇った第三代将軍・足利義満の時代が過ぎると、三管領（斯波氏・細川氏・畠山氏）、四職（赤松氏、一色氏、京極氏、山名氏）家を中心とする有力守護大名で構成された重臣会議が政務議決機関として機能していた。

だが、そのバランスが崩れるときがやってくる。前述したように、嘉吉元年六月二十四日（1441年7月21日）に「嘉吉の乱」が起きると、それをきっかけに次第に勢力バランスに崩れが生じ、重臣会議が機能しなくなっていった。

それに加えて第七代将軍・足利義勝と第八代将軍・足利義政の生母である日野重子《しげこ》が政治に関与するようになり、側近勢力が台頭したことも、幕政がますます乱れていく大きな理由となった。

さらにこの時期には、天候不順による凶作や伝染病被害が続き、庶民の不満が高まって、将軍の不信任などを訴える徳政一揆が頻発していたし、地方で独自の勢力を有する国人層による幕府の直轄領や荘園の押領《おうりょう》も相次ぎ、財政を圧迫するまでになっていた。

そんな中で力を付けてきたのが、「嘉吉の乱」以降、赤松氏の遺領を継承して山陰・山陽に地盤を築いた山名持豊と、畿内・四国・山陽の地盤を広げた細川勝元だった。その両守護家が幕政の主導権を争うようになる中、今度は三管領の一つである畠山氏に内紛が勃発した。

そもそも、京都を軍事的に押さえていた山城守護職は畠山氏が務めていた。だが、宝徳二年（１４５０年）、畠山持国が実子の義就に所領を譲ったために養子の政長との間に対立が生じると、政長は細川勝元を動かして、義就を幕府から追放した。寛正元年（１４６１年）のことである。

当然、義就は政長に対して激しい敵意を抱き、家督と山城守護の奪回の機を狙っていたが、そんな中、当初は細川勝元に従っていた山名持豊が、幕府軍を相手に孤軍奮戦する義就の軍事的才能を高く評価するようになり、次第に義就に接近。前述した「文正の政変」後に、細川勝元と山名持豊による激しい主導権争いが始まると、義就の大軍が大和《やまと》から入京。山名持豊は第八代将軍の足利義政に圧力をかけて、斯波義廉を越前・尾張・遠江三国の守護職にさせた上で、政長に対して畠山氏の家督を義就に返すように圧力をかけた。そこで窮地に陥った政長は、応仁元年一月十八日（1467年3月3日）、ついに山城上御霊において義就軍とぶつかり合った。それが「上御霊社の戦い」（御霊合戦）であった。もはやそれは、畠山政長と畠山義就による一族内の家督争いに留まることはなかった。それぞれの後ろには主導権を狙う勢力がついており、その後も両軍による小競り合いは続き、京は不穏な空気に包まれていた。

そして応仁元年五月二十六日（1467年7月6日）の夜明け前、ついに「上《かみ》京《ぎょう》の戦い」（現在の京都府京都市上京区）が始まった。畠山政長についた細川勝元ら「東軍」は堀川支流の小川西岸の実《じっ》相院《そういん》を、畠山義就についた山名宗全・斯波義廉ら「西軍」は東岸の正実坊《しょうじつぼう》を占拠後、東軍が一色義直邸を強襲して八代将軍・義政の身柄を確保。ここで日本を二分する全面戦争に突入した。応仁から文明《ぶんめい》にかけて続く大乱の始まりだった。

**応仁の乱・山名細川対陣の図**
出典『絵入日本歴史』 国立国会図書館デジタルコレクション

応仁の乱による災異改元

1469~1487

# 文明

ぶんめい

改元年月日　応仁三年四月二十八日

グレゴリオ暦：１４６９年６月17日
ユリウス暦：１４６９年６月８日

使用期間
18年2か月と1日

在位天皇
後土御門天皇
第百三代

元号の出典は『易経』（同人卦《か》）の「文明以健、中正而応、君子正也」。勘申者は菅原長清（参議・大蔵卿）。応仁二年（１４６８年）の暮れには、翌年の春に改元を行うという計画が持ち上がっていた。いうまでもなく、「応仁の乱」を早く終結させたいという気持ちが強かったのだろう。改元にあたっては、「文明」の他に、「永正」「長享」「章明」「大応」「和光」「斉徳」「康徳」「弘文」「安永」「慶応」「宝暦」などが元号候補に挙げられた。

応仁の乱は、後南朝の皇子まで参戦するなど、まさに収拾がつかない状態となっていた。応仁元年八月（１４６７年９月）には、後花園上皇と後土御門天皇が戦火を逃れて室町殿（花の御所《ごしょ》）に避難、将軍・義政は御所を改装して仮の内裏としていた（後花園上皇はその直後に出家して法皇になった）。以後、文明八年（１４７６年）に室町殿が焼失し、天皇が北小路殿《きたこうじ》（義政の正室・富子《とみこ》所有の邸宅）に御所を移すまで、天皇と将軍の同居という事態が続くことになる。また、改元にあたっては、御所で行うことができず、室町第を内裏に見立てて行われた。

文明三年五月二十一日（１４７１年６月18日）には、斯波義廉（管領）の重臣で西軍の主力だった朝倉孝景が東軍側に寝返り、東軍は決定的に有利となった。

その後、東軍優先のまま状況は進んでいったが、なかなか決着はつかなかった。何度か細川勝元と山名宗全の間で和議の話し合いがもたれたものの頓挫《とんざ》し、文明五年三月十八日（1473年4月24日）に宗全が、同年五月十一日（6月15日）に勝元が、和睦を成立させぬまま死去した。一方、その年の十二月十九日（1474年1月16日）には、足利義尚《よしひさ》が父の義政から将軍の座を譲られ、第九代将軍となった。この頃から、義政の正室である日野富子の発言力が高まっていった。

## ■「応仁の乱」の終結

文明六年四月三日（1474年4月28日）には、宗全の後継者である山名政豊《まさとよ》と細川勝元の嫡男・政《まさ》元《もと》の間に和睦が成立するが、双方の陣営に反対があり、戦闘が止《や》むことはなく、小さなぶつかり合いが続いた。

結局、応仁の乱が実質的に終結するのは、文明九年十一月十一日（1477年12月25日）のことだった。その日、将軍・義尚の名で周防《すおう》・長門・豊前・筑前の四か国の守護職を安堵《あんど》された大内政弘《まさひろ》が京から撤収したことによって西軍は事実上解体されて京都での戦闘は終結し、足利義視・義材《よしき》（のちの第十代将軍）親子は土岐《とき》成頼《しげより》や斎藤妙椿《みょうちん》らとともに美濃に退去した。

この西軍の解体はわずか一日で終わったと伝えられるが、それから九日後の十一月二十日（1478年1月3日）、幕府によって「天下静謐《せいひつ》」の祝宴が催され、十年十か月にも及ぶ大乱の幕が降ろされたのだった。

義政はその後、文明十四年（１４８２年）、慈照寺《じしょうじ》（京都府京都市左京区）に観音殿（銀閣寺）の造営に着手した（長享三年／１４８９年の上棟）。

一方、文明十七年（１４８５年）、山城国一揆《やましろのくにいっき》が起きた。山城国（現在の京都府南部）の三郡（久世《くせ》郡、綴喜《つづき》郡、相楽《そうらく》郡）で国人や農民が、守護大名畠山氏の支配を排除して、以後八年間にわたって自治を行った。この住民による自治は、日本の歴史において特筆すべきことである。

**1487~1489**

**火災・病事・兵革を理由とした災異改元**

# 長享

ちょうきょう

**使用期間**
2年1か月と7日

**在位天皇**
後土御門天皇 第百三代

**改元年月日** 文明十九年七月二十日
グレゴリオ暦：１４８７年８月18日
ユリウス暦：１４８７年８月９日

元号の出典は『文選《もんぜん》』（巻九）の「喜得全功、長享其福」。勘申者は菅原在数（文章博士）。前年の文明十八年（１４８６年）に伊勢神宮で外宮《げくう》が炎上するという事件があったことから、改元が行われた。ちなみに、改元にかかる費用は室町幕府が提供するのが通例だったが、そのときは公家《くげ》側が支払った。それだけ幕府の財政が逼迫《ひっぱく》していたのだろう。

長享二年六月九日（１４８８年7月26日）には、蓮如《れんにょ》の教えを奉じる加賀本願寺の門徒らによる加賀一向《いっこう》一揆が起き、国内を支配し、運営した。

1489〜1492

## 延徳《えんとく》

将軍・足利義尚の死をきっかけとした災異改元

改元年月日 長享三年八月二十一日

使用期間 2年10か月と27日

グレゴリオ暦：1489年9月25日
ユリウス暦：1489年9月16日

在位天皇 後土御門天皇 第百三代

元号の出典は『孟子《もうし》』の「開延道徳」。勘申者は菅原長直〔参議〕。九代将軍・足利義尚《よしひさ》が長享三年三月二十六日（1489年5月5日）に満二十三歳で病死したため、父の義政が朝廷に申し入れる形で改元が行われた。死因は過度の飲酒による脳溢血《のういっけつ》とも、荒淫《こういん》のためともいわれているが、改元は災異改元として行われた。

延徳二年七月五日（1490年7月31日）に、足利義材〔足利義視の子。のちに義尹《よしただ》〔明応七年／1498年〕→義稙《よしたね》〔永正十年／1513年〕〕が、伯母である日野富子の擁立で第十代将軍の座に就いた。

1492〜1501

## 明応《めいおう》

財政逼迫の中で行われた疾病流行による改元

改元年月日 延徳四年七月十九日

使用期間 8年7か月と7日

グレゴリオ暦：1492年8月21日
ユリウス暦：1492年8月12日

在位天皇 後土御門天皇 第百三代
後柏原《ごかしわばら》天皇 第百四代

元号の出典は『文選』〔巻十〕の「徳行修明、皆応受多福、保中又子孫」と、『易経』〔大有卦《だいゆうか》〕の

「其徳剛健而文明、応乎天而時行」。勘申者は菅原在数（文章博士）。延徳四年（１４９２年）には畿内周辺で飢饉が深刻化。朝廷が悪疫流行防止のために京畿諸国の諸寺諸山に祈禱《きとう》を命じる中、幕府から「明」の字を使うように指示が出され、この改元が行われた。

明応二年四月二十二日（１４９３年5月16日）、かねてから足利義材の将軍承認に反対していた管領・細川政元が、義材が畠山基家《もといえ》（畠山義就の子）を討伐するために河内に出兵している隙を突いてクーデターを決行。日野富子、伊勢貞宗《さだむね》らと手を結んで、出家していた清晃《せいこう》（妻は日野富子の姪《めい》にあたる日野阿子）を還俗させて、第十一第将軍・足利義澄《よしずみ》として擁立した。義材は越中射水郡放生津《ほうじょうづ》（現在の富山県射水市）に逃れ、越中公方（越中御所）をうち立てたが、室町幕府は二分化して弱体化が進み、急激に衰退していくこととなった（明応の乱）。

## ■津波で浜名湖が海とつながった

明応四年八月十五日（１４９５年9月12日）には相模《さがみ》沖で大地震が起き、発生した津波で高徳院《こうとくいん》の大仏殿が破壊され、多くの溺死者《できししゃ》が出た。さらにそれに続き、明応七年六月十一日（１４９８年7月9日）には畿内で大地震が発生、同年八月二十五日（9月20日）には東海道沖で大地震が発生して太平洋沿岸で津波による大被害が出た。このときの津波で浜名湖《はまな》が外海とつながった。

明応九年十月二十五日（１５００年11月26日）、後土御門天皇の崩御を受け、第一皇子・勝仁《かつひと》親王が践祚し、後柏原天皇（第百四代）の座に就いた。しかし、後柏原天皇の即位式が行われたのは、それから二十年と五か月以上後の大永《たいえい》元年三月二十二日（１５２１年5月8日）のことである。応仁の乱後の混乱で、朝廷の財政は極めて逼迫しており、即位式を行う費用もままならない状態だったのだ。

## 1501~1504

**辛酉革命による改元**

# 文亀

ぶんき

**改元年月日** 明応十年二月二十九日

**使用期間** 2年11か月と27日

**在位天皇** 後柏原天皇 第百四代

グレゴリオ暦：１５０１年３月28日
ユリウス暦：１５０１年３月18日

元号の出典は『爾雅《じが》』（巻十・釈魚）の「一曰神亀、二曰霊亀、三曰摂亀、四曰宝亀、五曰文亀」。勘申者は菅原和長（文章博士）。辛酉革命を理由とした改元である。改元にあたっては「文亀」の他に、「貞徳」「延禄」「寛永」「永正」「万治」「永光」「文承」などの元号候補も挙げられた。

## 1504~1521

**甲子革令による改元。いよいよ戦国時代に突入！**

# 永正

えいしょう

**改元年月日** 文亀四年二月三十日

**使用期間** 17年6か月と7日

**在位天皇** 後柏原天皇 第百四代

グレゴリオ暦：１５０４年３月26日
ユリウス暦：１５０４年３月16日

元号の出典は『易緯』の「永正其道、咸受吉化、徳弘（施）四海、能継天道」。勘申者は菅原長直（式部大輔）。文亀四年（１５０４年）が甲子年にあたることから、甲子革令の改元として実施された。

そんな中で起きたのが「永正の錯乱」と呼ばれるできごとである。

永正四年六月二十三日（1507年8月11日）、第十代将軍・足利義材を追放して政治権力を掌握し、幕府の最高権力者となっていた細川政元が、湯殿で行水をしているところを殺害され、細川家内部の抗争が勃発したのである。政元はもともと子がおらず、兄弟もいなかったため、文亀二年（1502年）に九条家から家督相続を条件に澄之《すみゆき》（関白・九条政基の末子）を養子に迎えていたが、翌年の文亀三年（1503年）には一門である阿波《あわ》守護家の澄元《すみもと》を養子に迎えて家督相続を約束した上に澄之を廃嫡、さらに細川氏庶流である野州家からも高国《たかくに》を養子に迎えていた。その廃嫡された澄之の一派が政元を襲って殺害したのだ。それに対し、澄元は、永正四年八月一日（1507年9月17日）には「父の仇討ちを果たす」として澄之を殺害した。

## ■戦国時代突入を象徴する「永正の乱」

その「永正の錯乱」の直後に越後（現在の新潟県本州部分）で起きたのが「永正の乱」である。八月七日（9月23日）、越後守護代の長尾為景《ためかげ》が、越後守護上杉氏の当主である上杉定実《さだざね》を擁立して、越後国守護の上杉房能《ふさよし》を急襲して自害に追い込んだ。それをきっかけに山内上杉家（関東地方に割拠した上杉氏の諸家の一つで関東管領職も務めた家柄）の内紛が始まった。この混乱に乗じて動いたのが第十代将軍の座を追われていた足利義尹（義材より改名）である。義尹は周防（現在の山口県東南半分）の戦国大名・大内義興《よしおき》の支援を得て上洛を開始し、それに細川高国も呼応するや、第十一代将軍・足利義澄は近江（現在の滋賀県）へ、澄元は阿波（現在の徳島県）へと逃亡。義尹は永正五年七月一日（1508年8月7日）に将軍職に復帰し、高国の家督継承も承認された。

永正六年六月十七日（1509年7月14日）には、再起を図る足利義澄と細川澄元が、三好之長《みよしゆきなが》らとともに京都に侵攻したが、細川高国と大内義興の反撃に合い、敗北する（如意ケ嶽の戦い）。さらに義澄と澄元は、永正八年八月二十四日（1511年9月26日）に、細川政賢《まさかた》を主将として再び高国・義興勢に挑み、一時は京を奪還して、義尹を丹波へと逃走させることに成功したものの、結局、高国・義興軍の反撃に合って京都を奪い返され、澄元は阿波へ逃亡することとなった。ちなみにこのとき捕らえられ、近江に追放された足利義澄は、永正八年八月十四日（1511年9月16日）に病死した。

こうして勝者となったかに見えた細川高国と足利義稙（義尹より改名）だったが、この二人もやがて反目し合うようになる。永正十六年十月（1519年11月）に阿波に逃れていた細川澄元が挙兵して、三好之長らとともに摂津（現在の大阪府北中部と兵庫県南東部）に攻め込んだ。それに対した高国は永正十七年二月（1520年3月）の尼崎《あまがさき》での戦闘で大敗を喫して京都に敗走する。

そのとき高国は義稙に対し、共に近江に逃げるよう進言したが、義稙はそれを拒否した。実はそのとき、義稙の元には澄元から恭順を誓う書状が送られており、それを受けた義稙は高国を切り捨てたのだ。そして、高国と入れ替わるように三好之長が入京した。

この義稙の裏切り行為に対し、近江で兵力を立て直した高国は、同年五月五日（5月31日）には京都の等持寺《とうじじ》周辺での戦い（等持寺の戦い）で勝利して再び入京を果たし、澄元は阿波へと逃げ帰っていった。以来、細川高国と足利義稙の関係は険悪なものとなった。

永正十八年三月七日（1521年4月23日）、義稙は同月に予定されていた後柏原天皇の即位式直前に和泉堺（現在の堺市）に出奔。後柏原天皇は激怒して高国に即位式の準備を命じて、三月二十二日（5月8日）に予定通りに挙行させた。この頃より、日本各地で守護の支配下にあった者がのし上がり、新たな支配者となる「下剋上《げこくじょう》」の時代となり、本格的な「戦国時代」を迎えていくこととなった。

**1521〜1528**

## 打ち続く戦の中で行われた災異の改元

# 大永

たいえい
だいえい

**改元年月日** 永正十八年八月二十三日

**使用期間** 6年11か月と10日

**在位天皇** 後柏原天皇 第百四代
後奈良《ごなら》天皇 第百五代

グレゴリオ暦：1521年10月3日
ユリウス暦：1521年9月23日

元号の出典は『杜氏通典《とうしつてん》』の「庶務至微、至密、其大則以永業」。勘申者は菅原為学（参議）。兵革などを理由とした災異改元として行われたが、実は、細川高国は足利義稙に代わる新将軍として、第十一代将軍・義澄の遺児である義晴《よしはる》を擁立することを決めており、それに合わせて、改元を朝廷に申し入れていた。そして大永元年十二月二十五日（1522年2月1日）、足利義晴が、正式に第十二代将軍の座に就いた。一方、義稙は再起を期して和泉堺から淡路島《あわじしま》の志筑浦《しづきうら》に逃れていたが、大永三年四月九日（1523年6月2日）、阿波撫養《むや》（現在の鳴門市）で死去した。

細川高国は大永四年四月二十一日（1524年6月3日）に出家して、家督と管領職を嫡子の稙国《たねくに》に譲っていたが、大永五年十月二十三日（1525年11月18日）に稙国が没したため、管領・細川家当主として復帰した。その後、大永六年七月十三日（1526年8月30日）に高国は従弟の細川尹賢《ただたか》の讒言《ざんげん》に従い、重臣の香西元盛《こうざいもともり》を謀殺。元盛の実兄（波多野稙通《はたのたねみち》と柳本賢治《やなぎもとかたはる》）が丹波で挙兵したため、尹賢を鎮圧に向かわせたものの敗退。それに加え、阿波では細川澄元の遺児・細川晴元《はるもと》や三好之長の孫・元長《もとなが》が挙兵、大永七年二月十二日（1527年3月24日）には、京に侵攻してきた柳本賢治や三好元長らに「桂川原の戦い」で敗れ、足利義晴を擁して近江坂本（現在の大津市）へ逃れた。

一方、朝廷では、大永六年四月二十九日（1526年6月19日）、後柏原天皇の崩御に伴い、第二皇子の知仁《ともひと》親王が後奈良天皇（第百五代）として即位した。ただし、即位式が行われたのは、九年九か月後の天文《てんぶん》五年二月二十六日（1536年3月28日）のことである。とにかく財政が窮乏し、後奈良天皇は宸筆《しんぴつ》（天子の直筆）の書を売って収入の足しにしていたほどで、その即位式も全国から寄付金を集めてやっと行った。

**1528〜1532**

**戦乱を理由とした災異改元**

# 享禄

きょうろく

**改元年月日** 大栄八年八月二十日

**使用期間** 3年11か月と26日

**在位天皇** 後奈良天皇 第百五代

グレゴリオ暦：1528年9月13日
ユリウス暦：1528年9月3日

元号の出典は『易経』（大畜《だいちく》卦《か》象程《たんてい》・氏伝注）の「居天位、享天禄也」。勘申者は菅原和長（前大納言）。将軍・足利義晴の発議で戦乱を理由とする災異改元として行われた。改元にあたっては、「享禄」の他に、「寛安」「至元」「和元」などの元号候補も挙げられた。

「桂川原の戦い」で敗走した細川高国は、その後、一時は反撃に転じたものの、享禄四年六月四日（1531年7月27日）、播磨守護の赤松政祐《まさすけ》の裏切りで高国勢は総崩れとなり、尼崎に逃走（大物《だいもつ》崩れ）。六月八日（7月31日）には尼崎の広徳寺で自害に追い込まれた。ついに高国の政権は完全に消滅した。

1532～1555

疫病流行、戦乱等による災異改元

# 天文 てんぶん てんもん

改元年月日 享禄五年七月二十九日

使用期間 23年2か月と9日

在位天皇 後奈良天皇 第百五代

グレゴリオ暦：1532年9月8日
ユリウス暦：1532年8月29日

元号の出典は『書経』（舜《しゅん》典の「以斉七政」の注）の「舜察天文、斉七政」。勘申者は菅原長雅（文章博士）。改元理由は疫病流行、戦乱等とされるが、改元したものの混乱は収まらず、京都では法華《ほっけ》一揆と呼ばれる一連の騒動が起きた。

天文元年八月二十四日（1532年10月3日）には、日蓮宗の宗徒が細川晴元・茨木《いばらぎ》長隆《ながたか》らと結託して、山科《やましな》本願寺などの一向宗《いっこうしゅう》寺院を焼き討ちして、約五年間にわたって自治を行った。その後、天文五年七月二十七日（1536年8月23日）には天台宗比叡山の僧兵集団が京都の日蓮宗寺院二十一本山に対して延暦寺の末寺になるように迫り、断られると二十一本山をことごとく焼き払うという「天文法華の乱」が勃発、日蓮教団は壊滅状態となり、京都では日蓮宗が禁教扱いとなった。

## ■鉄砲伝来とザビエルの来日

天文十二年八月二十五日（１５４３年10月３日）には種子島《たねがしま》に鉄砲が伝来し、その後の戦《いくさ》の在り方に大きな影響を及ぼすことになった（１５４２年説もある）。

天文十五年十二月二十日（１５４７年１月21日）に足利義輝《よしてる》が、第十三代将軍の座に就いた。また天文十八年七月三日（１５４９年８月６日）には、鹿児島にイエズス会宣教師のフランシスコ・ザビエルが上陸した。

天文二十二年（１５５３年）には、川中島（現在の長野県長野市南郊）を中心に、甲斐国（現在の山梨県）の領主である武田信玄《しんげん》（武田晴信《はるのぶ》）と越後国（現在の新潟県）の戦国大名である上杉謙信《けんしん》（長尾景虎《かげとら》）との間で、北信濃の支配権を巡る争いも勃発した。この「川中島の戦い」は、同年の第一次合戦から、永禄七年（１５６４年）の第五次合戦まで続くこととなる。

**川中島で戦う武田信玄（左）と上杉謙信（右）**
出典『絵入日本歴史』　国立国会図書館デジタルコレクション

1555~1558

## 兵革による改元

# 弘治

こうじ

改元年月日　天文二十四年十月二十三日

使用期間　2年4か月と11日

在位天皇　後奈良天皇（第百五代）
正親《おおぎまち》町天皇（第百六代）

グレゴリオ暦：1555年11月17日
ユリウス暦：1555年11月7日

元号の出典は『北斉書』の「祇承宝命、志弘治体」。勘申者は菅原長雅（権中納言）。

改元直前の天文二十四年十月一日（1555年10月26日）に、安芸（現在の広島県西部）の領主・毛利《もうり》元就《もとなり》が、周防・長門《ながと》（現在の山口県東南半分と山口県西部）の領主である大内義長《よしなが》の家臣・陶晴賢《すえはるかた》を厳島《いつくしま》の戦いで破り、毛利の勢力が拡大した。弘治三年十月二十七日（1557年11月27日）、後奈良天皇の崩御に伴って、第一皇子の方仁《みちひと》親王が践祚し、正親町天皇（第百六代）の座に就いた。正親町天皇もまた三年間、即位の礼を挙げられなかった。この頃、倭寇《わこう》が中国の南京《なんきん》まで進出、この前後十年間が、勘合貿易途絶後の倭寇（後期倭寇）が最も活発に活動した時期とされている。

1558~1570

## 正親町天皇の即位に伴う代始の改元。「桶狭間の戦い」で織田信長が勝利

# 永禄

えいろく

改元年月日　弘治四年二月二十八日

使用期間　12年2か月と9日

在位天皇　正親町天皇（第百六代）

グレゴリオ暦：1558年3月28日
ユリウス暦：1558年3月18日

元号の出典は『群書治要』（巻二十六）の「能保世持家、永全福禄者也」。勘申者は菅原長雅（権中納言）。正親町天皇の即位に伴う代始の改元だった。

永禄三年五月十九日（1560年6月22日）に、尾張《おわり》国の古渡城（現在の愛知県名古屋市）の城主・織《お》田《だ》信秀《のぶひで》の嫡男・信長《のぶなが》と、駿河《するが》国（現在の静岡県中部・北東部）および遠江国（静岡県の大井川以西）の領主・今川義元《よしもと》との間で「桶狭間《おけはざま》の戦い」が勃発、信長は今川義元を討ち取り、以後、勢力を急速に拡大していくこととなった。

永禄八年五月十九日（1565年6月27日）に、「永禄の変」が起きた。その前年の永禄七年七月四日（1564年8月20日）に三好長慶《ながよし》が病死すると、長慶の寵臣だった松永久秀《ひさひで》の長男・久通《ひさみち》と三好三人衆（三好長逸《ながやす》・三好宗渭《そうい》・岩成友通《いわなりともみち》）が、足利義維《よしつな》（第十一代将軍・足利義澄の次男で、第十代将軍・足利義稙の養子。義輝の叔父）と組み、義維の嫡男・義栄《よしひで》（義輝の従兄弟）を新将軍にするよう掛け合った。だがそれを拒否されたため、京に侵入し、義輝の室町御所を包囲して攻め滅ぼしたのだ。

そして義栄は、永禄十一年二月八日（1568年3月16日）に第十四代将軍となった。しかし九月（10月）、織田信長が、仏門に入って一乗院門跡となっていた第十二代将軍・足利義晴の子である義《よし》秋《あき》（のちに義昭）を還俗させ、奉じて上洛の動きを見せる。それに対して三人衆が畿内で信長軍と戦ったものの敗退。義栄は阿波に逃れ、その直後に以前から患っていた腫物が悪化して病死。義昭が同年十月十八日（11月17日）に第十五代将軍の宣下を受けた。

1570~1573

## 十五代将軍・足利義昭が望んだ改元

# 元亀
げんき

改元年月日　永禄十三年四月二十三日

使用期間　3年2か月と29日

在位天皇　正親町天皇　第百六代

グレゴリオ暦：1570年6月6日
ユリウス暦：1570年5月27日

元号の出典は『詩経』（魯《ろ》頌《しょう》泮水《はんすい》篇）の「憬彼淮夷、来献其、元亀象歯大賂南金」と、『文選』（巻一・蜀都賦）の「元亀水処、潜竜蟠於沮沢、応鳴鼓而興雨」。勘申者は菅原長雅（式部大輔）。この改元は戦乱などの災異によるためとされているが、実は、将軍となった足利義昭の意向によるといわれている。

義昭は将軍の座に就いておよそ半年後に「元亀」と改元したいと朝廷に申し出たが、織田信長が将軍の権威が復活することを嫌い、正親町天皇の在位が続いているとして反対。それに対して義昭は、信長が越前国（現在の福井県嶺北地方・岐阜県北西部）の朝倉氏討伐に出陣した間隙《かんげき》を縫って改元を実行したとされている。

その後、一時、義昭と信長の間で講和が結ばれたこともあったが、義昭は元亀四年七月三日（1573年8月10日）、講和を破棄して槇島城《まきしまじょう》（京都宇治市槇島町）で挙兵した。しかし織田軍を前に、七月十八日（8月25日）に降伏。義昭は京都から追放され、枇杷荘《びわのしょう》（現在の京都府城陽市）に移り、室町幕府は事実上崩壊した。

## 1573~1593

**信長が望んだ改元。だが「本能寺の変」で落命**

# 天正

てんしょう

改元年月日 元亀四年七月二十八日

使用期間 19年4か月と6日

グレゴリオ暦：1573年9月4日
ユリウス暦：1573年8月25日

在位天皇
正親町天皇 第百六代
後陽成《ごようぜい》天皇 第百七代

元号の出典は『文選』（巻二・藉田賦）の「君以下為基、民以食為天、正其末者端其本、善其後者慎其先」と、『老子』（第四十五章）の「清静者為天下正」。勘申者は菅原長雅（式部大輔）。改元にあたっては、「天正」の他に「永安」「徳暦」「延禄」「寛安」「享寿」などの元号候補も挙げられた。

この改元は、元亀二年九月十二日（1571年10月10日）の織田信長の「比叡山焼き討ち」（現在の滋賀県大津市）や、元亀三年十二月二十二日（1573年2月4日）の武田信玄vs徳川家康の「三方ヶ原《みかたがはら》の戦い」（現在の静岡県浜松市北区）などの戦乱を理由にしたとされるが、実は、足利義昭を京都から追放した織田信長による、朝廷への強い働きかけで行われたといわれている。

### ■信長の死と秀吉の天下取り

信長は、天正元年八月（1573年9月）の越前国における「一乗谷城《いちじょうだにじょう》の戦い」で朝倉義景《よしかげ》を、「小《お》谷城《だにじょう》の戦い」で浅井長政《あざいながまさ》を撃ち破り、天正三年五月二十一日（1575年7月9日）には徳川家康との連合軍で、三河国の長篠城《ながしの》（現在の愛知県新城市《しんしろ》）を巡る「長篠の戦い」に臨んで甲斐国の領主・武田勝頼《かつより》軍を敗走させたのに続き、同年八月十八日（10月2日）には「越前の一向一揆」を平定して、天正四年二月（1576年3月）には築城中の安土《あづち》城（現在の滋賀県近江八幡市安土町）に移って号令を下すようになった。また、天正八年八月二日（1580年9月20日）には、元亀元年九月十二日（1570年10月21日）から、摂津国石山（現在の大阪市中央区）で続いていた浄土真宗石山本願寺法主《ほっす》・顕如《けんにょ》との「石山合戦」を終結させている。

この頃から目覚ましい活躍ぶりを見せるようになったのが羽柴秀吉《はしばひでよし》（のちの豊臣《とよとみ》秀吉）だった。天正五年十月五日（1577年11月24日）から五日間続いた「信貴山城《しぎさんじょう》の戦い」（現在の奈良県生駒郡平群町）で信長に反旗を翻した松永久秀《ひさひで》を滅ぼして功績を挙げ、その後、中国地方攻略のために播磨国に進軍、反対勢力を次々と従えていった。

天正六年（1578年）から、およそ三年をかけて三木城（現在の兵庫県三木市）を水攻めし、別所長《べっしょなが》治《はる》を滅ぼした「三木合戦」はよく知られている。さらに、天正十年（1582年）には備中国に侵攻し、毛利輝元《てるもと》・吉川元春《きっかわもとはる》・小早川隆景《たかかげ》らを大将とする毛利軍と対峙《たいじ》していた。

ところが、同年六月二日（7月1日）、「本能寺《ほんのうじ》の変」（現在の京都府京都市中京区）で明智光秀《みつひで》によっ

**織田信長**　出典『古今偉傑全身肖像』 国立国会図書館デジタルコレクション

て信長が謀殺される。秀吉は備中からとって返し、六月十三日（7月12日）の「山崎《やまざき》の戦い」（現在の大阪府三島郡島本町山崎、京都府乙訓《おとくに》郡大山崎町）で明智軍を撃ち破った。

そして六月二十七日（7月26日）に尾張国の清洲《きよす》城（現在の愛知県清須市）で開かれた「清洲会議」で、秀吉は、信長の孫にあたる信忠《のぶただ》の嫡男・三法師《さんぼうし》（織田秀信《ひでのぶ》）を擁立し、信長の三男・信孝《のぶたか》を擁立した柴田勝家《かついえ》らと対立する。しかし、光秀討伐の大功労者である秀吉の意向で三法師が後継者となり、秀吉が後見人として地位を固めることとなった。

その後、秀吉と勝家は、天正十一年三月～四月（1583年5月～6月）にかけて、近江国伊香郡（現在の滋賀県長浜市）における「賤ヶ岳《しずがだけ》の戦い」で雌雄を決することとなったが、この戦いを制した秀吉が信長のつくり上げた権力と体制を継承した。

翌年三月（1584年4月）から、秀吉陣営と織田信雄《のぶかつ》（織田信長の次男）・徳川家康陣営の間で、「小牧《こまき》・長久手《ながくて》の戦い」が起き、尾張北部の小牧城、犬山城、楽田城を中心に、尾張南部、美濃西部、美濃東部、伊勢北部、紀伊、和泉、摂津など各地で両軍による合戦が行われた。当初、信雄・家康連合軍側が優勢だったが、合戦開始から半年以上経《た》った天正十二年十一月十一日（1584年12月12日）に秀吉が本領安堵を条件に信雄に単独講和を申し入れると信雄が承諾。そこで家康は兵を引き揚げ、結局、次男の於義丸《おぎまる》（のちの結城秀康《ゆうきひでやす》）を秀吉の養子（人質）にした和議を結ぶこととなった。

## ■関白の座に登りつめた豊臣秀吉

秀吉は、天正十三年七月十一日（1585年8月6日）、ついに関白の座に就き、翌年、豊臣の姓を賜り、羽柴秀吉から豊臣秀吉となった。

秀吉はその後、天正十五年五月六日（1587年6月11日）には、九州の島津義久《しまづよしひさ》を降伏させ、天正十八年七月五日（1590年8月4日）には、「小田原の役」で北条氏直《うじなお》を攻め、小田原城を開城させた。ここに、秀吉の天下統一はほぼ完成した。

一方、朝廷では、天正十四年七月二十三日（1586年9月6日）に正親町天皇の第一皇子・誠仁《さねひと》親王が薨去《こうきょ》し、その遺児である和仁《かずひと》親王が正親町天皇からの譲位を受けて、十一月七日（12月27日）に後陽成天皇［第百七代］となった。

この後陽成天皇の在位期間は、ちょうど豊臣政権の天下統一と江戸幕府成立の時期をまたいでいるが、豊臣秀吉は天皇を尊重する姿勢を示し、朝廷の威信回復に尽力した。支配の権威として関白、太閤の位を利用するために、その権威を高める必要があったのだ。天正十六年（1588年）と天正二十年（1592年）年の二回にわたって行われた後陽成天皇の聚楽第《じゅらくだい》行幸は盛大なものだった。

**1593~1596**

**秀吉の朝鮮出兵の準備が進む中、行われた後陽成天皇の代始の改元**

# 文禄

ぶんろく

**使用期間** 3年11か月と6日

**在位天皇** 後陽成天皇 第百七代

**改元年月日** 天正二十年十二月八日

グレゴリオ暦：1593年1月10日
ユリウス暦：1592年12月31日

元号の出典は『杜氏通典』（職官・禄秩《ろくちつ》の注）の「凡京文武官、毎歳給禄」。勘申者は菅原盛長（権中納言）。改元にあたっては、「文禄」の他、「天澄」「享明」「延禄」「万永」「文弘」「寛永」「正保」などの候補も挙げられ、その中から秀吉が「文禄」を希望したという。この改元は後陽成天皇の代始を理由として行われたが、秀吉が天下統一を果たし、明《みん》を征服する野望を抱き、朝鮮出兵の準備に入ったことも大きな理由だったとされている。

秀吉は、天正十九年一月（1591年2月）に入ると出兵準備の号令を発していたが、文禄元年（1593年）になると肥前国の名護屋《なごや》（現在の佐賀県唐津市）に城を築き、総勢十五万八千の軍に編成、同年三月十一日（1592年4月22日）には、小西行長《ゆきなが》率いる第一陣が釜山《ぷさん》に上陸、戦端を開いた。

この秀吉の朝鮮出兵は、文禄元年から慶長三年（1594年）にかけて行われ、「文禄・慶長の役」などと呼ばれる。また文禄三年（1594年）には、秀吉は伏見《ふしみ》城を完成させ、太閤検地も行った。秀吉の天下取りは最終ステージへと向かっていた。

一方、文禄二年八月三日（1593年8月29日）に、秀吉と側室・淀殿（浅井長政の長女・茶々）に間に、秀頼《ひでより》（幼名・拾《ひろい》）が生まれていた。実は天正十七年五月二十七日（1589年7月9日）に、鶴松《つるまつ》（幼名・棄《すて》）を授かったものの、天正十九年八月五日（1591年9月22日）に病死していたため、たいへんに喜んだ。

だが問題があった。豊臣秀吉の姉である瑞竜院日秀《ずいりゅういんにっしゅう》の長男・秀次《ひでつぐ》（父は弥助）が、鶴松の死後、秀吉の養嗣子となり、天正十九年十二月二十八日（1592年2月11日）には関白の座を引き継いでいたのだ。秀頼誕生後、秀吉は次第に、その秀次の存在を疎ましく感じ、関白職を手放すよう迫るようになった。そして文禄四年（1595年）、秀次に謀叛《むほん》の疑いが持ち上がると、秀次を高野山青巌寺《こうやさんせいがんじ》に流罪・蟄居《ちっきょ》とし、七月十五日（8月20日）には賜死《しし》（君主が臣下に自殺を命じること）の命令を下し、秀次を切腹に追い込み、一族のほとんどを粛清した。

その翌年の文禄五年閏七月九日（1596年9月1日）には、四国の伊予国（現在の愛媛県）で大地震が発生、三日後の十二日（9月4日）には別府湾を震源とした豊後地震が、文禄五年閏七月十三日（1596年9月5日）には京都・伏見付近で大地震が発生し、京都では、伏見城天守、東寺《とうじ》、天龍寺などが倒壊して千人を超える死者が出た（慶長伏見地震）。

第七章

# 江戸時代編

慶長
元和
寛永
正保
慶安
承応
明暦
万治
寛文
延宝
天和
貞享
元禄
宝永
正徳
享保
元文
寛保
延享
寛延
宝暦
明和
安永
天明
寛政
享和
文化
文政
天保
弘化
嘉永
安政
万延
文久
元治
慶応

# 江戸時代

## ――二百六十五年にわたる江戸幕府支配の末に起きた新国家建設への動き

織田信長《のぶなが》の後を継いで天下人《てんかびと》となったのは豊臣秀吉《ひでよし》だったが、慶長《けいちょう》三年（1598年）の秀吉の死後、徳川家康《いえやす》が慶長五年（1600年）の関ヶ原の戦いを制して征夷《せいい》大将軍となり、慶長八年（1603年）に江戸幕府が開かれた。ここに二百六十五年に及ぶ江戸時代が始まり、その安定した時代の中で、日本は経済を発展させ、独自の文化を花開かせていった。

そして、権力の主体は完全に武家政権に移り、天皇の権威は〝それなりに利用するもの〟となっていく。江戸幕府は、慶長二十年（1615年）には武家諸法度《ぶけしょはっと》と禁中並《きんちゅうならびに》公家諸法度《くげしょはっと》を公布し、その支配体制が完成したとされる。禁中並公家諸法度では「天子が修めるべきものの第一は学問である」と規定し、天皇の権限を改元などに限定して、政治への介入が禁止された。また、天皇に対しては禁裏御料《きんりごりょう》（上皇に対しては仙洞御料《せんとうごりょう》）が、幕府から与えられたが、その石高は三万～四万石程度にすぎず、不足が生じた場合は幕府が献金するという形がとられた。つまり、天皇の収入は将軍が保証するということである。とはいえ、幕府にしてみれば、「朝廷がしっかりしているからこそ幕府の権力が権威づけられるのだから朝廷の維持は欠かせない」ということで、伝統的な儀式を復活させるなど、朝儀《ちょうぎ》復興に協力することも少なくなかった。

江戸中期には国学の発展とともに、水戸《みと》をはじめとする御三家《ごさんけ》から、いわゆる「尊王論《そんのう》」が出てくるようになる。その背景には中国における明清交代《みんしん》（1644年）の影響があった。それまでたいそうなものだと思っていた明が滅亡して、異民族国家・清に取って代わられた。それに比べると、歴代天皇を中心に歴史を紡いでいる日本のほうが上だという発想であり、「そもそも、元号は天皇が制定するものだし、武家の官位も天皇が与えるものだ。ならば、日本の本来の主人は天皇ではないか。自分たちは徳川本家の家来ではない」と考え方だ。

その尊王論に対して寛政期《かんせい》（1789〜1801年）には、松平定信《さだのぶ》が「大政委任論《たいせい》」を打ち出した。それは「天皇自身が大政を将軍に委任したものである。一度委任した以上、天皇といえども将軍の職任である大政には口出しすることは許されない」とする考え方だった。だがそれが、幕末の大政奉還《ほうかん》《たいせい》へとつながっていく。開国を迫る黒船来航をきっかけに、大きな危機感を抱いた尊皇の志士たちが王政復古《おうせいふっこ》を叫ぶようになる。開国を迫る欧米列強に対抗するには、「大政を天皇に戻し、国の在《あ》り方を変えなければならない」という考え方へとつながっていったのである。

もちろんそれはかつてのような天皇支配を目指すものではなかった。志士たちの意図は、天皇の権威を利用することによってより大きな力を獲得し、大名や公家《くげ》による旧態依然とした支配体制を打倒しようというところにあった。つまり、進化した形での王政復古の動きであり、それは大きなうねりとなり、いったん動き始めた歴史はもはや止まることはなかった。そして時代は明治維新へと大きく動いていったのである。

1596~1615

天変、地妖による改元。天下分け目の「関ヶ原の戦い」で家康台頭

# 慶長

けいちょう
きょうちょう

改元年月日　文禄五年十月二十七日

使用期間　18年8か月と20日

グレゴリオ暦：1596年12月16日
ユリウス暦：1596年12月6日

在位天皇
後陽成《ごようぜい》天皇　第百七代
後水尾《ごみずのお》天皇　第百八代

元号の出典は『毛詩注疏《もうしちゅうそ》』の「文王功徳深厚、故福慶延長」。勘申者《かんじん》は菅原為経（文章博士《もんじょうはかせ》）。文禄《ぶんろく》五年の地震発生で緊張が高まる中、豊臣《とよとみ》政権の五奉行の一人、前田玄以《げんい》が朝廷に地震を鎮めるための祈禱と改元を申し入れ、改元が行われることになった。

だがその甲斐もなく、慶長九年十二月十六日（1605年2月3日）には、東海・東南海・南海連動型と見られる「慶長大地震」（マグニチュード八前後）が発生して、現在の千葉県から九州にかけた太平洋岸に津波が襲来して死者一万~二万人を数えたのに続き、慶長十六年八月二十一日（1611年9月27日）には直下型の「慶長会津地震」（マグニチュード六・九）が、さらに同年十月二十八日（12月2日）の「慶長三陸地震」でも大津波が発生して、北海道と三陸で大きな被害が出た。

## ■秀吉の死と「関ヶ原の戦い」

それはさておき、慶長年間の最大のできごとは、豊臣秀吉《ひでよし》の死と「関ヶ原《せきがはら》の戦い」だった。

秀吉は慶長三年五月頃（1598年6月頃）に病に倒れ、病状は日々悪化していった。自らの死を悟った秀吉は、秀頼を後継者とし、補佐するための五大老（徳川家康《いえやす》・前田利家《としいえ》・毛利輝元《てるもと》・小早川隆景《たかかげ》

（隆景の没後は上杉景勝《かげかつ》）・宇喜多秀家《ひでいえ》）と五奉行（浅野長政・石田三成《みつなり》・長束《なつか》正家・前田玄以・増田《ました》長盛）を決めた。合議制にすることで急速に力を付けてきた徳川家康の影響力を抑えようと考えていたのだ。秀吉は同年八月十八日（9月18日）、京都の伏見城でその人生を閉じた。

前述した朝鮮出兵も、秀吉の死後、撤退することとなった。

慶長四年九月二十八日（１５９９年11月15日）、家康は大坂城西の丸に入り、政務を大坂城で執ることを宣言。五大老・五奉行に諮《はか》ることなく大名の加増・転封《てんぽう》などを断行するようになっていった。その結果、慶長五年九月十五日（１６００年10月21日）、石田三成派（西軍）と徳川派（東軍）が関ヶ原で相まみえることとなった。天下分け目の「関ヶ原の戦い」である。結果は東軍の勝利に終わった。

## ■江戸幕府の成立

ついに覇権を自分のものとした家康は慶長八年二月十二日（１６０３年3月24日）、伏見城で征夷大将軍の座に就き、江戸幕府を開いた。この日をもって江戸時代が始まり、その後、家康は慶長十年四月十六日（１６０５年6月2日）に将軍職を三男・秀忠《ひでただ》に譲ったが、自ら伏見と江戸を行き来して、大《お》御所《ごしょ》として力を振るい続けていった。

その影響力は朝廷にも及んだ。慶長十六年三月二十七日（１６１１年5月9日）、後陽成天皇から第

**徳川家康**　出典『古今偉傑全身肖像』国立国会図書館デジタルコレクション

三皇子・政仁《ことひと》親王（母は後陽成天皇の正室・近衛前子《さきこ》）への譲位が行われ、後水尾天皇［第百八代］が誕生したが、この譲位も徳川家康の強い意向に沿ったものだった。もともと後陽成天皇には、文禄三年四月二十九日（1594年6月17日）に豊臣秀吉の後押しで親王宣下を受けさせた第一皇子・良仁《かたひと》親王（母は典侍・中山親子）がいた。秀吉は明を征服した暁には後陽成天皇を北京《ぺきん》に遷《うつ》し、良仁親王を日本の天皇にする目論見《もくろみ》だったとされる。

しかし、秀吉の死後、江戸幕府が開かれ、朝廷への干渉が強まるにつれ、後陽成天皇は良仁親王を皇位継承者から外し、弟である八条宮智仁《はちじょうのみやとしひと》親王を天皇に立てることを望むようになった。だが智仁王は天正十四年（1586年）に、豊臣秀吉の猶子となり、将来の関白職を約束されていたこともある人物だった。秀吉に実子・鶴松が生まれたためにその話はなくなったものの、秀吉によって八条宮家が創設されてもいた。家康は、そんな過去があり、豊臣色の強い天皇の誕生を認めるわけにはいかなかったのである。

**1615~1624**

## 後水尾天皇の即位に伴う代始の改元と家康の死

# 元和《げんな》

改元年月日　慶長二十年七月十三日

使用期間　8年7か月と12日

在位天皇　後水尾天皇［第百八代］

グレゴリオ暦：1615年9月5日
ユリウス暦：1615年8月26日

唐《とう》の第十一代皇帝・憲宗《けんそう》の治世（806～820年）に使われた「元和」を新元号とした勘申者は

菅原為経（権中納言、式部大輔）だった。この改元は後水尾天皇の即位に伴う代始の改元とされるが、実際は徳川家康が「大坂冬の陣」（慶長十九年／１６１４年）と、「大坂夏の陣」（慶長二十年／１６１５年）で、豊臣氏を滅ぼしたことを契機に徳川幕府の強い要請によって行われた。

それまで改元は朝廷の権限のもとで行われていたが、元和元年七月七日（１６１５年８月30日）、第二代将軍・徳川秀忠《ひでただ》（慶長十年四月十六日／１６０５年６月２日に就任）よって武家を統制するための法令「武家諸法度《ぶけしょはっと》」が発布されたのに続き、元和への改元直後の七月十七日（９月９日）に、家康が定めて公布した「禁中《きんちゅう》並《ならびに》公家《くげ》諸法度」には、「改元は、漢朝年号の内、吉例を以て相定むべし」と「改元」に幕府が介入することが明記された。こうして江戸幕府による強固な支配体制がつくられていくことになった。

元和二年四月十七日（１６１６年６月１日）に、徳川家康が病死した。腹部に大きなシコリができたとされており、胃がんだったのではないかとされている。満七十三歳だった。

元和九年七月二十七日（１６２３年８月23日）、徳川家光《いえみつ》が第三代将軍を任じられ、父である秀忠から家光への政権移譲が行われた。

江戸幕府が朝廷に対する統制を強めていったこの時期、後水尾天皇は、霊元《れいげん》天皇（第百十二代）に至るまで四代にわたって院政を行い、天皇の後見人として、その影響力を保ち続けることになった。そして、中宮・徳川和子《まさこ》（徳川秀忠の五女）との間に七人の子をなした他、それ以外の女性にも三十余人の子供を生ませ、慶長十六年三月二十七日（１６１１年５月６日）に崩御する。満八十四歳だった。

1624~1645

## 百二十年ぶりの甲子革令による改元

# 寛永

かんえい

改元年月日　元和十年二月三十日

使用期間　20年8か月と27日

在位天皇
後水尾天皇　第百八代
明正《めいしょう》天皇　第百九代
後光明《ごこうみょう》天皇　第百十代

グレゴリオ暦：1624年4月17日
ユリウス暦：1624年4月7日

元号の出典は『詩経』（朱子《しゅし》注）の「寛広、永長」。勘申者は菅原長維（文章博士）。この改元は、永正《えいしょう》の改元（1504年）以来、百二十年ぶりの甲子《かっし》革令に伴う改元として行われた。

寛永四年七月十九日（1627年8月29日）、江戸幕府の朝廷に対する締め付けを象徴する事件が起きた。朝廷が、京都の大徳寺や妙心寺の僧侶に出した「紫衣《しえ》勅許《ちょっきょ》」を江戸幕府が無効としたのである（紫衣事件）。この勅許による収入は朝廷の重要な財源となっていたため、朝廷側は反発、大徳寺の沢庵宗彭《たくあんそうほう》らが幕府の政策を批判するなどして処罰された。だがこの「紫衣事件」はそれ以上の意味を持っていた。つまり、江戸幕府は「天皇の意向より、幕府の意向のほうが優先される」という前例を内外に示したということであり、この事件をもって、朝廷の官職の一つにすぎなかった征夷大将軍とその幕府の存在が天皇より上位に位置づけられることとなったのである。

後水尾天皇は幕府の横暴に激しいショックを受け、寛永六年十一月八日（1629年12月22日）、突然退位し、徳川秀忠の娘・和子との間に生まれていた第二皇女・興子《おきこ》内親王（満五歳と十一か月）を明正天皇（第百九代）として即位させた。女性天皇の誕生は称徳《しょうとく》天皇以来、八百五十九年ぶりのことだった。これは、皇太子誕生後に譲位することを前提とした即位だったが、後水尾天皇にはもう一つの狙いがあったとされる。

そもそも古来より、「天皇となった女性は生涯独身でいなければならない」とされていた。つまり、後水尾天皇は、徳川の血を引く娘を天皇とすることで、皇室から徳川の血脈を断とうとしたというわけだ。そして寛永二十年十月三日（1643年11月14日）には、後水尾上皇の第四皇子・紹仁《つぐひと》親王（明正天皇の異母弟）が満十歳と六か月で譲位を受けて、後光明天皇〔第百十代〕となった。

## ■寛永年間最大の悲劇「天草・島原の乱」

寛永年間は、江戸幕府が二百六十五年間にわたって続く支配体制の基礎を築いた時期である。寛永十年（1633年）には奉書船《ほうしょせん》（幕府によって特別に認可された海外渡航船）以外の海外渡航を禁じ、在外五年以上の日本人の帰国も許さないとする法令を発した。いわゆる「鎖国令《さこくれい》」であり、寛永十二年（1635年）には海外渡航を全面的に禁止し、寛永十六年（1639年）にポルトガル船の来航を禁止してほぼ完成する。

一方、寛永十二年には、「武家諸法度」を改正して、諸大名の江戸への参勤を義務づけた他、寺社奉行を創設して全国の寺社の管理体制を整えていった。また、江戸時代を通じて日本中に流通することになる「寛永通宝《かんえいつうほう》」が鋳造され始めたのは寛永十三年（1636年）である。

そんな中、寛永年間最大の悲劇が寛永十四年十月二十五日（1637年12月11日）に勃発《ぼっぱつ》する。「島原の乱（天草《あまくさ》・島原の一揆）」である。厳しいキリシタン弾圧に耐えかねた信者たちが、天草四郎（益田四郎時貞《ときさだ》）を総大将に立てて蜂起《ほうき》した内乱として知られているが、宗教的な側面ばかりではなく、過酷な年貢にあえぐ農民や行き場を失った浪人たちも多数加わっており、まさに社会構造の大変革期に起きた大内乱だったと位置付けることもできよう。その島原の乱がようやく終結したのは、翌年二月二十八日（1638年4月12日）のことだった。

さらに、島原の乱による混乱が収束し始めた頃から、全国的な異常気象が続き、不作による百姓逃散《ちょうさん》や身売りが相次ぐようになる。その被害が最大化したのは、寛永十九年（1642年）から寛永二十年（1643年）にかけてのことで、多くの餓死者《がししゃ》が出た。この寛永の大飢饉《だいききん》を受けて江戸幕府は、諸大名に対して倹約の他、米作離れを防ぐための煙草《たばこ》の作付禁止や身売りの禁止、御救小屋《おすくいごや》の設置など細かな飢饉対策を指示している。また同年には、農民所持の田畑の移動・集中を防止する目的で、田畑永代売買禁止令を発布した。

1645〜1648

## 後光明天皇の即位に伴う代始の改元

# 正保

しょうほう

改元年月日　寛永二十一年十二月十六日

グレゴリオ暦：1645年1月13日
ユリウス暦：1645年1月3日

使用期間　3年2か月と25日

在位天皇　後光明天皇　第百十代

元号の出典は『尚書正義』の「正保衡、佐我烈祖格于皇天」。勘申者は菅原知長（文章博士）。ちなみに、明正天皇の代は改元が一度も行われなかった。朝廷は完全に後水尾上皇の院政下におかれ、明正天皇が実権を持つことはなかったからだ。しかし、一つの元号が天皇三代にわかって使われた例がないことから、この改元が行われたとされる。

**1648~1652**

## 「御慎み」による改元。幕府の転覆を狙う「慶安の変」発生

# 慶安

けいあん
きょうあん

改元年月日 正保五年二月十五日

使用期間 4年6か月と13日

グレゴリオ暦：1648年4月7日
ユリウス暦：1648年3月28日

在位天皇 後光明天皇 第百十代

元号の出典は『易経』（象《たん》上伝）の「乃終有慶、安貞之吉応地無疆」。勘申者は菅原為適（前参議）。「御慎み」による改元とされるが、正確な理由は不明。「正保」が「焼亡」につながるなどと批判があったからという説や「正保元年」は「正に保元《ほうげん》の年」となり、保元の乱を思い起こされるなどの噂が広がったためとする説もある。

慶安四年四月二十日（1651年6月8日）、将軍・家光が病死、八月十八日（10月2日）には家光の長男・家綱《いえつな》が満十歳で第四代将軍の座に就いた。まさにこの時期に起きたのが「慶安の変」だった。

関ヶ原の戦いや大坂の陣以降、多数の大名が減封《げんぽう》・改易《かいえき》された結果、巷《ちまた》に浪人があふれ、治安が悪化。人々の幕府に対する憎悪や不満が高まる中、軍学者・由井正雪《ゆいしょうせつ》、浪人・丸橋忠弥《まるはしちゅうや》、金井半《かねいはん》兵衛《べえ》らが家綱の将軍就任を機会に幕府を転覆しようとしたのだ。

しかし、計画は密告により露見。幕府の火薬庫を爆破し、江戸城を焼き討ちして家綱を人質にす

ることを狙っていた丸橋忠弥は江戸で捕まって磔《はりつけ》に、挙兵するため京都に向かっていた由井正雪は駿河《するが》茶町（現在の静岡市葵《あおい》区）の宿で捕り方に包囲されて自害、大坂で決起する予定だった金井半兵衛も天王寺で自害した。

**1652〜1655**

**「慶安の時の如く御慎み」にて改元**

# 承応

じょうおう

**改元年月日** 慶安五年九月十八日

**使用期間** 2年6か月と28日

**在位天皇** 後光明天皇（第百十代）
後西《ごさい》天皇（第百十一代）

グレゴリオ暦：1652年10月20日
ユリウス暦：1652年10月10日

元号の出典は『晋書《しんじょ》』（巻十七・律歴志）の「夏殷承運、周氏応期」。勘申者は菅原知長（文章博士）。

改元に際し、幕府側から理由は示されず、朝廷側は「慶安の時の如く御慎にて改元」として改元を行ったとされる。また改元にあたっては「承応」「享応」「文嘉」「文長」「承禄」「承延」などの元号候補も挙げられたが、その中から幕府によって「承応」が選ばれた。

承応三年九月二十日（1654年10月30日）に後光明天皇が崩御したのに伴い、同年十一月二十八日（1655年1月5日）に、後水尾天皇の第八皇子・良仁《ながひと》親王が後西天皇（第百十一代）の座に就いた。

実は、後光明天皇が崩御したとき、同帝の養子になっていた実弟の識仁《さとひと》親王（後水尾天皇の第十六皇子。のちの霊元《れいげん》天皇（第百十二代））がまだ生後間もなく、他の兄弟はすべて出家するか宮家を継いでいたため、識仁親王が成長し即位するまでの中継としての即位だった。

1655~1658

# 後西天皇の即位に伴う代始の改元

## 明暦
めいれき
めいりゃく

改元年月日 承応四年四月十三日

使用期間
3年3か月と3日

グレゴリオ暦：1655年5月18日
ユリウス暦：1655年5月8日

在位天皇
後西天皇 第百十一代

元号の出典は『漢書《かんじょ》』（巻二十一・律歴志）の「箕子言、大法九章、而五紀明曆法」と『後漢書』の「黄帝造歴、歴與曆同作」。勘申者は、菅原為庸（大学頭《かみ》・式部権大輔）。この改元は、後西天皇の代始として行われた。

明暦三年一月十八日（1657年3月2日）、本郷本妙寺《ほんみょうじ》（東京都豊島区巣鴨）より出火して、「明暦の大火」が発生した。火事は翌日まで続き、江戸城の天守閣や本丸が消失した他、江戸の広範囲が焼き尽くされた。その後、将軍・家綱の命で回向院《えこう》（東京都墨田区両国）が開かれ、十万人もの焼死者が葬られた。

また、同年には、肥前国大村《おおむら》藩の郡村（現在の長崎県大村市）で、六百三人の隠れキリシタンが発見され、四百六人が処刑されるという事件が起きた。島原の乱以後では最大級のキリシタン弾圧事件だった。当時は、キリシタンが領内にいたというだけで藩取りつぶしの理由としては十分とされていたが、藩主・大村純長《すみなが》は事実をすぐに幕府に報告、それが殊勝とされて大村藩はおとがめをまぬがれた。

## 万治《まんじ》

1658〜1661

「明暦の大火」を契機に行われた改元

改元年月日 明暦四年七月二十三日

使用期間 2年9か月と2日

グレゴリオ暦：1658年8月21日
ユリウス暦：1658年8月11日

在位天皇 後西天皇 第百十一代

元号の出典は『史記』（巻二・夏本紀）の「衆民乃定、万国為治」。勘申者は菅原豊長（文章博士）。「明暦の大火」を契機に幕府からの申し入れがなされ、改元が行われた。京都以外の都市で発生した火事で改元理由とされたのは初めてのことだった。改元にあたっては、「永安」「文長」「至正」「文嘉」「康徳」「文元」「文平」「大正」「乾永」「寛禄」「貞正」「宝観」「永禎」「嘉徳」などの元号候補も挙げられたが、幕府大老の井伊直孝《なおたか》らの賛同を得て、「万治」に決定した。

## 寛文《かんぶん》

1661〜1673

内裏焼失を契機とした災異改元。有珠山が最大規模の大噴火

改元年月日 万治四年四月二十五日

使用期間 12年5か月と7日

グレゴリオ暦：1661年5月23日
ユリウス暦：1661年5月13日

在位天皇 後西天皇 第百十一代
霊元《れいげん》天皇 第百十二代

元号の出典は『荀子《じゅんし》』（巻第九・致士篇）の「節奏陵而文、生民寛而安、上文下安、功名之極也」。勘申者は菅原為庸（式部権大輔）。この改元は、万治四年正月十五日（1661年2月14日）の京都の大火

で内裏《だいり》や仙洞御所《せんとうごしょ》（上皇・法皇の御所）が消失したことを受け、「万治の改元が江戸の大火で行われたのだから、京都での大火を受けての改元は当然。武家からとやかく言われる筋合いはない」とばかりに、朝廷側の強い意向で行われた。改元にあたっては「享久」「文久」「文長」「嘉徳」「永禎」「宝永」「大延」「安永」などが元号候補して挙げられた。

寛文二年五月一日（1662年6月16日）、近畿地方北部を震源とする「寛文近江・若狭地震」が発生。京都は大きな被害を受けた。また、寛文三年七月十一日（1663年8月13日）には、北海道の有《う》珠山《すざん》が大噴火を起こした。この噴火は記録に残る有珠山噴火としては最大規模とされている。

寛文三年一月二十六日（1663年3月5日）、識仁親王が後西天皇からの譲位を受けて、霊元天皇（第百十二代）として即位した。だが、当初は父である後水尾法皇の院政下にあり、実際に政務を執るようになったのは、後水尾法皇が崩御した延宝《えんぽう》八年八月十九日（1680年9月11日）以降のことだとされている。

**1673～1681**

**京都大火を受けての災異改元**

# 延宝

えんぽう
えんほう

**使用期間** 8年と10日

**在位天皇** 霊元天皇 第百十二代

**改元年月日** 寛文十三年九月二十一日

グレゴリオ暦：1673年10月30日
ユリウス暦：1673年10月20日

延宝改元が京都の大火を理由としたものだったことは前述したが、寛文十三年五月八日（1673

年６月22日）、京都で再び大火が起こり、内裏をはじめ多くの建物が消失した。それを契機に朝廷と幕府の間で改元に向けた交渉が始まり、「出火之難」を理由とした改元が行われることとなった。その際、朝廷側から霊元天皇の代始を理由とする案も出されたが、幕府側がそれを拒否したとされる。

延宝五年十月九日（１６７７年11月４日）には、房総《ぼうそう》沖でマグニチュード八クラスの地震（延宝房総沖地震）が発生、千葉県、茨城県、福島県の沿岸部に大津波が襲来した。

延宝八年五月八日（１６８０年６月４日）に第四代将軍・家綱が急死し、三代将軍・家光の四男・綱吉が第五代将軍の座に就き、徳川将軍家の直系の子が将軍職を世襲するというスタイルが崩れることとなった。

**1681～1684**

## 百八十年ぶりの辛酉革命改元だったが、霊元天皇は「御機嫌不快」

# 天和

てんな
てんわ

**使用期間**
2年4か月と27日

**在位天皇**
霊元天皇　第百十二代

**改元年月日**
延宝九年九月二十九日

グレゴリオ暦：１６８１年11月９日
ユリウス暦：１６８１年10月30日

元号の出典は『後漢書《ごかんじょ》』（巻七・桓帝紀）の「天人協和、万国咸寧」。勘申者は菅原在庸（文章博士）。

この改元は、延宝九年（１６８１年）が辛酉《しんゆう》の年にあたることから、文亀《ぶんき》改元（１５０１年）以来の百八十年ぶりの辛酉革命改元として行われた。通常、辛酉革命の改元は春に行われることが通例とされていた。そのため、この改元も春を予定していたが、後水尾法皇が延宝八年八月十九日（１６６０

年9月11日）に崩御したため、改元は九月（11月）に行われることになった。

なお、近衛《このえ》家当主・近衛基熙《もとひろ》が記した『基熙公記』によると、霊元天皇は「天明」という元号にしたかったが「天和」と決まったため、「御機嫌不快」だったという。

改元翌年の天和二年十二月二十八日（1683年1月25日）には江戸で「天和の大火」が発生し、三千五百余人が焼死した。これには後日談がある。

火事で焼け出された八百屋・八兵衛の娘・お七《しち》は、避難先の寺の小姓と恋仲になる。やがて一家は寺を引き払うこととなったが、お七の小姓に対する気持ちは消えず、会いたさは募るばかり……。そしてお七は、もう一度火事になったらまた会えるのでは、とあちこちに放火してしまうのだ。たびたびの大火に見舞われていた当時は、火付けは重罪だった。お七の放火が大きな火災になることはなかったものの、結局、お七は捕縛され、鈴ヶ森刑場で火炙《ひあぶ》りの刑（火刑）に処せられた。そのため、人々は「天和の火災」を「お七火事」とも称するようになったのだった。

1684〜1688

**甲子革令による改元**

# 貞享

じょうきょう

**改元年月日** 天和四年二月二十一日

**使用期間** 4年6か月と18日

**在位天皇** 霊元天皇 第百十二代
東山《ひがしやま》天皇 第百十三代

グレゴリオ暦：1684年4月5日
ユリウス暦：1684年3月26日

元号の出典は『易経』（益卦《えきか》）の「永貞吉、王用享于帝吉」。勘申者は菅原恒長（正二位）。この改元は、寛永の改元（１６２４年）に続く江戸時代二回目の甲子革令改元として実施された。改元にあたっては、「貞享」の他に、「大応」「嘉徳」「文承」「安永」「明和」「享応」「社長」「天明」「弘徳」「貞徳」「元寧」「文長」「寛禄」「貞正」が元号候補として挙げられ、朝廷側はその中から「文長、文明、特に文長が良い」という意向を幕府側に伝えたが、幕府側から再検討を求められ、「宝永」「安永」「貞享」の三案を再提出、幕府側はその中から「貞享」を新元号に決定した。

貞享二年一月一日（１６８５年2月4日）には平安時代から使われていた「宣明暦《せんみょうれき》」が廃止され、渋川春海《はるみ》によって編纂《へんさん》された初の和暦「貞享暦」が採用された。この貞享暦は、中国の授時暦を元に、自ら観測して求めた日本と中国との里差（経度差）を加味して完成させたもので、八百年以上も宣明暦を使っていたために生じていた誤差（実際より二日先行していた）を解消するもので、宝暦《ほうれき》五年一月一日（１７５５年2月11日）に「宝暦暦」に改暦されるまで七十年間使用されることとなった。

貞享四年三月二十五日（１６８７年5月6日）には、霊元天皇の第五皇子・朝仁《あさひと》親王が父からの譲位を受け、東山天皇第百十三代として即位した。

また、天下の悪法とされる「生類憐《しょうるいあわれ》みの令」が最初に発せられたのは、この貞享年間のことだ。丙《ひのえ》戌《いぬ》年生まれで、自ら百匹の狆《ちん》を飼っていた第五代将軍・綱吉は、貞享四年二月二十七日（１６８７年4月9日）に殺生を禁止する法令（魚鳥類を生きたまま食用として売ることを禁止）を制定。それ以後、百三十回以上もお触れが出されることとなった。

1688~1704

## 東山天皇の即位に伴う代始の改元。元禄文化が花開いた

# 元禄

げんろく

改元年月日　貞享五年九月三十日

使用期間　15年5か月と24日

在位天皇　東山天皇　第百十三代

グレゴリオ暦：1688年10月23日
ユリウス暦：1688年10月13日

元号の出典は『宋史《そうし》』（巻百四）の「恵綏黎元、懋建皇極、天禄無疆」。勘申者は菅原長量（文章博士）。この改元は東山天皇の譲位に伴う代始改元で、改元にあたっては、「元禄」の他に、「寛延」「文嘉」「寛禄」「宝文」「天成」「文定」「宝永」「文享」「弘永」「亨和」などの元号候補も挙げられた。その中から、幕府側が「元禄と亨和が良い。特に元禄が良い」との但し書きを付けたため、「元禄」に決まったとされる。

元禄年間は、京都・大坂などの上方《かみがた》を中心にして、豪商や大名などによる元禄文化が花開いた時代である。朱子学、自然科学、古典研究が発達する一方、元禄の三大文学者と称される井原西鶴《いはらさいかく》、松《まつ》尾《お》芭蕉《ばしょう》、近松門左衛門《ちかまつもんざえもん》をはじめとする作家たちによる浮世草子や俳諧《はいかい》が大人気となった。また、絵画では尾形光琳《おがたこうりん》、俵屋宗達《たわらやそうたつ》、菱川師宣《ひしかわもろのぶ》、住吉具慶《すみよしぐけい》、土佐光起《とさみつおき》らが優れた作品を残しているし、人形浄瑠璃《じょうるり》や義《ぎ》太夫《だゆう》節が誕生したのもこの頃のことである。

### ■庶民の心を動かした「赤穂浪士の討ち入り」

この元禄年間の最大のできごとに挙げられるのが赤穂《あこう》浪士の討ち入りだろう。

元禄十四年三月十四日（1701年4月21日）、播磨赤穂藩主の浅野《あさの》内匠頭《たくみのかみ》長矩《ながのり》が、高家《こうけ》（幕府における儀式や典礼を司る旗本）筆頭の吉良義《きらよし》央《ひさ》（上野介《こうずけのすけ》）の振る舞いに立腹、江戸城（松の廊下）で刃傷《にんじょう》沙汰を起こしてしまう。その結果、浅野長矩は即日切腹となり、赤穂藩は改易となった。

その遺恨を晴らそうと立ちあがったのが大《おお》石《いし》内蔵助《くらのすけ》良雄《よしお》以下、赤穂浪士四十七士だった。彼らは、元禄十五年十二月十四日（1703年1月30日）深夜、江戸の吉良邸に討ち入り、みごとに吉良義央の首を取り、泉岳寺《せんがくじ》（東京都港区高輪）の主君の墓前に供えて仇討ちを報告した。

このできごとに対し、民衆ばかりではなく、武士階級の中にも賛同する者が多かった。赤穂浪士たちは、細川綱利《つなとし》（肥後熊本藩主）、松平

**赤穂浪士の吉良邸討ち入り**

出典『北斎仮名手本忠臣蔵』　国立国会図書館デジタルコレクション

定直《さだなお》（伊予松山藩主）、毛利綱元《つなもと》（長門《ながと》国長府藩主）、水野忠之《ただゆき》（三河岡崎藩主）の四大名家に預けられ、その処遇が幕府内部だけではなく、学者の間でも議論されたが、林信篤《のぶあつ》や室鳩巣《むろきゅうそう》が義挙として助命を主張したのに対し、荻生徂徠《おぎゅうそらい》は「義ではあるが、公儀の許しもないのに騒動を起こしたことは、法をまぬがれることはできない」と主張。結局、元禄十六年二月四日（1703年3月20日）、四大名家へ切腹の命が伝えられ、彼らの遺骸は主君浅野長矩と同じ泉岳寺に埋葬された。その後、この事件は「忠臣蔵」として上演されて大人気となり、いまだに語り継がれている。

また同年十一月二十三日（12月31日）には関東でマグニチュード八・一と推定される巨大地震（元禄地震）が起き、相模灘から房総半島では津波が発生した。そのため、熱海《あたみ》の人家はほとんど流出し、鎌倉では鶴岡《つるおか》八幡宮の二の鳥居まで津波が押し寄せ、由比浜《ゆいがはま》大鳥居が破損するなど大きな被害が出た。

さらに同月二十九日（1704年1月6日）には、江戸で小石川水戸屋敷を出火元とする大火（水戸様火事）が発生、元禄地震のときの火事と合わせると、焼失面積が「明暦の大火」を上回るほどだったとされる。

こうした災害を前に、人々は、「赤穂浪士の恨みが原因だ」と噂し、江戸は大きな社会不安に包まれた。その事態に、江戸幕府は朝廷に対してすぐさま改元の申し入れを行い、改元の準備が始められた。

1704~1711

地震・火災を理由とした改元

# 宝永

ほうえい

改元年月日　元禄十七年三月十三日

使用期間　7年1か月と26日

在位天皇　東山天皇　第百十三代
中御門《なかみかど》天皇　第百十四代

グレゴリオ暦：1704年4月16日
ユリウス暦：1704年4月5日

元号の出典は『旧唐書《くとうじょ》』（巻三十・音楽志）の「宝祚惟永、暉光日新」。勘申者は菅原為範（侍従《じじゅう》）。

この改元は、前述したように、「元禄地震」と「水戸様火事」を理由に行われた。幕府側からの申し入れに対し、朝廷は「安永」「正観」「享和」「乾永」「明和」「寛延」「天保」などの元号候補が挙げたが、幕府側から再提出を求められ、改めて提出した元号候補の中から「宝永」が選ばれた。このとき再提出を求めた幕府に対し、公家の間からは「武権超過」と不快感を示す者もいたという。

## ■富士山大噴火

宝永二年（1705年）には、庶民の間で伊勢神宮へのお蔭《かげ》参りが大ブームとなり、約三百七十万人が伊勢神宮に押し寄せたといわれている。現在も伊勢神宮の名物となっている赤福《あかふく》が売り出されたのは、宝永四年（1707年）のことだった。

それはさておき、改元しても災害は続いた。宝永四年十月四日（1707年10月28日）には遠州灘から紀伊半島沖にかけて、マグニチュード八・四~八・七と推定される「宝永地震」が起きたのに続き、同年十一月二十三日（12月16日）には富士山が大爆発を起こした。「宝永大噴火」である。噴火は十二月八日（12月31日）まで続き、江戸まで流れてきた噴煙のため昼間でも灯《あか》りが必要となり、五〜十センチも火山灰が積もったという。

そのときの模様は新井白石《はくせき》が、『折たく柴の記』に、「よべ地震《なら》ひ、この日の午時雷の声す、家を出るに及びて、雪のふり下るごとくなるをよく見るに、白灰の下れる也。西南の方を望むに、黒き雲起こりて、雷の光しきりにす」などと書き記している。現在、富士山最大の側火山となっている宝永山（標高二千六百九十三メートル）ができたのも、このときのことである。

そんな中、宝永六年六月二十一日（１７０９年7月27日）には、東山天皇から第五皇子・慶仁《やすひと》親王（満七歳と六か月）への譲位が行われ、宝永七年十一月十一日（１７１０年12月30日）には中御門天皇**第百十四代**の即位の礼が行われた。

この中御門天皇の即位に伴う改元は、当初、宝永七年中に行われる予定だったが、宝永六年十二月十七日（１７１０年1月16日）に東山上皇が天然痘が原因で崩御、それに続き、同月二十九日（28日）には中御門天皇の生母である櫛笥賀子《くしげよしこ》（新崇賢門院《しんすうけんもんいん》）が逝去したため、改元は延期された。

それに対して幕府は、改元を急ぐよう、朝廷に要請したとされる。前述した富士山の大噴火に加え、宝永六年一月十日（１７０９年2月19日）には第五代将軍・綱吉が麻疹《はしか》で死去したのち、甥の家宣《いえのぶ》（幼名：綱豊《つなとよ》。甲府藩主の徳川綱重の子）が、第六代将軍となるなど、改元を求める機運が高まっていたからだった。

1711～1716

中御門天皇の即位に伴う代始の改元

# 正徳

しょうとく

改元年月日　宝永八年四月二十五日

使用期間　5年1か月と29日

グレゴリオ暦：1711年6月11日
ユリウス暦：1711年5月31日

在位天皇　中御門天皇　第百十四代

元号の出典は『書経』（大禹謨《たいうぼ》）の「正徳利用、厚生惟和」。勘申者は菅原総長（文章博士）。朝廷から提示された案の中から「正徳」を選び、推薦したのは、新井白石だった。

正徳二年九月二十三日（1712年10月23日）、病に倒れた第六代将軍・家宣は、側近の新井白石と間部《まなべ》詮房《あきふさ》を呼びつけ、「次期将軍は尾張藩主の徳川吉通《よしみち》として、自らの四男である鍋松《なべまつ》（満三歳と二か月）の処遇は吉通に任せるか、あるいは鍋松を将軍にして、吉通を鍋松の世子として政務を代行させよ」という二通りの遺言を残し、同年十月十四日（11月12日）に死去した。

その家宣の遺言を受け、白石は、「吉通を将軍に迎えた場合、尾張からやって来る家臣と幕臣との間で争いが起こり、諸大名を巻き込む天下騒乱になりかねない。鍋松を将軍としてわれらが後見すれば、少なくとも争いが起こることはない」として、鍋松擁立を推し進め、正徳三年四月二日（1713年4月26日）、鍋松を家継《いえつぐ》と改名させ、第七代将軍に就任させた。

しかし、その家継が、正徳六年四月三十日（1716年6月19日）に急逝する。風邪が悪化して肺炎を併発したとされるが、満七歳にも満たない死であり、家継は史上最年少で任官し、史上最年少で死去した征夷大将軍ということになった。

その家継の死で、家康直系の男系男子は途絶えてしまう。そして後を継いで第八代将軍となることになったのは、徳川家康の十男・頼宣《よりのぶ》（紀州藩初代藩主）の孫である紀州藩主・徳川吉宗《よしむね》だった。

1716〜1736

## 家継の死と吉宗の将軍就任をきっかけとする災異改元

# 享保

きょうほう

改元年月日 正徳六年六月二十二日

使用期間 19年9か月と29日

在位天皇 中御門天皇 第百十四代
桜町《さくらまち》天皇 第百十五代

グレゴリオ暦：1716年8月9日
ユリウス暦：1716年7月29日

元号の出典は『後漢書』の「享茲大命、保有万国」。勘申者は菅原長義（式部権大輔）。この改元は、第七代将軍・家継の死と吉宗の第八代将軍就任に伴う災異改元であり、改元の申し入れから日付まで幕府が主導した。朝廷から元号候補として挙げられたのは、「享保」「明宝」「文長」「保和」「延享」「明和」「元文」だったが、その中から「享保」が選ばれた（その後、幕府の権力が弱まっていったため、実質的な将軍の代始改元としては最後のケースとなった）。

吉宗は、元号が変わった享保元年八月十三日（1716年9月28日）に征夷大将軍に任じられると、すぐに倹約と増税による財政再建を目指す「享保の改革」を始めた。この頃、江戸幕府は慢性的な財政難であえいでいたのだ。大岡忠相《ただすけ》の町奉行への登用、目安箱《めやすばこ》の設置などにより見るべき成果もあったが、享保十七年（1732年）には冷夏と害虫による「享保の大飢饉《ききん》」に見舞われ、多くの餓《が》死者《ししゃ》を出すこととなった。

一方、朝廷では、享保二十年三月二十一日（1735年4月13日）に、中御門天皇の第一皇子・昭仁《てるひと》親王が、父からの譲位を受けて、桜町天皇（第百十五代）として即位した。桜町天皇は、将軍・吉宗の助力や関白一条兼香《かねか》の補佐を得て、朝廷の儀式の復古に力を入れ、大嘗祭《だいじょうさい》の再復活や新嘗祭《にいなめ》、奉幣使《ほうへいし》などの他の儀礼の復活にも力を注いだと伝えられている。

1736~1741

## 桜町天皇の譲位に伴う代始の改元

# 元文

げんぶん

改元年月日 享保二十一年四月二十八日

グレゴリオ暦：1736年6月7日
ユリウス暦：1736年5月27日

使用期間
4年10か月と5日

在位天皇
桜町天皇（第百十五代）

元号の出典は『文選』（巻三）の「武創元基、文集大命、皆体天作制、順時立政」。勘申者は菅原在秀（文章博士）。この改元は、桜町天皇の譲位に伴う代始改元として実施された。元号候補として、「元文」の他に、「天明」「文長」「寛延」「久治」「明安」「天悠」「明治」「宝文」「万禄」「徳寿」「大亀」「宝暦」「明和」「永安」なども挙げられた。

ところで、元号を決めるにあたり、中御門上皇が元号の勘案に明経道《みょうぎょうどう》の博士を加えるように命じたところ、紀伝道《きでんどう》の学者たちから猛反対の声があがり、結局、紀伝道の菅原在秀が起用されることとなったという。

ちなみに紀伝道とは日本の律令制下の大学寮で主として中国史を教えた学科で、のちに漢文学の学科である文章道と統合され、代々、菅原道真《みちざね》の血を引く一族でその伝統を引き継いでいた。一方、明経道は儒学を教えた学科で、江戸時代には清原氏の子孫である舟橋家・伏原《ふせはら》家が博士の職を世襲していたが、新儒学と呼ばれる宋学が全盛となり、この時期には衰退気味だったとされる。

紀伝道派にすれば、「せっかく築いていた独占状態を崩されてたまるか」といったところだったのだろう。実際、その後、江戸時代を通じて、菅原家以外の者が勘申者となることはなかった。

1741~1744

辛酉革命による改元

# 寛保

かんほう
かんぽう

改元年月日　元文六年二月二十七日

使用期間　2年11か月と22日

グレゴリオ暦：1741年4月12日
ユリウス暦：1741年4月1日

在位天皇　桜町天皇　第百十五代

元号の出典は『国語』（巻二・周語）の「寛所以保本也」。勘申者は菅原長香（文章博士）。この改元は辛酉革命による。改元にあたっては、「寛保」の他、「延享」「嘉徳」「文長」「嘉延」「天保」「享和」が候補に挙げられ、その中から選ばれた。

寛保二年四月六日（1742年5月10日）には、将軍・吉宗が編纂を命じていた「公事方御定書《くじかたおさだめがき》」が仮完成した。江戸幕府の基本法典とされ、追加作業は延享《えんきょう》二年（1745年）に吉宗が隠居するまで続けられた。

1744~1748

# 延享

えんきょう

## 甲子革令による改元。父泣かせだった第九代将軍・家重

改元年月日 寛保四年二月二十一日

使用期間 4年4か月と2日

在位天皇 桜町天皇 第百十五代
桃園《ももぞの》天皇 第百十六代

グレゴリオ暦：1744年4月3日
ユリウス暦：1744年3月23日

元号の出典は『藝文類聚《げいもんるいじゅう》』（巻二）の「聖主寿延、享祚元吉、自天之祐、莫不抃舞」。勘申者は菅原長香（文章博士）。寛保四年（1744年）が甲子革令にあたることから、寛保三年（1743年）から改元の準備が進められていた。元号候補も「延享」「天明」「宝暦」「明和」「明安」「嘉徳」「延祚」に絞り込まれた上で「延享」が選ばれた。

延享二年十一月二日（1745年11月24日）、徳川吉宗が隠居して大御所《おおごしょ》（隠居した前将軍の敬称）となるのに伴い、吉宗の長男・家重《いえしげ》が満三十三歳と九か月で第九代将軍となった。ただし、家重は幼少期より虚弱で言語に障害があった他、酒色にふけるなど問題も多かったため、将軍の後継者としては不適切だとして、廃嫡されかかったこともあった。そうしたこともあって、家重が将軍になったのちも家重の息子・家治《いえはる》が将軍となるまでは、吉宗が実権を握り続けることとなった。

また、延享四年五月二日（1747年6月9日）には、桜町天皇から第一皇子・遐仁《とおひと》親王への譲位が行われ、桃園天皇（第百十六代）として即位した。

## 1748～1751

### 幕府の要請で延期された桃園天皇の即位に伴う代始の改元

# 寛延

かんえん

改元年月日　延享五年七月十二日

使用期間　3年4か月と9日

在位天皇　桃園天皇　第百十六代

グレゴリオ暦：1748年8月5日
ユリウス暦：1748年7月25日

元号の出典は『文選』（巻十）の「開寛裕之路、以延天下之英俊也」。勘申者は菅原為範（式部大輔）。この改元は桃園天皇即位に伴う代始改元である。朝廷側は当初、延享五年四月二十五日（1748年5月22日）に改元を行う予定だった。しかし幕府側から、「その日は前将軍・家継の三十三回忌法要の当日にあたっているから延期してほしい」との要望があり、六月二日（6月27日）に延期した。ところが幕府は六月には朝鮮通信使が来日するとして再延期を要請。そのため、改元は当初の予定より二か月と十四日もずれ込み、七月十二日（8月5日）になってようやく行われたのだった。

## 1751～1764

### 桜町上皇崩御に伴う災異改元。百三十二年ぶりの女性天皇の即位

# 宝暦

ほうれき
ほうりゃく

改元年月日　寛延四年十月二十七日

使用期間　12年6か月と16日

在位天皇　桃園天皇　第百十六代
後桜町《ごさくらまち》天皇　第百十七代

グレゴリオ暦：1751年12月14日
ユリウス暦：1751年12月3日

元号の出典は『貞観《じょうがん》政要』（巻五・論誠信）の「及恭承宝暦、奉帝図、垂拱無為、氛埃靖息」。勘申

者は菅原為範（式部大輔）。この改元は、寛延三年四月二十三日（１７５０年5月28日）の桜町上皇の突然の死（満三十歳。脚気《かっけ》が原因とされる）、寛延四年四月二十六日（１７５１年5月21日）に起きた「寛延の大地震（越後高田地震）」、さらに同じ年六月二十日（7月12日）の徳川吉宗の死（満六十六歳と七か月。死因は脳卒中とされる）などが続いたことから、災異改元として行われた。改元にあたって「宝暦」「天明」「明和」「安長」「天保」「万保」「文長」などの元号候補が挙げられる中、「宝暦」が選ばれた。

宝暦八年（１７５８年）から宝暦九年（１７５９年）にかけて、「宝暦事件」が発生した。皇権回復を説く竹内式部《たけのうちしきぶ》に賛同した徳大寺公城《きみき》、久我敏通《としみち》、正親町三条公積《おおぎまちさんじょうきんつむ》、烏丸光胤《からすまるみつたね》、坊城俊逸《ぼうじょうとしはや》ら若い公卿《ぎょう》が、幕府専制に対して強い不満を抱き、式部の論を桃園天皇に進講させたのだが、そこで、あくまで朝廷と幕府の関係安定が第一とする関白・一条道香《みちか》は危機感を抱き、式部らを京都所司代に告訴。その結果、公卿たちは罷官《ひかん》・謹慎となり、式部は重追放に処せられたのである。

宝暦十年九月二日（１７６０年10月10日）には、徳川家治が父・家重の隠居を受けて、第十代将軍となった。

一方、朝廷では宝暦十二年七月十二日（１７６２年8月31日）に桃園天皇が満二十一歳で崩御。同月二十七日（9月15日）には、桜町天皇の第二皇女・智子《としこ》内親王（桃園天皇の異母姉）が遺詔《いしょう》を受けて、後桜町天皇【第百十七代】の座に就いた。桃園天皇の第一皇子・英仁《ひでひと》親王（満四歳と一か月）が天皇となるまでの中継ぎとしての天皇即位だったが、その背景には「宝暦事件」で生じた摂関家との対立を深刻なものにしないためという理由があったともされる。

いずれにせよ、後桜町天皇の即位は、寛永六年十一月八日（1629年12月22日）の明正《めいしょう》天皇即位以来、百三十二年ぶりの女性天皇誕生であり、現在のところ彼女が最後の女性天皇である。

## 後桜町天皇の即位に伴う代始の改元

1764~1772

# 明和

めいわ

改元年月日　宝暦十四年六月二日

使用期間　8年5か月と10日

在位天皇　後桜町天皇 第百十七代　後桃園《ごももぞの》天皇 第百十八代

グレゴリオ暦：1764年6月30日
ユリウス暦：1764年6月19日

元号の出典は『書経』（堯典）の「百姓昭明、協和万邦」と、『史記』（巻一・五帝本紀）の「百姓昭明、合和万国」。勘申者は菅原在家（右大弁）。この改元は後桜町天皇の代始改元として行われた。通常なら践祚《せんそ》した翌年には改元されるところだが、朝鮮通信使の来日などもあり、改元は延期されていた。改元にあたっては、「明和」「大応」「万保」「天明」「嘉享」「天亀」「文化」などの元号候補が挙げられ、その中から「明和」が選ばれた。

明和四年（1767年）に、田沼意次《おきつぐ》が側用人《そばようにん》に就任。その後約二十年にわたって続く田沼時代が始まる。経済重視の「重商主義的政策」によって高利貸に代表される商業資本が発達していった。

明和七年十一月二十四日（1771年1月9日）には、後桜町天皇から英仁親王への譲位がなされ、後桃園天皇（第百十八代）が誕生した。伯母《おば》から甥《おい》への皇位継承は天皇史上唯一のことであった。

後桜町上皇は退位後もしばしば内裏に御幸し、後桃園天皇や光格《こうかく》天皇の教導を務め、「国母《こくぼ》」と呼ばれ、満七十三歳で崩御したのちは、後桜町院の追号《ついごう》が贈られた。

明和九年二月二十九日（１７７２年４月１日）、江戸は「明和の大火」に見舞われた。目黒行人坂《めぐろぎょうにんざか》の大円寺（現在の東京都目黒区下目黒）への放火が燃え広がり、類焼した町は九百三十四、大名屋敷は百六十九、橋は百七十、寺は三百八十二にも及び、死者一万四千七百人、行方不明者は四千人超を数えたという。

1772~1781

## 「明和の大火」をきっかけに明和九年は「迷惑年」で改元

# 安永

あんえい

**使用期間** 8年4か月と15日

**在位天皇** 後桃園天皇 第百十八代 / 光格《こうかく》天皇 第百十九代

グレゴリオ暦：１７７２年12月10日
ユリウス暦：１７７２年11月29日

**改元年月日** 明和九年十一月十六日

元号の出典は『文選』（巻一・東京賦）の「寿安永寧、天禄宣明、温飾迎春」。勘申者は菅原在熙（侍従）。この改元は「明和の大火」をきっかけとした災異改元として行われた。実は、明和九年《めいわくねん》は「迷《めい》惑年《わくねん》」に通じると噂が流れていた中で、明和の大火が発生したため、改元の機運が高まったという。

改元にあたっては、「安永」「文長」「万保」「建正」「嘉徳」「天保」「建安」「天久」「永安」が元号候補として挙げられたが、その中から「安永」が選ばれた。

安永三年（１７７４年）には、前野良沢《りょうたく》、杉田玄白《げんぱく》、中川淳庵《じゅんあん》らが『解体新書』を刊行。また安永５年（１７７６年）には平賀源内《げんない》がエレキテル（摩擦起電器）の修理に成功している。

## ■近代天皇制への下地をつくった光格天皇

安永八年十月二十九日（1779年12月6日）、もともと病気がちだった後桃園天皇が満二十一歳で崩御したが、子供が欣子《よしこ》内親王しかいなかったため、急遽、閑院宮家《かんいんのみやけ》（東山天皇の皇子・直仁《なおひと》親王が創設した宮家）から閑院宮師仁《もろひと》親王が養子として迎えられ、兼仁《ともひと》に改名、皇嗣に立てられた。そして同年十一月二十五日（1780年1月1日）に光格天皇（第百十九代）として即位し、翌年の安永九年十二月四日（1780年12月29日）に即位の礼を行った。

実は、彼は誕生の翌年には聖護《しょうご》院《いん》宮《のみや》忠《ちゅう》誉《よ》入道《にゅうどう》親王（中御門天皇の第三皇子）の弟子とされ、将来は出家して聖護院門跡（現在の京都府京都市左京区）を継ぐことになっていた。それが、期せずして天皇となったのだが、中世以降途絶えていた朝儀の再興や朝権の回復に熱心だった。そのため、朝廷が近代天皇制へと移行する下地をつくったと評価されている。

**1781～1789**

**光格天皇の即位に伴う代始の改元を行うも近世史上最大の「天明の大飢饉」発生**

# 天明

てんめい

改元年月日　安永十年四月二日

使用期間　7年9か月と25日

在位天皇　光格天皇（第百十九代）

グレゴリオ暦：1781年4月25日
ユリウス暦：1781年4月14日

元号の出典は『尚書』（太甲上）の「先王顧天之明命」。勘申者は菅原為俊（式部大輔）。光格天皇の代始改元だった。改元にあたっては、「天明」「天保」「延祚」「文長」「保和」「明和」「文化」の元号候補が挙げられ、その中から「天明」が選ばれた。

## ■天明の大飢饉、浅間山大噴火、そして天明の大火

天明二〜八年（1782〜1788年）には近代史上最大といわれる「天明の大飢饉」が発生した。東北地方では安永年間から気候不順により農作物に大きな被害が出ていたが、天明三年三月十二日（1783年4月13日）には岩木山（青森県）が噴火したのに続き、七月八日（8月5日）には浅間山《あさまやま》（長野県と群馬県の境）の大噴火とともに火砕流《かさいりゅう》が発生、大規模な土石流《どせきりゅう》が吾妻《あづま》川、利根《とね》川へと流入して、現在の前橋市から玉村町あたりまでの村々を呑《の》み込んだ。また岩木山と浅間山が吹き上げた火山灰により、東日本を中心に農業は壊滅的な被害を受け、日本全国で人口が九十二万人も減少したともいわれる。

天明六年八月二十五日（1786年9月17日）、第十代将軍・家治が急死したため、家治に養子となっていた家斉《いえなり》（一橋家当主・一橋治済《はるさだ》の長男）が第十一代将軍の座に就いた。

そんな中、天明六年八月二十七日に、権勢を誇っていた老中・田沼意次が失脚。天明七年六月十九日（1787年8月2日）に老中となった松平定信《さだのぶ》（第八代将軍・吉宗の孫）が「寛政の改革」に着手することとなったが、天明八年一月三十日（1788年3月7日）には京都で「天明の大火」が発生した。鴨川《かもがわ》東側の宮川町団栗辻子《どんぐりのづし》（現在の京都市東山区宮川筋付近）の町家から出火。火は瞬く間に燃え広がり、御所・二条城・京都所司代などの要所をはじめ、当時の京都市街の八割以上を燃やし尽くしたと伝えられている。京都開闢《かいびゃく》以来の大火災で経済的な損失も莫大《ばくだい》なものとなった。

1789~1801

## 京都の大火をきっかけとした災異改元。大黒屋光太夫らがロシアより帰国

# 寛政

かんせい

改元年月日　天明九年一月二十五日

使用期間　12年1か月

グレゴリオ暦：１７８９年２月19日
ユリウス暦：１７８９年２月８日

在位天皇　光格天皇　第百十九代

元号の出典は『左伝』（昭公二十年）の「施之以寛、寛以済猛、猛以済寛、政是以和」。勘申者は菅原胤長（前権中納言）。この改元は、京都で起きた「天明の大火」をきっかけにした災異改元だった。改元にあたっては、「寛政」「文化」「寛安」「享和」「嘉享」「天祐」が元号候補に挙げられ、「寛政」が選ばれた。

前述したように、寛政年間は松平定信による「寛政の改革」が進められた。また、定信は朱子学を正学とし、他を異学とする「寛政異学の禁」なども断行していった。

寛政四年九月九日（１７９２年10月24日）、ロシア帝国（ロマノフ朝）の軍人であるアダム・ラクスマンが、大黒屋光太夫《だいこくやこうだゆう》ら三人の日本人漂流民を連れて根室《ねむろ》に来航した。帰国した光太夫は、将軍・家斉に謁見《えっけん》、ロシアの進出が進み、北方情勢が緊迫しつつあることなどを報告。幕府も北方に対する防衛意識を徐々に高めていくこととなる。彼のロシア在留の記録は、医者で蘭学者の桂川甫周《かつらがわほしゅう》によって『北槎聞略《ほくさぶんりゃく》』にまとめられた。

寛政十二年（１８００年）には、伊能忠敬《いのうただたか》が蝦夷地を初めて測量した。

1801～1804

辛酉革命による改元

# 享和

きょうわ

改元年月日　寛政十三年二月五日

使用期間　3年と3日

在位天皇　光格天皇　第百十九代

グレゴリオ暦：1801年3月19日
ユリウス暦：1801年3月7日

元号の出典は『文選』（巻十一・晋紀総論）の「順乎天而享其運、応乎人而和其義」。勘申者は菅原在熙（前参議）。この改元は寛政十三年（1801年）が辛酉年にあたることから行われた。

享和二年二月二十三日（1802年3月26日）、幕府はロシアの脅威に対して蝦夷《えぞ》奉行（函館《はこだて》奉行）を新設。同年七月二十四日（8月21日）には東蝦夷地（北海道太平洋側と千島《ちしま》）を直轄地とした。

1804～1818

甲子革令による改元

# 文化

ぶんか

改元年月日　享和四年二月十一日

使用期間　14年2か月と4日

在位天皇　光格天皇　第百十九代
仁孝《にんこう》天皇　第百二十代

グレゴリオ暦：1804年3月22日
ユリウス暦：1804年3月10日

元号の出典は『易経』（賁《ひ》卦《か》象上伝）の「観乎天文以察時変、観乎人文以化成天下」と、『後漢書』（巻九十二・荀悦《じゅんえつ》伝）の「宣文教以章其化、立武備、以秉其威」。勘申者は菅原為徳（参議）。この改元は甲子革令による改元として行われた。改元にあたっては、「文化」「嘉徳」「嘉政」「万宝」「嘉永」

「文政」「万徳」が元号候補として挙げられ、「文化」が選ばれた。

文化元年九月六日（１８０４年10月9日）、ロシア使節レザノフが長崎の出島《でじま》に来航し、幕府に通商を要求したが、幕府は翌年になるまで留め置いた末にそれを拒絶した。

文化三年三月四日（１８０６年4月22日）、江戸三大大火の一つに数えられる「文化の大火」（丙寅《へいいん》の大火）が発生、延焼面積は五百三十町歩にも及んだ。

## ■イギリス軍艦フェートン号が長崎港に侵入

文化五年（１８０８年）には、ロシアを警戒する幕府の命を受けた間宮林蔵《まみやりんぞう》が樺太《からふと》を探検していたが、同年八月十五日（10月4日）には、イギリスの軍艦フェートン号が、オランダ船を追って長崎港に侵入し、オランダ商館員を捕らえ、食糧・薪水《しんすい》を強要するという「フェートン号事件」が発生した。当時のオランダはナポレオン戦争でフランスに併合され、イギリスと交戦状態にあった。その戦いの影響が、ヨーロッパから遠く離れた日本にも及んだのだ。事件発生の二日後には、長崎奉行がフェートン号の要求を受け入れ、食料や飲料水を提供。フェートン号はそのまま立ち去ったが、長崎奉行の松平康英《やすひで》が責任をとって自刃、警備を担当していた鍋島藩主の鍋島斉直《なりなお》は百日の閉門を命じられることとなった。

一方朝廷では、文化十四年三月二十二日（１８１７年5月7日）に、光格天皇の第六皇子・恵仁《あやひと》親王が光格天皇からの譲位を受け、仁孝天皇（第百二十代）として践祚。九月二十一日（10月31日）には即位の礼を行った。それに伴い、光格天皇は太政《だいじょう》天皇（上皇）となった。

1818~1831

## 仁孝天皇の即位に伴う代始の改元

# 文政

ぶんせい

改元年月日 文化十五年四月二十二日

使用期間 12年7か月と28日

グレゴリオ暦：1818年5月26日
ユリウス暦：1818年5月14日

在位天皇 仁孝天皇 第百二十代

元号の出典は『書経』（舜典の注）「舜察天文、斉七政」。勘申者は菅原長親（式部大輔）。この改元は仁孝天皇の即位に伴う代始改元として行われた。

改元にあたっては「文政」「万延」「文長」「延化」「嘉政」「洪徳」「嘉延」が元号候補として挙げられ、「文政」が選ばれた。

この文政年間とその前の文化年間には町民文化が発達、十返舎一九《じっぺんしゃいっく》の『東海道中膝栗毛』などの滑稽本《こっけいぼん》、錦絵などが人気となった他、川柳なども流行し、「化政時代」と呼ばれた。

また、伊能忠敬《ただたか》の死後、弟子たちが三年をかけて「大日本沿海輿地《よち》全図」を完成させたのは文政四年（1821年）のことだった。

文政十三年七月二日（1830年8月19日）、京都で直下型の地震が発生、大きな被害が出た（京都地震）。肥前国平戸藩の藩主・松浦清《まつらきよし》の随筆集『甲子夜話《かっしやわ》』には、京都市中の二階建ての建物はことごとく倒壊したと書かれている。

「京都地震」をきっかけに行われた災異改元

1831～1845

# 天保

てんぽう
てんほう

改元年月日　文政十三年十二月十日

グレゴリオ暦：1831年1月23日
ユリウス暦：1831年1月11日

使用期間　13年11か月と17日

在位天皇　仁孝天皇　第百二十代

元号の出典は『書経』（仲虺之誥《ちゅうきのこう》）の「欽崇天道、永保天命」。勘申者は菅原為顕（式部大輔）。この天保改元は、その地震をきっかけに行われた災異改元だった。「天保」という元号は、その他の「嘉延」（嘉享）「安延」「寛安」「嘉徳」「万安」の元号候補の中から選ばれたものだったが、実は、平安後期の仁平四年（1154年）の改元の際にも候補となったものの、当時の左大臣藤原頼長《よりなが》が、「天保」を分解すると《一大人只十》（付き従う臣民がたった十人）と読めるので縁起が悪いと反対され、結局、「久寿」に差し替えられたといういわくつきの元号だった。

## ■お伊勢参りブームで始まった天保年間

天保年間は、伊勢神宮への集団参詣「お伊勢参り」（お蔭参り）の大ブームで始まった。お伊勢参りは、江戸時代初期の寛永年間以来、何度かブームになっていたが、特に文政十三年／天保元年（1830年～1831年）にかけては四百二十七万六千五百人もの人が、仕事や家庭も顧みず、お伊勢参りに参加したとされている。

天保四年（1833年）には「天保の飢饉」が発生、被害は全国に及び、米が高騰、各地で一揆が続発した。天保八年二月（1837年3月）には、大坂で元与力の大塩平八郎《おおしおへいはちろう》が、「天保の飢饉で窮乏する民衆を救う」として「大塩平八郎の乱」を起こし、政府は鎮圧するために旗本を出兵させなければならなかった。それは、寛永十四年十月二十五日（1637年12月11日）から翌年の二月二十八日（1638年4月12日）にかけて起きた「島原の乱」以来のことだった。

また、同八年には、アメリカの商船モリソン号が鹿児島湾と浦賀沖に姿を現したのに対して、薩摩《さつま》藩と浦賀奉行太田資統《すけおさ》が砲撃を加えるという事件（モリソン号事件）が起きていたが、天保十年（1839年）には、あくまで異国船打ち払い令に固執する幕府を批判した渡辺崋山《かざん》、高野長英《ちょうえい》らが投獄された（蛮社《ばんしゃ》の獄）。世界情勢を知る有識者たちの間に、「このままではいけない」という危機感が高まりつつあったのである。

一方、天保年間には、天保八年に徳川家斉から将軍職を譲られ、第十二代将軍となっていた徳川家慶《いえよし》と老中・水野忠邦《ただくに》によって、財政再建を目指すべく「天保の改革」も行われたが、幕藩体制のひずみが顕在化、庶民による一揆や打ち壊しが頻発していった。ちなみに、『遠山の金さん』として知られる江戸の北町奉行・遠山金四郎景元《かげもと》が活躍したのもこの頃のことだ。

ところで天保といえば天保通宝がよく知られている。小判を真似《まね》た楕円《だえん》形の銅製の通貨で重さは約二十グラム。天保六年（1835年）に発行されたが、天保から明治にかけて合計四億八千四百八十万枚以上が鋳造され、明治二十四年（1891年）12月31日に通用停止になるまで流通していた。

1845~1848

江戸城火災をきっかけとした災異改元

# 弘化

こうか

改元年月日 天保十五年十二月二日

元号使用期間

3年2か月と23日

在位天皇

仁孝天皇 第百二十代

孝明《こうめい》天皇 第百二十一代

グレゴリオ暦：1845年1月9日

ユリウス暦：1844年12月28日

元号の出典は『書経』(周官)の「式公弘化、寅亮天地」。勘申者は菅原為定(式部大輔)。水戸藩の藤田東湖《とうこ》の日記に、天保十五年五月十日(1844年6月25日)のできごととして「暁七ツ時大城奥より出火御本丸不残御焼失」とある。江戸城で出火して本丸が全焼したのだ。弘化の改元は、この江戸城本丸消失をきっかけに行われた。このとき挙げられた元号候補は「弘化」「嘉徳」「万安」「万延」「文久」「嘉永」「嘉延」だったが、その中から「弘化」が選ばれた。

## ■頻発する外国船の来航

弘化年間に入ると、幕府は相次ぐ外国船の出現に苦慮することになる。弘化元年(1844年)にはフランスの軍艦が琉球《りゅうきゅう》に来航して琉球王府に通商を要求。最終的には薩摩藩が主導し、琉球王府が要求を拒否する形で決着した。

またその直後、幕府にオランダ国王ウィレム二世からの「開国勧告親書」が届けられた。隣国の清《しん》ではイギリスとの間で阿片《あへん》戦争(1840~1842年)が起きていたし、日本にも西洋列強の手が伸びようとしていた。それを見たウィレム二世が「清が阿片戦争で敗北したことから日本も開国の方向に進むべきだ」と勧告してきたのだ。しかし幕府は、それを無視して、あくまで鎖国体制を貫く姿勢を示した。

そんな中、弘化三年一月二十六日（1846年2月21日）に仁孝天皇が崩御し、二月十三日（3月10日）には仁孝天皇の第四皇子・統仁《おさひと》親王が践祚して孝明天皇（第百二十一代）となった。同年閏《うるう》五月二十七日（7月20日）には、米国東インド艦隊司令官ビットルが巨艦二隻を引き連れて浦賀に来航して通商を求めてきた。

しかし幕府はそれも拒否。新天皇になったばかりの孝明天皇も同年八月二十九日（10月19日）に「海防勅諭《かいぼうちょくゆ》」を幕府に下したのに加え、翌年には異国船撃退の祈願も行った。

**1848~1855**

**孝明天皇の即位に伴う代始の改元**

# 嘉永

かえい

**使用期間**
6年9か月と14日

**在位天皇**
孝明天皇（第百二十一代）

**改元年月日** 弘化五年二月二十八日

グレゴリオ暦：1848年4月1日
ユリウス暦：1848年3月20日

元号の出典は『宋書』（巻二十・楽志）の「思皇享多祐、嘉楽永無央」。勘申者は菅原以長（式部権大輔、大学頭）。この改元は孝明天皇の即位に伴う代始改元として行われたが、改元にあたっては、「嘉永」「天久」「大元」「明治」「嘉延」「永寧」「万延」の元号候補が挙げられ、その中から「嘉永」が選ばれた。

この嘉永年間の最大のできごとは嘉永六年六月三日（1853年7月8日）の、米海軍東インド艦隊（サスケハナ号以下計四隻）を率いたマシュー・ペリーの来航に尽きる。黒船に度肝を抜かれた日本は、それをきっかけに江戸の時代から明治の新時代へと向かっていくことになる。

同年六月二十二日（7月27日）には、黒船対策に追われる中、将軍・家慶が急死した。死因は熱中症による心不全とされる。その後を継いで第十三代将軍となったのは、家慶の四男・家定《いえさだ》だった。

嘉永七年一月十六日（1854年2月13日）には、いったん帰国していたペリーが七隻の艦隊を率いて再来日。幕府は同年三月三日（3月31日）についに日米和親条約に調印することとなった。だが、その頃にはもともと体調がよくなかった家定はさらに体調を崩し、幕政は老中の阿部正弘《まさひろ》、さらに安政四年六月十七日（1857年8月6日）の阿部の死後は、老中・堀田正睦《まさよし》によって主導されていくこととなった。

**1855~1860**

**内裏炎上と異国船来航を理由に行われた災異改元**

# 安政

あんせい

**改元年月日** 嘉永七年十一月二十七日

**使用期間** 5年2か月と24日

**在位天皇** 孝明天皇 第百二十一代

グレゴリオ暦：1855年1月15日
ユリウス暦：1855年1月3日

元号の出典は『群書治要』（巻三十八）の「庶人安政、然後君子安位矣」。勘申者は菅原聡長。嘉永から安政への災異改元は、異国船のたび重なる来航と、嘉永七年四月六日（1854年5月2日）に起きた内裏炎上を理由として行われた。梅の木に集まった毛虫を焼いているうちに火が御所に燃え移り、強風にあおられて燃え広がり、民家にも延焼して京都の半ばを焦土と化したのだ。改元にあたっては、「文長」「安政」「安延」「和平」「寛裕」「寛禄」「保和」の元号候補が挙げられ、その中から、「安政」が選ばれた。

改元直前の嘉永七年十一月四日（1854年12月23日）に東海道沖を震源とする東海地震が発生、さらに約三十二時間後には紀伊半島沖を震源とする南海地震が発生し、津波の被害も出た。しかし、それはその後も続く「安政の大地震」の前触れにすぎなかった。改元後も地震は続いた。安政二年二月一日（1855年3月18日）には飛騨《ひだ》地震が発生、十月二日（11月11日）には安政江戸地震が発生して大被害を受けた。それらを総称して「安政の大地震」と呼んでいる。

さらに、安政三年八月二十五日（1856年9月23日）の台風で、江戸は猛烈な暴風と高潮に襲われ、死者約十万人を出したし、安政五年（1858年）にはコレラが大流行し、江戸周辺で十万人規模の死者が発生したとされている。

## ■将軍継嗣問題がからんでいた「安政の大獄」と「桜田門外の変」

一方、対外的には江戸幕府が、安政五年六月十九日（1858年7月29日）に日米修好通商条約を締結したのを皮切りに、英・仏・露・蘭と条約（安政五か国条約）を結んだ。しかし、いずれも外圧に屈した不平等条約であり、江戸幕府の大老となった井伊直弼《なおすけ》が勅許《ちょっきょ》を待たずに調印したものだった。朝廷はこれを、幕府と井伊直弼の独断専行だとし、条約は無効だとしたが、その結果、公武（朝廷と幕府）の緊張が高まり、「安政の大獄《たいごく》」が引き起こされた。安政五年から六年（１８５８〜１８５９年）にかけて、井伊直弼らが尊王攘夷派に激しい弾圧を加えたのだ。

その対立の背景には、将軍継嗣問題もからんでいた。将軍・家定は病弱で子がなかったため、攘夷論の中心であった水戸藩主の徳川斉昭《なりあき》は自分の子である一橋慶喜《よしのぶ》（のちの第十五代将軍）を次期将軍に推した。それに、越前藩主の松平慶永《よしなが》、尾張藩主の徳川慶勝《よしかつ》や薩摩藩主の島津斉彬《なりあきら》、宇和島藩主の伊達宗城《むねなり》、土佐藩主の山内豊信《とよしげ》らも同調した。いわゆる一橋派である。

それに対し、「血統を重視すべきだ」として紀州藩主の徳川慶福《よしとみ》（のちの第十四代将軍・家茂《いえもち》）を推したのが、井伊直弼、会津藩主の松平容保《かたもり》、高松藩主の松平頼胤《よりたね》ら、南紀派だった。安政五年六月二十五日（１８５８年８月４日）には、家定に諸大名を招集させ、「慶福を将軍継嗣にする」と伝えた上で、徳川斉昭ら一橋派を隠居や謹慎処分にした。そのとき、京都でも尊皇派への弾圧が行われ、梅《うめ》田雲浜《だうんぴん》や橋本左内《はしもとさない》、吉田松陰《よしだしょういん》らが獄死したり、死罪に処せられたりした。

こうして一橋派を抑えた南紀派は、安政五年七月六日（１８５８年８月14日）に家定が亡くなると、満十二歳の家茂（慶福）を第十四代将軍の座に就けた。

だが、安政七年三月三日（１８６０年３月24日）、江戸城桜田門外（現在の東京都千代田区霞が関）で「桜田門外の変」が起きた。水戸藩からの脱藩者十七名と薩摩藩士一名が、井伊直弼の行列を襲撃、井伊直弼を暗殺したのである。

1860~1861

# 万延《まんえん》

江戸城本丸炎上を理由とした災異改元

改元年月日 安政七年三月十八日

グレゴリオ暦：1860年4月8日
ユリウス暦：1860年3月27日

使用期間 11か月と21日

在位天皇 孝明天皇 第百二十一代

元号の出典は『後漢書』（巻九十・馬融伝）の「豊千億之子孫、歴万載而永延」。勘申者は菅原為定。

この改元は安政六年十月十七日（1859年11月11日）に江戸城本丸が炎上、消失したことを理由に災異改元として行われたが、実は翌年は辛酉年にあたっていたから、改元しても一年弱しか使われないことはわかっており、朝廷や幕府の一部からは改元する必要はないという意見も出された。

それにもかかわらず改元が行われた背景には、黒船来航で開国を余儀なくされた日本の政治も社会も大きく混乱・動揺する中、改元することでなんとか事態を変えようとする、孝明天皇の強い意志が働いていたとされる。

1861~1864

# 文久《ぶんきゅう》

辛酉革命による改元

改元年月日 万延二年二月十九日

グレゴリオ暦：1861年3月29日
ユリウス暦：1861年3月17日

使用期間 2年11か月と27日

在位天皇 孝明天皇 第百二十一代

元号の出典は『後漢書』（巻七十九・謝該伝）の「故能文武並用、成長久之計」。勘申者は菅原為定（前権中納言）。この文久への改元は、辛酉革命を理由として行われたが、現在のところ、辛酉革命を理由とした最後の改元となっている。改元にあたっては、「文久」の他に、「令徳」「明治」「建正」「萬保」「永明」「大政」という元号候補も挙げられた。この元号には「文武をうまく併用してアジアを脅かす西洋列強に対抗し、国の発展を図っていこう」という決意が込められていた。

しかし、文久元年二月三日（1861年3月13日）には、ロシア軍艦ポサドニック号が、補給基地を求めて対馬《つしま》に来航、上陸して乱暴をはたらくという対馬占領事件が勃発。文久二年一月十五日（1862年2月13日）には尊攘派の水戸浪士により、老中・安藤信正《のぶまさ》が襲撃されるという「坂下門外の変」が起きた。さらに同年八月二十一日（9月14日）には、横浜郊外で藩の行列を乱したとして薩摩藩士がイギリス人三名を殺傷する「生麦《なまむぎ》事件」が発生、それが文久三年七月二日（1863年8月15日）の「薩英《さつえい》戦争」へと発展していった。

1864~1865

## 甲子革令による改元直後に尊王攘夷派が挙兵

# 元治

げんじ

使用期間

1年1か月と4日

在位天皇

孝明天皇 第百二十一代

改元年月日 文久四年二月二十日

グレゴリオ暦：1864年3月27日
ユリウス暦：1864年3月15日

元号の出典は『易経』（乾卦《けんか》）の「乾元用九天下治也」。勘申者は菅原為栄（文章博士）。前述したように、この改元は甲子革命によるもので、朝廷主導で行われた。改元についての議論は、その前年から始まっていたが、朝廷は「令徳」と「元治」を提案。だが一橋慶喜が「令徳」に反対、福井藩主・松平慶永が日本の元号で使われたことのない「令」の入っている「令徳」より、「元治」のほうが穏当としたため、最終的に「元治」が採用された。

元治元年三月二十七日（1864年5月2日）には、水戸藩を中心とした尊皇攘夷派（天狗党《てんぐとう》）が筑《つく》波山《ばさん》で挙兵した。文久三年八月十八日（1863年9月30日）に、会津藩と薩摩藩を中心とした公武合体派が、長州藩を主とする尊皇攘夷派と急進派公卿を京都から追放するという「文久の政変」（八月十八日の政変）が起きていたが、それをきっかけに水戸藩では保守派の諸生党が実権を握った。それに反対する天狗党が朝廷の攘夷延期への不満を掲げて挙兵したのだ。しかし、幕府の追討を受けて敗走、その後、一橋慶喜を頼って京都に向かう途中、加賀金沢藩で幕府軍に降伏することとなる（天狗党の乱）。

その後も騒ぎは続いた。同じ元治元年六月五日（7月8日）には、京都の旅館・池田屋に潜伏していた長州藩、土佐藩などの尊王攘夷派志士を、京都守護職配下の治安維持組織であった新選組が襲撃、吉田稔麿《としまろ》・北添佶摩《きつま》・宮部鼎蔵《ていぞう》・大高又次郎《またじろう》・石川潤次郎《じゅんじろう》・杉山松助《まつすけ》・松田重助《じゅうすけ》らが殺害された（池田屋事件）。また、七月十九日（8月20日）には、池田屋事件で多くの仲間を殺された長州藩による「禁門《きんもん》の変」（蛤《はまぐり》御門の変）が起きる。この戦いは当初、長州藩勢の優位に進んでいたが、薩摩藩勢が来襲し、長州藩勢は敗退した。

さらに八月五日（9月5日）には「下関砲撃事件」（馬関《ばかん》戦争）が起きた。長州藩は文久三年五月十日（1863年6月25日）に、攘夷親征を実現するとして下関海峡を通過するアメリカ商船や列国軍艦を砲撃していた。その報復として英・仏・米・蘭の四国連合艦隊が長州藩砲台を砲撃、壊滅させた。

こうした混乱の中、わずか一年で元治の時代は終わった。

1865〜1868

## 京都兵乱、世間不穏による改元ののち、「ええじゃないか」で江戸時代は終焉に向かった

# 慶応

けいおう

使用期間
3年5か月と22日

在位天皇
孝明天皇 第百二十一代
明治《めいじ》天皇 第百二十二代

改元年月日 元治二年四月七日
グレゴリオ暦：1865年5月1日
ユリウス暦：1865年4月19日

元号の出典は『文選』（巻十）の「慶雲応輝、皇階授木」。勘申者は菅原在光（式部大輔）。この改元は京都兵乱、世間不穏によるものとされる。改元にあたっては、「慶応」の他に、「乾永」「文隆」「大暦」「万徳」「明定」「天政」などの元号候補も挙げられた。

江戸幕府創設以来、元号に関しては幕府が天皇に奏上する形がとられていた。だが、このときの改元については、第十四代将軍・家茂が朝廷に対して、孝明天皇の意向にすべて従うという旨の意見書を提出、改元当日に御所で行われた儀式も諸藩代表に公開された。もはや江戸幕府は統治能力を失い、終焉《しゅうえん》を迎えようとしていたのである。

しかし改元後も世の中が落ち着くことはなかった。慶応三年（1867年）から翌年にかけて、「天

から伊勢神宮の御札が降ってくる。これは慶事の前触れだ」などという噂話が広まり、人々が仮装して「ええじゃないか」と連呼しながら熱狂的に踊りまわるようになった。

世直しを訴える民衆運動であったという説もあれば、討幕派が国内を混乱させるために引き起こした陽動作戦だったという説、あるいは民衆の不満をガス抜きするために幕府が仕掛けたという説もある。いずれにせよ、国の体制が大きく揺れ動く中、「ええじゃないか」は江戸から四国にまで広がり、大きな社会現象となったのである。

## ■徳川幕府の「大政奉還」と、朝廷が発した「王政復古の大号令」

そんな中、慶応二年十二月五日（1867年1月10日）に第十五代将軍となっていた徳川慶喜が、慶応三年十月十四日（1867年11月9日）に朝廷に対して「大政奉還《たいせいほうかん》」を上奏《じょうそう》。同年十二月九日（1868年1月3日）には朝廷より「王政復古の大号令」が発せられ、ついに慶喜の将軍職辞職と江戸幕府の廃止が決定され、日本は次の時代へと向かうことになったのである。

慶応二年十二月二十五日（1867年1月30日）に孝明天皇が崩御。慶応三年一月九日（1867年2月13日）には、孝明天皇の第二皇子・睦仁《むつひと》親王が満十四歳と三か月で践祚の儀を行い、明治天皇［第百二十二代］となった。その後、慶応四年一月十五日（1868年2月8日）には元服。同年八月二十一日（10月6日）からの一連の儀式を経て、八月二十七日（10月12日）に京都御所において即位の礼を執り行い、即位を内外に宣下《せんげ》した。

そしていよいよ日本は近代国家への道を歩み始めることとなったのである。

# 第八章

# 近・現代編

## 明治
## 大正
## 昭和
## 平成

# 近・現代編

## ——日本が国際社会に一躍名乗りを上げた明治・大正期と、昭和・平成期、そして新元号時代へと続く〝民の保護者〟としての天皇像

明治維新の原動力は、目の前に迫った欧米列強の脅威からいかに日本の独立を守るかという点にあった。そのためには、国内体制を近代化し、欧米の圧力を打ち払うだけの力を付けるしかなかった。そこで戊辰《ぼしん》戦争（慶応《けいおう》四～明治《めいじ》二年／１８６８～１８６９年）に勝利した明治新政府は、廃藩《はいはん》置県《ちけん》を断行。天皇を主権者とし、元号も一世一元《いっせいいちげん》として、富国強兵に突き進んでいった。

明治二十二年（１８８９年）には大日本帝国憲法を発布し、「天皇大権」を明文化して近代国家を目指す姿勢を国内外に示したが、この新体制のもとで日本の近代化は世界史で例を見ないほどのスピードで進み、日清《にっしん》戦争（明治二十七～二十八年／１８９４～１８９５年）と日露《にちろ》戦争（明治三十七～三十八年／１９０２～１９０３年）に勝利して世界を驚かせた。

大正《たいしょう》時代には「大正デモクラシー」が起きた。経済の発展とともに民衆の力が強くなり、民主主義・自由主義的な空気に包まれた。第一次世界大戦（大正三～七年／１９１４～１９１８年）には連合国側として参戦、終結後は国際連盟における五大国の一員として扱われるようになった。

この時代にはマスコミも大いに発達して政治批判も盛んに行われるようになる一方で、欧米諸国の日本に対する圧力に対し、国民を戦争に誘導する論調が急激に増えていった。そうした論調は多

くの国民に支持され、日本は満洲《まんしゅう》事変（昭和六年／1931年）を契機に日中戦争へと足を踏み入れていった。その中で「万世一系の日本は世界で一番優れている。その国体を守らなければならない」という意識が生まれていった。その当時、戦争に負けたことのなかった日本国民に驕《おご》りが生じていた部分もあったといえよう。

そして昭和十六年（1941年）十二月、日本に対する経済封鎖を推し進めるイギリスとアメリカに対して宣戦布告し、大東亜《だいとうあ》戦争に突入した。この戦いは、日本が連合国の出してきたポツダム宣言を受け入れる昭和二十年（1945年）まで続いたが、その後、日本は連合国軍による占領時代を経て新たな国家づくりへの道を歩むこととなった。

そのとき、天皇制を廃止する動きもあった。しかし日本国民は天皇制の保持を選択した。その背景にあったのは、代々続いてきた〝民の保護者〟としての天皇像だった。この〝国の安寧《あんねい》を願い、民のための祈る〟という天皇像は、室町時代の後期頃から生まれてきた概念だったが、それが明治天皇以降の天皇にも強く受け継がれていた。

特に昭和《しょうわ》天皇と今上《きんじょう》天皇は、これまでの天皇の中でも最も人柄の良い天皇であり、自分を犠牲にしても民を守るという強い意識を有していた。それは長い時代続いてきた天皇家の智慧《ちえ》といってもいいものだろう。そして今、今上天皇の退位を認める譲位特例法が成立し、新たな天皇の誕生と改元に向けての準備が進められている。国民の多くが、新しい元号の時代が明るい未来へとつながるものになることを心から願っている。

1868~1912

# 明治天皇の即位に伴う代始の改元とともに近代国家への道を歩み始めた日本

## 明治

めいじ

改元年月日 慶応四年九月八日

使用期間 43年9か月と7日

グレゴリオ暦：1868年10月23日
ユリウス暦：1868年10月11日

在位天皇 明治《めいじ》天皇 第百二十二代

元号の出典は『易経』（説卦《せっか》）の「聖人南面而聴天下、嚮明而治」と、『孔子家語《こうしけご》』（巻五・帝徳）の「長聡明、治五気、設五量、撫万民、度四方」。勘申者《かんじん》は菅原在光（式部大輔）。この明治の改元が明治天皇の即位に伴う代始改元として行われたことはいうまでもない。ちなみに、「明治」という元号は、前越前藩主の松平慶永らが考えたいくつかの元号案を籤《くじ》としたものを、宮中賢所《かしこどころ》で天皇が自ら抽籤《ちゅうせん》して決定されたと伝えられている。

### ■「一世一元の詔」

慶応四年九月八日（1868年10月23日）、明治天皇は、「一世一元《いっせいいちげん》の詔《みことのり》」（改元の詔）を発せられた。

詔書

詔、體太乙而登位、膺景命以改元、洵聖代之典型而、萬世之標準也、朕雖否德、幸賴　祖宗之靈、祇承鴻緒、躬親萬機之政、乃改元、欲與海內億兆更始一新、其改慶應四年、爲明治元年、自今以後、革易舊制、一世一元、以爲永式、主者施行、

## 明治元年九月八日

〔書き下し文〕

詔《みことのり》す。太乙《たいいつ》を体《たい》して、而《しか》して位《くらい》に登《のぼ》り、景命《けいめい》を膺《う》けて以《もっ》て元《げん》を改《あらた》む。洵《まこと》に聖代《せいだい》の典型《てんけい》にして、万世《ばんせい》の標準《ひょうじゅん》なり。朕《ちん》、否徳《ひとく》と雖《いえど》も、幸《さいわい》に祖宗《そそう》の霊《れい》に頼《たよ》り、祗《つつし》みて鴻緒《こうしょ》を承《う》け、躬《み》万機《ばんき》の政《まつりごと》を親《みずから》す。乃《すなわ》ち元《げん》を改《あらた》めて、海内《かいだい》の億兆《おくちょう》と与《とも》に、更始一新《こうしいっしん》せむと欲《ほっ》す。其《そ》れ慶応《けいおう》四年《よねん》を改《あらた》めて、明《めい》治元年《じがんねん》と為《な》す。今《いま》より以後《いご》、旧制《きゅうせい》を革易《かくえき》し、一世一元《いっせいいちげん》、以《もっ》て永式《えいしき》と為《な》す。主《つかさどる》者《もの》施行《しこう》せよ。

明治元年九月八日

この詔書《しょうしょ》に「改慶應四年爲明治元年」（慶応四年を改めて明治元年と為す）とある通り、改元は慶応四年一月一日（１８６８年１月25日）に遡《さかのぼ》って適用され、法的には慶応四年一月一日（１９６８年１月25日）からが明治ということになる。

また、一世一元の制度は中国（明《みん》朝）の制度に倣《なら》ったものだった。それまで日本では頻繁に元号が変わっていたが、それはあまり好ましいことではないということで、天皇の在位中は元号を変えないことが定められたのである。その歴史は平成に至る今日まで続いている。

また、日本では明治五年（１８７３年）に、それまで使われていた太陰太陽暦をやめ、西暦（グレゴリオ暦）を採用することとなり、明治五年十二月二日の翌日を明治六年一月一日（１８７３年１月１日）とした。そのため、明治五年には十二月三日から十二月三十一日までの二十九日間が存在しないが、その結果、西暦の月日と日本の元号による月日が一致することとなった。

## ■「五箇条の御誓文」で始まった明治年間

明治元年三月十四日（1868年4月6日）、明治天皇は「五箇条《かじょう》の御誓文《ごせいもん》」で国是を示された。

【五箇条の御誓文】

一 廣《ひろ》ク會議《かいぎ》ヲ興《おこ》シ、萬機公論《ばんきこうろん》ニ決《けっ》スヘシ、

一 上下《じょうげ》心《こころ》ヲ一《いつ》ニシテ、盛《さかん》ニ經綸《けいりん》ヲ行《おこな》フヘシ、

一 官武一途《かんぶいっと》、庶民《しょみん》ニ至《いた》ル迄《まで》各《おのおの》其《その》志《こころざし》ヲ遂《と》ケ、人心《じんしん》ヲシテ倦《う》マラサシメン事《こと》ヲ要《よう》ス、

一 舊來《きゅうらい》ノ陋習《ろうしゅう》ヲ破《やぶ》リ、天地《てんち》ノ公道《こうどう》ニ基《もとづ》クヘシ、

一 智識《ちしき》ヲ世界《せかい》ニ求《もと》メ、大《おお》ニ皇基《こうき》ヲ振起《しんき》スヘシ、

我國《わがくに》、未曾有《みぞう》ノ變革《へんかく》ヲ爲《なさ》ントシ、朕躬《ちんみ》ヲ以《もっ》テ衆《しゅう》ニ先《さき》ンシ、天地神明《てんちしんめい》ニ誓《ちか》ヒ、大《おお》ニ斯國是《このこくぜ》ヲ定《さだ》メ、萬民保全《ばんみんほぜん》ノ道《みち》ヲ立《た》ントス、衆亦此旨趣《しゅうまたこのししゅ》ニ基《もとづ》キ、協心努力《きょうしんどりょく》セヨ、

明治二年三月二十八日（1869年5月9日）、明治天皇は東京の皇居に行幸した。

ここに名実ともに明治時代が始まった。この明治期は、欧米列強のアジアの支配が進む中、それに対抗して国家をかけた近代化を推し進めた時代であり、まさに現在に続く近代国家の礎を築いた時代だといえる。

新政府軍と旧幕府軍による戊辰《ぼしん》戦争（慶応四年／１８６８年～明治四年／１８７１年）に勝利した明治新政府は、明治四年七月十四日（１８７１年８月29日）には廃藩置県《はいはんちけん》を断行。以後、封建的諸制度を次々と廃止していった。

その過程で農民による一揆や明治十年（１８７７年）の西南《せいなん》戦争に代表される士族の反乱も起きたが、「明治十四年の政変」（１８８１年）で薩長藩閥《さっちょうはんばつ》政府が成立。明治二十二年（１８８９年）２月11日には「大日本帝国憲法」を発布し、天皇大権を明文化して近代国家を目指す姿勢を内外に示したのである。

とはいうものの、外交的には諸外国との間に結んでいた不平等条約の改正が最大の問題となっていた。それを解消すべく交渉が続けられたが、日清《にっしん》戦争開戦直前の明治二十七年（１８９４年）、日英通商航海条約調印で改正に成功。さらに日清戦争（明治二十七年／１８９４年～明治二十八年／１８９５年）、日露《にちろ》戦争（明治三十七年／１９０４年～明治三十八年／１９０５年）の勝利で、版図《はんと》を朝鮮半島、満州へと拡大、国際社会で確固たる地位を築いていくことになった。

## ■近代国家建設への道のり

日露戦争開戦後の明治三十七年（１９０４年）八月二十二日、「日韓協約」が締結され、翌年には伊藤博文《ひろぶみ》が韓国統監府初代統監に任命された。その後、明治四十三年（１９１０年）八月二十二日には、日韓併合条約が結ばれた。そして明治四十四年（１９１１年）二月二十一日には、アメリカと新しい日米通商航海条約を締結、さらに英・独・仏・伊とも同内容の条約を締結し、不平等条約を改正し、関税自主権の全面的な回復に成功した。

　そのダイナミックな歴史の流れを支えたのが富国強兵の旗印のもとに進められた殖産興業だった。明治政府は地租改正や秩禄処分で税制改革を行い、明治三年（1870年）には工部省を設置、ヨーロッパから外国人を積極的に呼び寄せ、産業技術の近代化を図った。明治五年（1872年）には官営鉄道や汽船を発足させ、さらに鉱山開発などを進める一方で、群馬県の富岡《とみおか》製糸場など官営工場を開設。また、北海道には開拓使を置いて屯田兵《とんでんへい》を送り込んでいった。そうして集中的に育成した官営事業は、明治十三年（1880年）頃から民間に払い下げられ、三井、三菱などの財閥が政商として力を振るうようになると同時に、国内産業の生産力はさらに増強されていったのである。

**明治天皇像**　写真提供：共同通信社

　その一方で教育にも力が注がれた。明治政府は、明治五年（1872年）には早くも学校制度を定めた教育法令（学制）を公布、明治十二年（1879年）には教育令を、さらに明治二十三年（1890年）には教育勅語《ちょくご》を発布した。

当初は授業料を徴収されていたため、就学率はなかなか上がらなかったが、明治三十三年（１９００年）に尋常小学校が四年制に統一され、義務教育が原則無償化されると、就学率は急速に上がり始め、日露戦争後の明治四十年（１９０７年）に六年間の義務教育となったときには、小学校の就学率は九十七パーセントを超えるまでになっていた。

その後、日本の教育は自由主義的なものから中央集権的なもの、あるいは国家主義的傾向を強めていくことになるのだが、この明治期における教育の充実が、その後の日本の発展を支え、今につながる日本の形を創りあげていく大きな要因となっていったことは疑う余地もない。

明治四十五年（１９１２年）七月三十日午前零時四十三分、明治天皇が崩御した。満五十九歳と八か月だった。明治天皇の崩御は世界各国で報道された。明治維新によって近代国家建設に乗り出したばかりのアジアの小国は、わずか四十五年で世界の列強と肩を並べようとしていたといえよう。明治天皇の崩御に伴い、第百二十三代天皇の座に就いたのは明治天皇の第三皇子・嘉仁《よしひと》親王だった。

## 大正天皇即位に伴う代始の改元

1912~1926

# 大正

たいしょう

**改元年月日** 明治四十五年七月三十日

**使用期間** 14年4か月と25日

**在位天皇** 大正《たいしょう》天皇 第百二十三代

グレゴリオ暦：１９１２年７月30日
ユリウス暦：１９１２年７月17日

元号の出典は『易経』（臨卦《りんか》象伝）の「大亨以正、天之命也」。勘申者は国府種徳《こくぶたねのり》（内閣書記官嘱託）。

大正の改元は大正天皇の即位に伴う代始の改元として行われた。『大正天皇実録』によると、改元にあたっては、当時、首相だった西園寺公望《さいおんじきんもち》のもとで「大正」「天興」「興化」「永安」「乾徳」「昭徳」の元号候補が挙げられたが、最終案で「大正」「天興」「興化」に絞られ、枢密《すうみつ》顧問の審議により「大正」に決定したとされている。勘申した国府種徳（国府犀東《さいとう》）は、歴史、地誌、有職故実《ゆうそくこじつ》に詳しく、博文館の「太陽」編集部や内務省、宮内省などに勤め、のちに慶大高校や東京高校で教鞭《きょうべん》をとり、漢詩にも通じていた人物だった。

改元の次第については、明治二十二年（1889年）に制定された『皇室典範《こうしつてんぱん》』と、明治四十二年（1909年）に制定された『登極令《とうぎょくれい》』で、次のように定められていた。

**「践祚の後、元号を建て、一世の間に再び改めざること、明治改年の定制に従ふ」**（『皇室典範』第十二条）

**大正天皇**　写真提供：共同通信社

**「天皇践祚の後に直に元号を改む。元号は枢密院顧問に諮問したる後、これを勅定す」**（『登極令』第二条）

**「改元は、詔書を以て之を公布す」**（『皇室典範』第二十一条、『登極令』第三条）

この定めに従い、明治天皇が崩御すると、嘉仁親王が践祚《せんそ》直後に「元号建定」を命じ、前日までに用意されていた最終案の「大正」「天興」「興化」の三つと「詔書案」が枢密院に諮詢《しじゅん》（参考として他の機関などに意見を問い求めること）された。そして、枢密院の全員審査委員会と本会議で論議したのち全会一致で可決。そのことを、夕方五時半、山形有朋《ありとも》枢密院議長が上奏すると、その議決通りに勅定され、すぐに改元の詔書が発せられ、それに内閣全員が副書を添えた上で、官報で公布された。

なお、大正改元の詔書は、次のようなものだった。

**朕菲徳《ちんひとく》ヲ以《もっ》テ大統《たいとう》ヲ承《う》ケ、祖宗《そそう》ノ威霊《いれい》ニ誥《つ》ケテ萬機《ばんき》ノ政《まつりごと》ヲ行《おこな》フ、茲《ここ》ニ先帝《せんてい》ノ定制《ていせい》ニ遵《したが》ヒ、明《めい》治四十五年七月三十日以後《じよんじゅうごねんしちがつさんじゅうにちいご》ヲ改《あらた》メテ大正元年《たいしょうがんねん》ト為《な》ス、主者《つかさどるもの》施行《しこう》セヨ、**

大正天皇が病弱だったこともあって、大正が続いたのは十四年間という短い期間だったが、大正天皇の病が篤《あつ》くなった大正十年（１９２１年）十一月二十五日から、大正天皇が崩御して昭和に改元されるまでの間、皇太子裕仁《ひろひと》親王（のちの昭和《しょうわ》天皇）が摂政として天皇の名代を務めていた。

## ■日本は大正年間に欧米列強と肩を並べた

大正年間は、明治期に日清・日露戦争で勝利をおさめていた日本が、第一次世界大戦を経て、帝国主義国家として対米列強と肩を並べた時代だといえる。それとともに、欧米から新しい文化がドッと流れ込み、一般大衆も活動写真や雑誌などに慣れ親しむようになっていく。また、産業面でも多くの企業が誕生、事業に成功した「成金」も出現、人々は新しい時代への夢や野望にひたり、自由恋愛に代表される、開放的な（ある意味退廃的な）「大正浪漫《ろうまん》時代」の気分が醸《かも》し出されていった。

その一方で、社会主義思想や共産主義思想と結びつき、社会変革を求める活動家が多く輩出し、それを抑え込もうとする政府と対立するようになる。さらに、経済恐慌や関東大震災が起きるなど、急激な変化にもさらされた時代でもあった。

それは国際的にもいえることだった。日本は、大正三年（1914年）八月二十三日、日英同盟に基づいて、ドイツ帝国へ宣戦布告して、第一次大戦を連合国の一員として戦うことになった。戦争終結後の大正八年（1919年）一月十八日に行われた「パリ講和会議」に、主要五大国（イギリス、日本、アメリカ、フランス、イタリア）の一国として参加し、山東《さんとう》半島の権益を得ると同時に、パラオやマーシャル諸島などの委任統治権を委譲され、国際連盟の常任理事国にもなった。また、第一次世界大戦で、本土がまったく被害を受けなかった一方で、ヨーロッパへの商品輸出が急増した結果、大戦景気が起き、日本産業の重工業化が進むこととなった。

## ■関東大震災で首都壊滅

大正十二年（１９２３年）九月一日、神奈川県および東京府（現在の東京都）を中心に、巨大地震が発生した。「関東大震災」である。この地震で百九十万人が被災、およそ十万五千人が死亡・行方不明になったとされている。この地震のニュースはすぐに世界に発信され、アメリカやイギリス、中華民国、インド、オーストリア、カナダ、ドイツ、フランス、ベルギー、ペルー、メキシコなどからも救援物資や義捐金《ぎえんきん》が送られた。

この関東大震災で首都・東京は壊滅状態となり、東京からの遷都《せんと》も検討された。しかし、震災発生から十一日後の九月十二日には、大正天皇より東京を引き続き首都として復興を行う旨が、「関東大震災直後ノ詔書」として宣せられ、復興は力強く進められることとなった。

## 1926~1989

### 昭和天皇の即位に伴う代始の改元

# 昭和

しょうわ

**改元年月日** 大正十五年十二月二十五日

**使用期間** 62年と13日

**在位天皇** 昭和《しょうわ》天皇 第百二十四代

グレゴリオ暦：１９２６年12月25日
ユリウス暦：１９２６年12月12日

元号の出典は『書経』（堯典）の「百姓昭明、協和万邦」と、『史記』五帝本紀の「百姓昭明、合和万国」。勘申者は吉田増蔵《ますぞう》（宮内庁図書寮編修官）。この改元は、大正天皇が大正十五年（１９２６年）十二月二十五日に葉山御用邸で崩御したのち、その日のうちに大正天皇の第一男子・裕仁親王が践祚して、昭和天皇（第百二十四代）となったのに伴う代始改元として行われた。

前述したように、大正天皇の病に伴い、大正十年（１９２１年）十一月二十五日には裕仁親王が摂政となっていたが、その頃から改元の準備が始められていたとされる。その動きが具体的になったのは大正天皇の病が篤くなった大正十五年（１９２６年）十二月に入ってからのことだった。宮内大臣・一木喜徳郎《いちききとくろう》が宮内省図書寮編修官・吉田増蔵に、総理大臣・若槻礼次郎《わかつきれいじろう》が内閣嘱託で大正の勘申者である国府種徳に、元号案の勘申を命じていた。

枢密院議長だった倉富勇三郎《くらとみゆうざぶろう》の日記によれば、吉田増蔵（宮内庁案）が提出した元号案は、「神化」「元化」「昭和」「神和」「同和」「継明」「順明」「明保」「寛安」「元安」、国府種徳（内閣案）の提出した案は「立成」「定業」「光文」「章明」「協中」だったが、それらの案の中から、内閣書記長・塚本清治が三案に絞り込み、吉田増蔵が勘申した「昭和」を最終候補とし、「元化」「同和」を参考として添付することが決められていた。

そして大正天皇の崩御に伴い、「皇室典範」と「登極令」に則り、枢密顧問官の全員審査委員会と本会議を経て、「元号を昭和と定める」ことが全員一致で決起され、午前十一時過ぎに倉富勇三郎から上奏文が棒呈され、昭和天皇からの裁可勅定を受けたのち、次のような改元詔書が作成され、改元は即日施行され、１９２６年の最後の一週間だけが昭和元年ということになった。

**朕《ちん》皇《こう》祖《そ》皇宗《こうそう》ノ威靈《いれい》ニ頼《よ》リ大統《たいとう》ヲ承《う》ケ、萬機《ばんき》ヲ總《ふ》ス、茲《ここ》ニ定制《ていせい》ニ遵《したが》ヒ元號《げんごう》ヲ建《た》テ、大正十五《たいしょうじゅうご》年十二月二十五日《ねんじゅうにがつにじゅうごにち》以後《いご》ヲ改《あらた》メテ昭和元年《しょうわがんねん》ト爲《な》ス、**

余談ながら、東京日日新聞（現在の毎日新聞）は、改元当日の午前四時に発行した号外と朝刊最終版で、「光文」「大治」「弘文」などの候補の中から新しい元号として「光文」が選定されたと報じて編輯《へんしゅう》主幹だった城戸元亮《もとすけ》が辞任する騒ぎとなった。実は、「光文」も候補として挙げられていたのだが、それが選定作業中に漏れたために誤報に結びついたとされている。なお毎日新聞は、昭和六十四年（1989年）の昭和から平成への改元のおりには、他紙に先駆けて「平成」という新元号を報じて雪辱を果たしている。

## ■歴代年号の中で最も長く続いた「昭和」

「昭和」は世界で最も長く用いられた元号である。それに続くのは、清の「康熙《こうき》」（1662〜1722年の六十一年間）と乾隆《けんりゅう》（1736〜1795年の六十年間）だが、それだけ続いた昭和の時代は、まさに激動の時代となった。

第一次世界大戦後、日本経済は急成長を遂げていた。しかしその揺り戻しは大きく、ヨーロッパが回復するにつれ、戦後不況へと突入。さらに関東大震災復興で振り出された多くの手形が不良債権化したため金融不安による銀行取り付け騒ぎが発生して、昭和二年（1927年）には「昭和金融恐慌」が起きた。

昭和三年（1928年）二月二十日の衆議院選挙（第十六回総選挙）では、男子二十五歳以上による投票が行われ、無産政党が進出したが、同年三月十五日にはそれに危機感を抱いた政府（田中義一《ぎいち》内閣）が「三・一五事件」、翌年四月十六日には「四・一六事件」を起こして共産党系の活動家などへの弾圧を行った。

昭和六年（１９３１年）九月十八日には「満州事変」が勃発《ぼっぱつ》、昭和十二年（１９３７年）七月七日に起きた盧溝橋《ろこうきょう》事件を発端に「日中戦争」に突入。さらに昭和十六年（１９４１年）十二月八日には、日本政府がイギリスとアメリカに対して宣戦布告し、マレー作戦と真珠湾《しんじゅわん》攻撃を行い、「大東亜戦争」へと足を踏み入れていった。

その戦いが終わったのは、昭和二十年（１９４５年）のことだった。同年八月十五日正午に、昭和天皇の肉声による終戦詔書（玉音放送）がラジオで流された。そして九月二日には、東京湾内停泊のアメリカ海軍戦艦ミズーリ艦上において、アメリカ、中華民国、イギリス、オーストラリア、カナダ、フランス、オランダなど連合諸国十七か国の代表団と日本政府全権・重光葵《まもる》外務大臣、大本営全権・梅津美治郎《よしじろう》参謀総長による対連合国降伏文書への調印がなされ、日本はＧＨＱ（連合国軍最高司令官総司令部）による占領統治下に置かれることとなった。

## ■「日本国憲法」の制定と主権の回復

昭和二十一年（１９４６年）十一月三日、大日本帝国憲法を改正する形で「日本国憲法」が制定され、半年後の昭和二十二年（１９４７年）五月三日に施行された。そして日本が国家としての主権を取り戻したのは、昭和二十六年（１９５１年）九月八日に署名したサンフランシスコ平和条約（対日講和条約）が発効した昭和二十七年（１９５２年）四月二十八日のことだった。

以来、日本は他国と一度たりとも戦火を交えることなく、平和国家としての歴史を刻み続けている。昭和三十九年（1964年）十月十日から二十四日にかけては東京で第十八回夏季オリンピック（東京オリンピック）が、昭和四十五年（1970年）三月十五日から九月十三日にかけては国際博覧会（大阪万博）も開催された。そして日本は経済的にも世界トップクラスの大国となっていったのである。

**昭和天皇**　写真提供：共同通信社

**1989~2019**

**今上天皇の即位に伴う代始の改元**

# 平成

へいせい

**使用期間**　約30年

**在位天皇**　今上天皇　第百二十五代

**改元年月日**　昭和六十四年一月七日

グレゴリオ暦：1989年1月7日
ユリウス暦：1988年12月25日

元号の出典は『史記』（五帝本紀）の「内平外成」と、『書経』（大禹謨《たいうぼ》）の「地平天成」。勘申者は不詳ながら、宇野精一《せいいち》（東京大学名誉教授）、目賀田誠（九州大学名誉教授）、市古貞次《いちこていじ》（東京大学名誉教授）、小川環樹《たまき》（京都大学名誉教授）らの名前が挙がった。

この改元は、今上天皇の即位に伴う代始改元として行われたが、昭和五十四年（１９７９年）に制定された「元号法」に則って行われた。

昭和六十四年（１９８９年）一月七日午前六時三十三分、昭和天皇が崩御すると、多くの国民が悲しみにくれる中、午前十時から新天皇即位を告げる「賢所の儀」「皇霊殿、神殿奉告の儀」が執り行われ、皇太子・明仁《あきひと》殿下が第百二十五代の新天皇となった。

それを受け、午後一時から首相官邸で小林與三次《よそじ》氏（読売新聞社元会長）、中村元《はじめ》氏（哲学者）ら八人の有識者による「元号に関する懇談会」が開かれ、新元号の候補は「平成」「修文」「正化」の三つに絞られた。その中から、わかりやすく、親しみやすいという意見が多く出されたのが、「平成」だった。さらに午後一時二十分には、官房長官だった小渕恵三《おぶちけいぞう》が国会に赴いて衆参両院正副議長から〝国民の代表〟としての意見を聞いた上で、午後二時十分から臨時閣議が開催され、新元号「平成」が決定された。

この新元号が国民に発表されたのは、午後二時三十五分のことだった。小渕官房長官は記者会見で「新しい元号は平成」とした上で、「国の内外にも天地にも平和が達成されるという意味が込められている」という竹下登《のぼる》首相（当時）の談話を発表した。そして、翌日の八日午前零時をもって昭和年間は終わりを告げ、平成年間へと入っていったのである。

ところで、「平成」は、「大正」「昭和」と違い、戦後になって制定された「元号法」によって決められた初めての元号である。

## ■閣議によって決められることとなった元号

そもそも「明治から大正」「大正から昭和」の改元は、「旧皇室典範」と「登極令」に則って行われた。旧皇室典範は明治二十二年（１８８９年）から昭和二十二年（１９４７年）まで大日本帝国憲法と並んで存在していた家憲であり、皇位継承順位など皇室に関する制度・構成等について規定していた。一方、登極令は、践祚の式、元号制定・即位礼などについて定めた皇室令だった。つまり、元号を決めるのはあくまで皇室の役割だったのである。

ところが昭和二十二年一月十六日、ＧＨＱ（連合国軍最高司令官総司令部）の支配下で現行の皇室典範が制定されたとき、元号に関する規定はすっかり消えていた。戦後の日本に、もはや元号は必要ないと考えたのかもしれない。

しかし元号は日本人の生活に深く浸透しており、官民問わず、「昭和」は慣例的に使用され続けていた。

そんな中、改元してはどうかという意見も出された。たとえば、昭和二十一年（１９４６年）一月には、尾崎行雄《ゆきお》が衆議院議長に対して、元号を「戦後」にしてはどうかという意見書を提出している。第二次世界大戦で敗れた一九四五年限りで「昭和」の元号を廃止、一九四六年を戦後元年として、以後、無期限に「戦後〇年」の表記を用いるべきだという主張だった。

あるいは、石橋湛山《たんざん》などは、同時期、「東洋経済新報」（一九四六年一月十二日号）のコラム「顕正義」

で、元号を廃止し、西暦にすればいいという意見を発表していた。

そういう意見を受けて、昭和二十五年（1950年）二月下旬には、参議院で元号の廃止が議題に上げられた。しかし、同年六月に朝鮮戦争が勃発し、ドサクサの中、元号の議題はそのまま棚上げされていた。

その元号論議が再び浮上してきたのは、それから二十年以上経《た》ってからのことである。天皇陛下の高齢化が大きな理由の一つだった。政府は、昭和五十一年（1976年）に「元号に関する世論調査」を実施、国民の八十七・五パーセントが元号を使用しているという結果を得て、法案を提出。昭和五十四年（1979年）六月六日に、国会で「元号法」が成立、同月十二日に公布・即日施行された。元号法の条文は次の通り。

**元号法**
**（昭和五十四年六月十二日法律第四十三号）**
**1　元号は、政令で定める。**
**2　元号は、皇位の継承があつた場合に限り改める。**
**附　則**
**1　この法律は、公布の日から施行する。**
**2　昭和の元号は、本則第一項の規定に基づき定められたものとする。**

つまり、元号は政令で定めるものとされており、あくまで内閣によって定められるものとされたのである。これにより、今後も昭和から平成へ改元されたときと同様に、閣議による手続きを踏んで新しい元号が決まっていくことになっているのである。

ちなみに元号使用の法的根拠は元号法のみで、それ以外に元号の使用を義務付ける法律や、使用しないことに対する罰条などはない。また、元号法制定にかかる国会審議で「元号法は、その使用を国民に義務付けるものではない」との政府答弁があり、法制定後、多くの役所で国民に元号の使用を強制しないよう注意を喚起する通達が出されている。

## ■バブル崩壊で始まった平成

平成元年（1989年）十一月にはドイツのベルリンの壁が崩壊、米ソ首脳が冷戦終結を宣言して、第二次世界大戦後に続いていた東西冷戦が終結した。

しかし、平成二年（1990年）八月にはイラクのクウェート侵攻を契機に湾岸戦争が勃発、多国籍軍の攻撃で停戦に持ち込んだものの、中東の混乱は深まり、平成十三年（2001年）九月十一日のイスラム過激派による「アメリカ同時多発テロ事件」や「イラク戦争」が起こり、その影響で「イスラム国」によるテロが頻発した。中東の混乱は収まる気配がない。

一方、日本ではバブル経済が崩壊、不況が続く中、平成七年（1995年）一月十七日には阪神・淡路大震災が発生、その後、内需縮小とデフレが問題となっている。また、グローバル資本が世界を席巻《せっけん》する中、平成二十年（２００８年）にはリーマン・ショックが起きて世界の経済に大打撃を与え、日本もその影響を受け、デフレからいまだに抜け出せていない。

　そして、平成二十三年（２０１１年）三月十一日には、観測史上最大規模のマグニチュード九とされる東北地方太平洋沖地震（東日本大震災）が発生した。官民あげて復興に努めているが、東京電力福島第一原子力発電所事故の後遺症が大きく、完全な復興への道のりはまだまだ遠い。

　平成に続く新しい元号が何になるのか、本稿執筆段階では発表されていないが、日本国民が希望に満ちた新たな時代の到来を待ち望んでいることは間違いない。

ビデオメッセージでお気持ちを表明なさった今上天皇　写真提供：共同通信社

【主な参考文献】順不同

『日本大百科全書（ニッポニカ）』（小学館）
『日本年号史大事典［普及版］』（所功編著　雄山閣）
『歴代天皇・年号辞典』（米田雄介編　吉川弘文館）
『天皇１２５代と日本の歴史』（山本博文著　光文社新書）
『歴代天皇総覧　皇位はどう継承されたか』（笠原英彦著　中公新書）
『日本の元号』（歴史と元号研究会著　新人物往来社）
『歴史読本』（２００８年１月号［特集　日本の年号］新人物往来社）
『国史大辞典』（吉川弘文館）
『日本国語大辞典』（小学館）
『大辞泉』（小学館）
『世界大百科事典』（平凡社）
『山川　日本史総合図録』（山川出版社）
『もういちど読む山川日本史』（山川出版社）
『詳説　日本史図録』（山川出版社）
『歴史ＲＥＡＬ　重大事件でたどる歴代天皇１２５代』（洋泉社ＭＯＯＫ）

# 50音順・元号さくいん

## 山本博文　やまもとひろふみ

1957年岡山県生まれ。東京大学文学部卒業。現在、東京大学史料編纂所教授。文学博士。『江戸お留守居役の日記』で第40回日本エッセイスト・クラブ賞を受賞。多くの著書を発表している。近著に、『天皇125代と日本の歴史』(光文社新書)、『歴史をつかむ技法』『格差と序列の日本史』(いずれも新潮新書)、『流れをつかむ日本の歴史』(KADOKAWA)など。


# 元　号　全247総覧


二〇一七年九月二十三日　初版第一刷発行
二〇一七年十月十七日　第二刷発行

編著者　山本博文
編集人　河野浩一
発行人　佐藤幸一
発行所　株式会社悟空出版
〒一六〇-〇〇二二 東京都新宿区新宿二-三-一一
電話 編集・販売：〇三-五三六九-四〇六三
ホームページ http://www.goku-books.jp

装幀　江口修平
印刷・製本　中央精版印刷株式会社




Printed in Japan ISBN 978-4-908117-39-8